王芗斋先生造像

意拳创始人王芗斋先生（1885–1963）

图书在版编目（CIP）数据

意无止境 / 王芗斋著；金溪主编. -- 海口：海南出版社，2021. 10.（2025. 7 重印）.
ISBN 978-7-5730-0237-2

Ⅰ. ①意… Ⅱ. ①王… ②金… Ⅲ. ①意拳－研究
Ⅳ. ① G852.14

中国版本图书馆 CIP 数据核字 (2021) 第 190395 号

意无止境
YI WU ZHIJING

作　　者：王芗斋
主　　编：金　溪
名誉主编：霍震寰
审　　订：武国忠
责任编辑：张　雪
执行编辑：高婷婷
责任印制：郄亚喃
印刷装订：三河市祥达印刷包装有限公司
读者服务：张西贝佳
出版发行：海南出版社
总社地址：海口市金盘开发区建设三横路 2 号
邮　　编：570216
北京地址：北京市朝阳区黄厂路 3 号院 7 号楼 101 室
电　　话：0898-66812392　010-87336670
电子邮箱：hnbook@263.net
经　　销：全国新华书店
版　　次：2021 年 10 月第 1 版
印　　次：2025 年 7 月第 6 次印刷
开　　本：787 mm × 1 092 mm　1/16
印　　张：21.25
字　　数：280 千字
书　　号：ISBN 978-7-5730-0237-2
定　　价：56.00 元

意无止境

王芗斋　著
霍震寰　名誉主编
金　溪　主编
武国忠　审订

海南出版社
·海口·

王芗斋先生（前排左三）与弟子们合影。

王芗斋先生（右）与李见宇 1958 年合摄于北京中山公园。

王芗斋（前排左三）、吴子桢、秦重三、李见宇、赵华舫、于永年。

左起坐椅者：张占华先生、尚云祥先生、张占魁先生、王芗斋先生。
左起站立第一人：卫成海先生，第三人：赵道新先生。

形意门宗师郭云深先生（中坐右一）与同门车毅斋先生合摄于山西太谷 1903 年。
左起：李复祯（持枪）、吕学隆、王凤翙、郭昆、车毅斋（黑衣坐者）、陈际德、郭云深（白衣坐者）、王之贵、孟天锡、武杰、樊永庆（持刀）。

1993 年意拳（大成拳）同门为王芗斋先生重立墓志铭于北京。

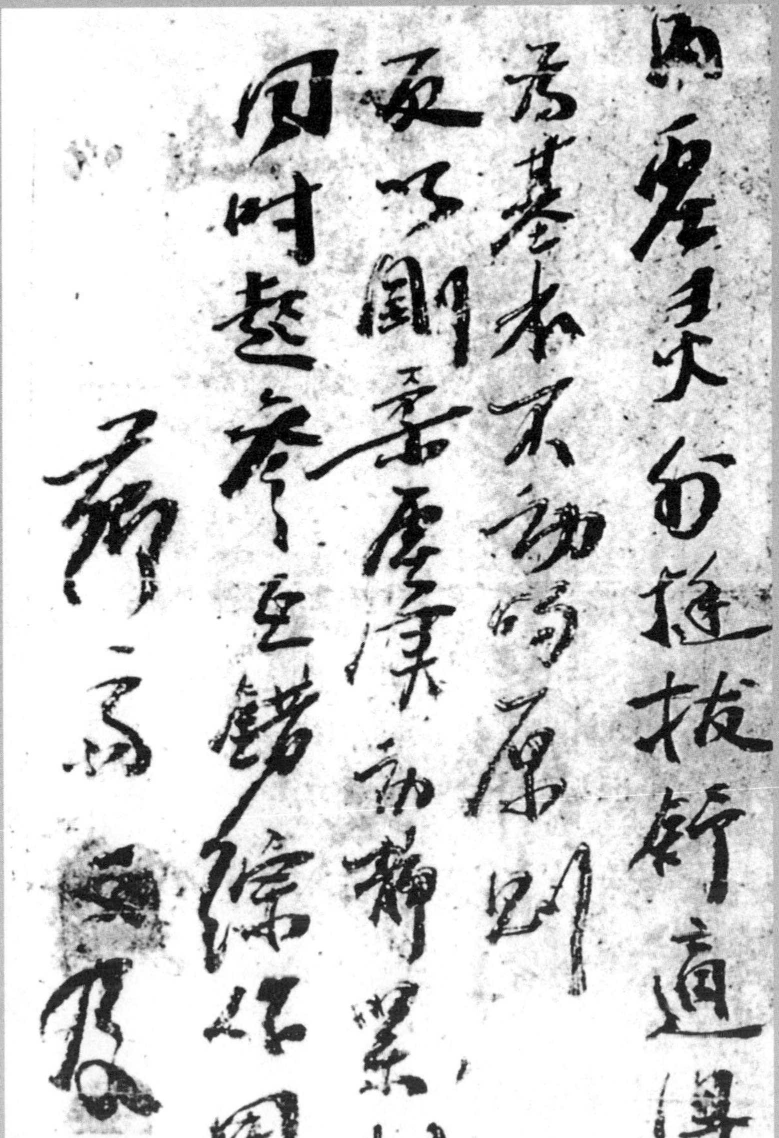

王芗斋先生亲笔手书意拳总纲：内虚灵，外挺拔，舒适得力为基本不动的原则。更以刚柔、虚实、动静、紧松同时起参互错综作用。

王芗斋先生为《习拳一得》题签。

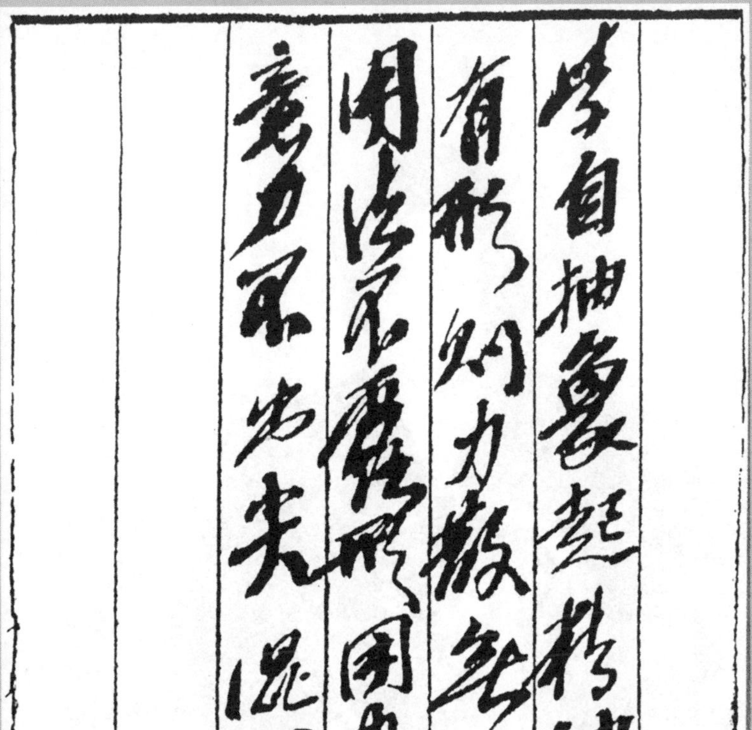
學自抽象起精神須切實
有形則力散無形則神聚
用法不露形用力純在意
意力不出尖渾圓無定式

王芗斋先生手书论拳诗赠李英昂：学自抽象起，精神须切实。有形则力散，无形则神聚。用法不露形，用力纯在意。意力不出尖，浑圆无定式。

王芗斋之女王玉芳女士

王芗斋之女王玉芳女士

王玉芳女士演式

王玉芳女士演式

王玉芳演式

意拳功法卅式

撑抱式：站桩功基本间架。横步展开时，两足尖向前平行站齐与肩宽，不可前后参差。脚心涵虚，不可吃力。如果足用力，则站不稳，心顶于头，气机受阻，全身关节不灵，焉能求其稳定？臀部略向下坐，似坐高凳，膝关节微有弯曲，小腹常圆，双手慢慢移至胸前，高不过眉，位于脐下，松肩坠肘，腋半虚，臂半圆，双手距胸一尺左右，手心向内如抱球状，手指分开而微曲，两手指相距二三拳。心窝微收，头直目正，面部似笑非笑，牙齿上下衔接，不要用力扣合。舌尖似顶非顶，自然为主，呼吸求自然，嘴微张露一缝隙，以达到舒适为原则。远望眼前景物似为轻雾所遮，隐约可见；或两眼轻轻闭合，要精神内视，切忌意守眉心。静气听极远处微细声音，由近到远，渐渐就听不到了，感到耳边有声响，就像下雨一般，所谓“敛神听微雨”。

浮托式：两脚同前式，两膝略弯，最大弯度前不过足尖，两脚平均用力，全身力量放于脚掌稍后处，两手提于肚脐左右，臂成半圆形，松肩坠肘，手心向上，十指分开略弯曲，双手向上，十指分开略弯曲，双手指相对，距离三拳左右，似托个气球，上体保持正直，臀部下蹲，似坐一个高凳，目微闭，嘴微合，心胸开阔，面似笑非笑，自感全身浮飘，有虚灵挺拔之意。

浑元式：身体直立，双腿站成丁八式，双臂提起，小臂下落，手心向内，十指分开，双腕用力，手指用意下指地，设想自己如有千年松柏之劲力，两足稳如生根，不怕飓风吹动。此式适合体强有力者。

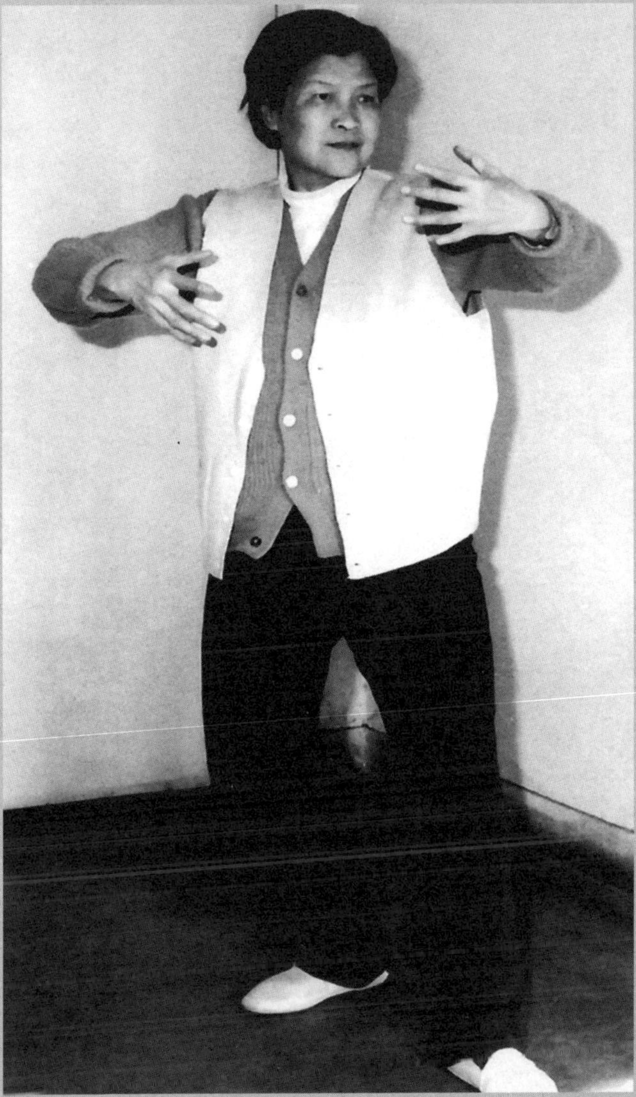

矛盾式：设想自己如有千年松柏之劲力，两足稳如生根，成弓箭步；撑肘，目从虎口远视。此间架讲求形、意、气、力相合。形（姿势）和意（意念活动）二者不可偏废，才能做到灵活适宜的配合。

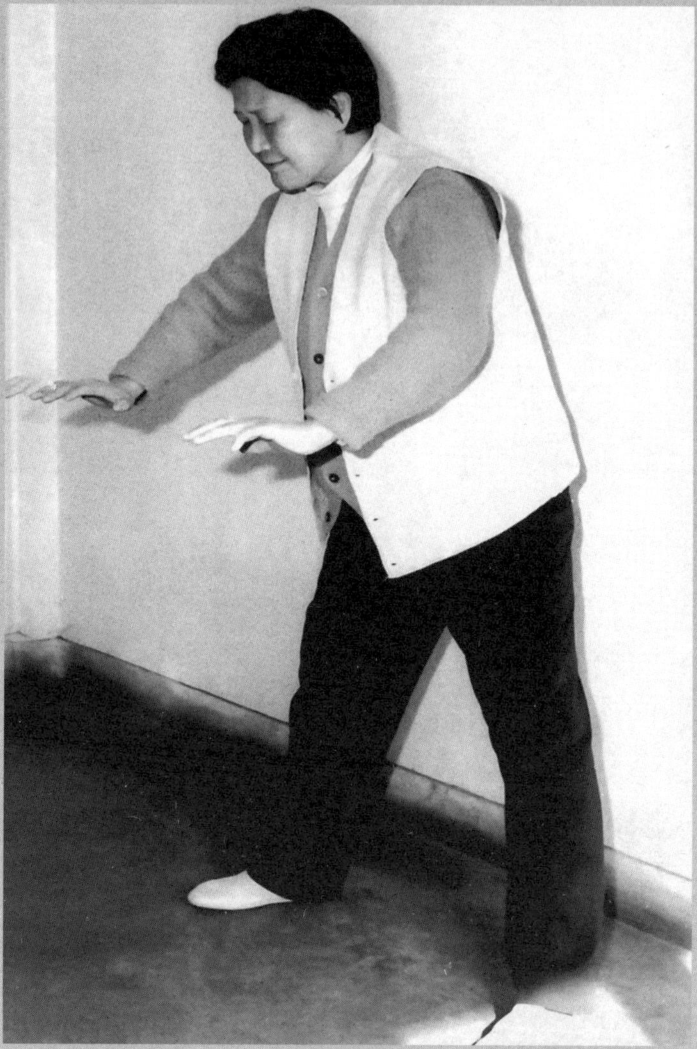

扶按式：两手提于胸前，闭目，手心向下，如按水中气球，身略前倾，上下有浮动之感，要以腰为轴左右划弧，要缓动 2~3 分钟一个单程，设想自己下半身泡在舒适的水中，水从四面缓缓向身体冲撞，任其左右摇摆。

行走式（陆上行舟）：身体直立，目视远方，双腿略曲，两臂自然平展，松肩撑肘，手指前伸，抽胯出腿，左腿向左旋转约 45°，左脚着地，右腿同左腿动作，轮换动作，双手掌似按两个大气球，随身缓缓滚动，随机前进。

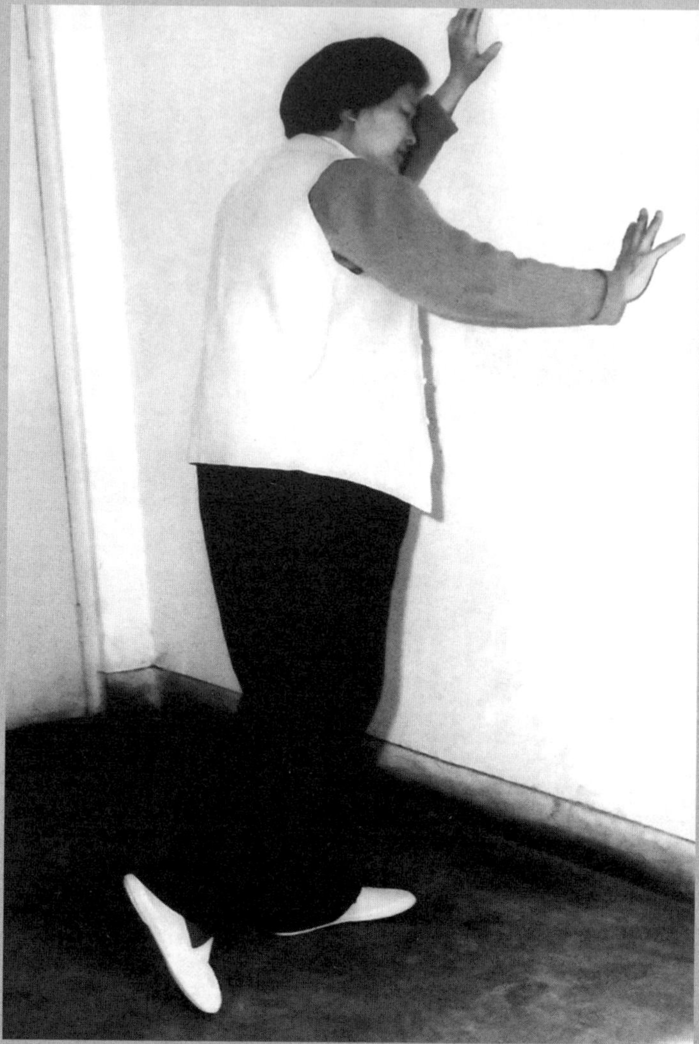

扶物式：双手扶物，两手一上一下，脚站成丁八步，或一前一后，前脚平放，后脚跷起，累时可轮流倒换，上体向前略倾，也可左右倾斜，闭目，意念犹如脚似踩棉花包，自觉全身轻灵。从头部向下肢逐渐放松，颈项、两肩、两臂、两腕、两手、胸背、腰腹、胯、腿、脚，直至脚趾，如此上下循环不已，反复进行，慢慢体会，切勿急躁。

双侧揉球式：设想自己的两手扶于飘浮的气球上，双手变化玩球，球欲脱手起飞，浑身要腿足提缩，进退卷臂，追捉不舍。总之，身体与球处于动态之中，有欲动又欲止、欲止又欲动之意。

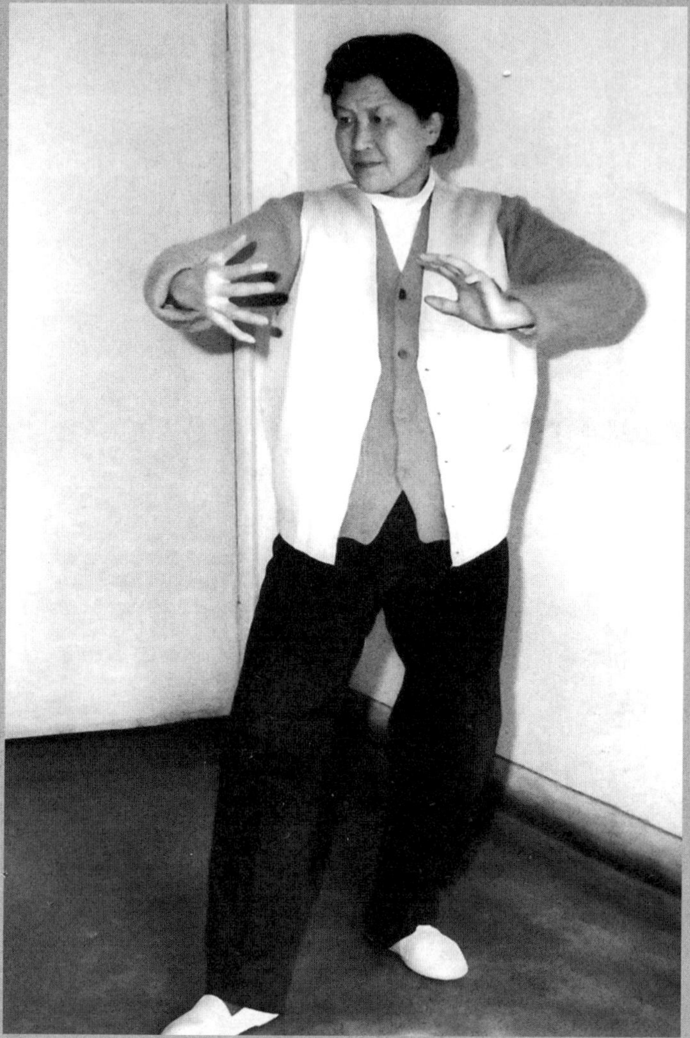

单侧揉球式：两足站成丁八步，两臂抬起在胸前，两手相距约2～3拳，十指分开，手心相对似揉一球；目远视，左手在前，右手随后。要领是左手背向外撑拉，右手随着左手推，推到前方时，右手换位，右手背向外撑拉，左手随着右手推，左右两手反复交换，慢慢转动，臂半圆，腋半虚，前进后退或原地活动都可。

伏虎式：身体直立，大步分开，形如丁八式，前四后六，前腿弓，后腿撑，三夹两顶①，两手在膝盖上部，两臂撑抱，似捉一虎，左手提抓，右手搓按，头带动全身，目向前平视，精神集中。

①三夹：大腿根夹、膝窝夹、脚脖子夹。两顶：膝盖顶、足趾顶。

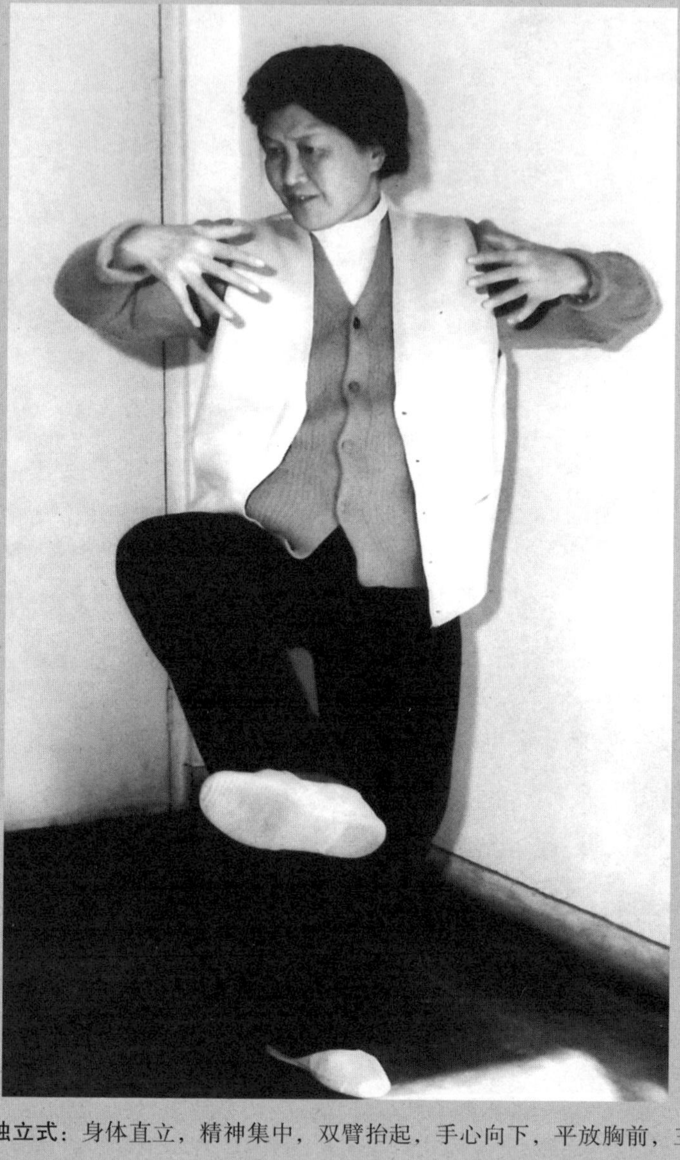

金鸡独立式：身体直立，精神集中，双臂抬起，手心向下，平放胸前，三分撑七分抱，十指分开，似按水中气球，臀部似坐，左腿抬起，脚向外蹬，脚尖稍向回勾，右腿弯曲，臀部和脚跟成直线，目向前视，两腿可轮换，时间以不超过自身负担为宜。

加力降龙（降龙式）：两脚大步分开，身体前倾，前脚脚尖向外横平放，前腿弓，后腿绷，两臂分撑；一手向前似推物状，一手向后成搓按式，头向后扭，目视虎口，精神集中。降龙式如加力降龙，只是动作减小，神意要足。

开合式：自然站立，成丁八步。以手行之，用肘带手开合，手指内扣勾拉，似拉弹簧。头带全身活动，拉收之意无断续，两手中间似存在放纵张力。手掌如触球体，抗推压挤中间空隙，如此不断转化，久之便虚中求实，吞吐开合即在其中。

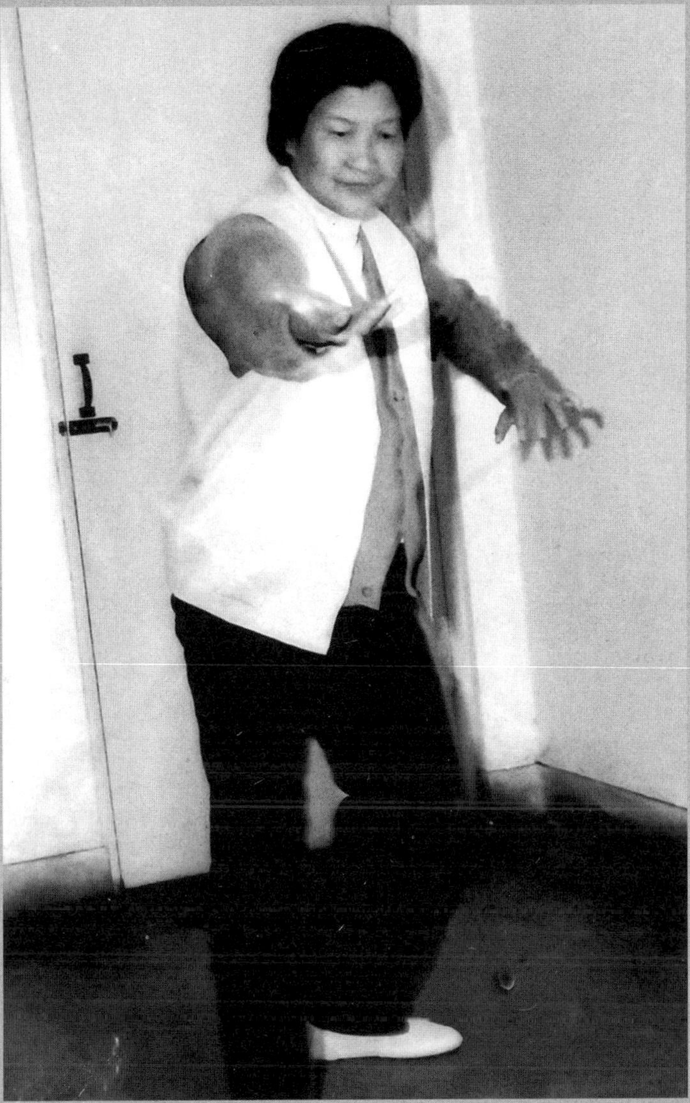

分争式：头要撑拧顶缩，肘似横，手腕勾错敛抗，抽胯提坐，撑膝，手往后拉，力量放远，手拉前指，力量则后来。全身处处都有逆力，动时要给自己设立阻意，大小关节才无处不争。总之，在多种力量的分争中求统一。

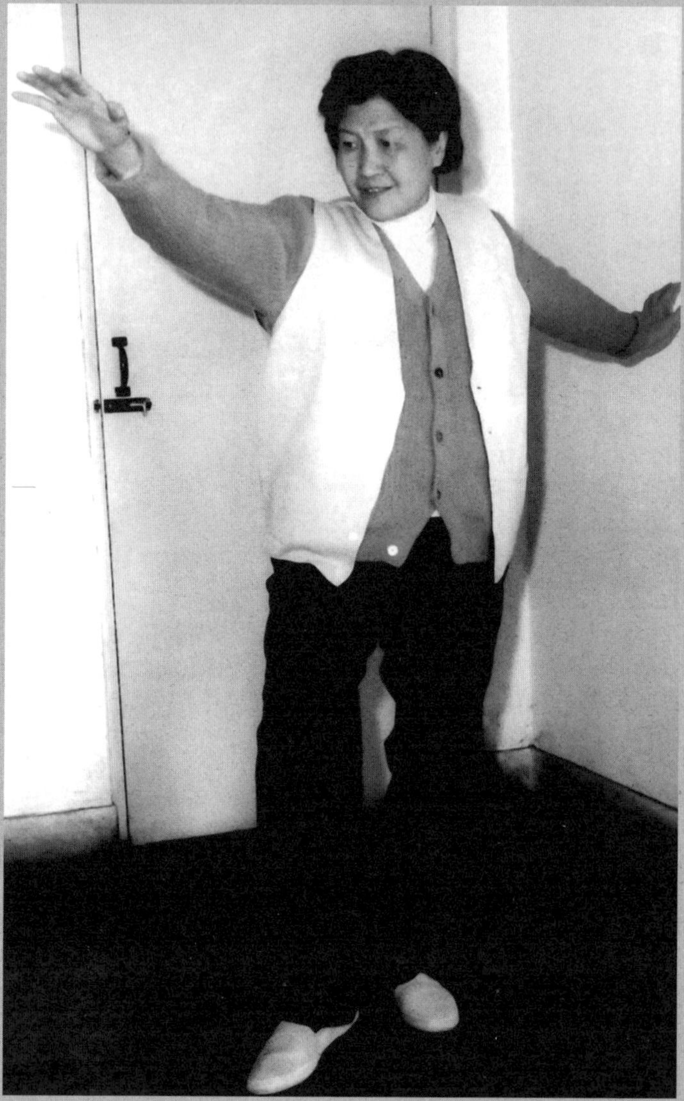

蜻蜓点水式：身直立，面向前方，利用手的弹力斜面展开双臂，脚随双臂动作幅度自然前伸，稳踏重心，用腕带动手指，似按水中球，两脚总是一实一虚，起落自由，随意念掌握。

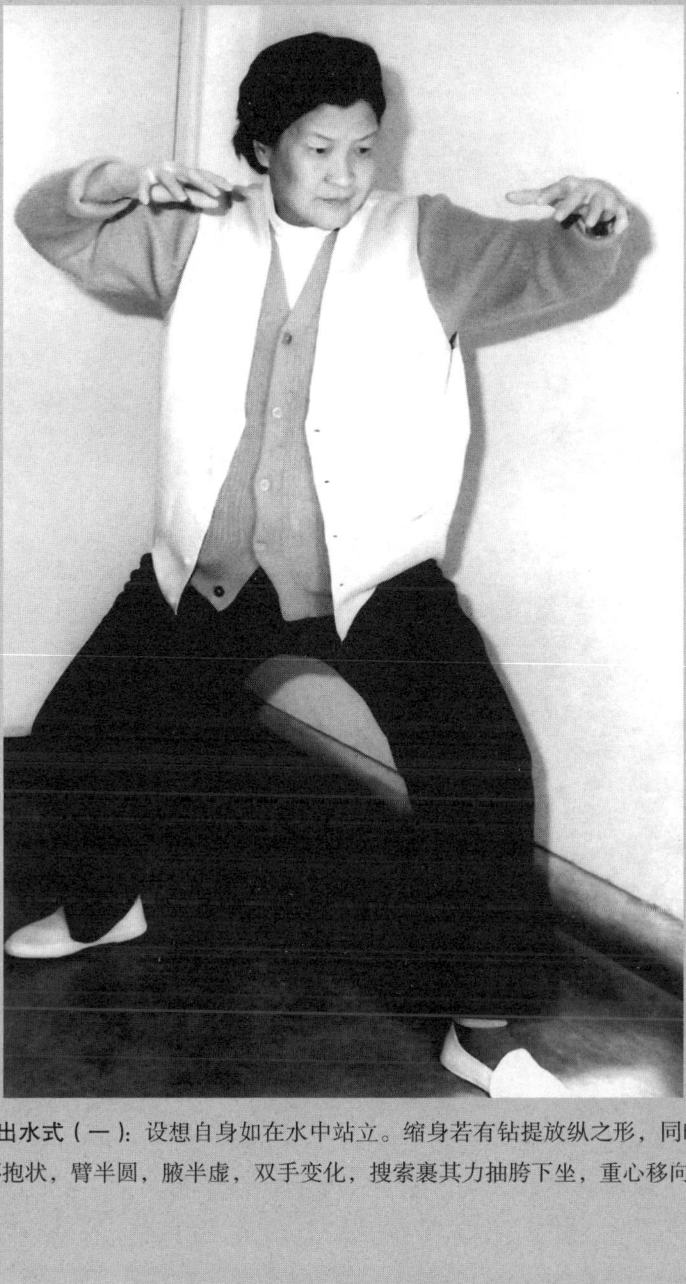

神龟出水式（一）：设想自身如在水中站立。缩身若有钻提放纵之形，同时双臂得势扬起，呈环抱状，臂半圆，腋半虚，双手变化，搜索裹其力抽胯下坐，重心移向后腿足。

神龟出水式（二）：卷身催胯，以腰为轴，螺旋扬其身，如龙出水，同时头身手足肩肘膝胯，大小关节同时牵动，重心前移，双臂与身成反向运动。

神龟出水（三）：两足重量前四后六，双手如按水面之球，头带全身起伏，要均整，气贯一致，目视汪洋大海，显示出波澜壮阔之势。

坐式（一）：两腿前伸，两脚平放着地，脚距比肩宽，双手自然平伸，似放于水面，手心向下，十指分开，似夹非夹，用意不用力，才能做到意到力即到。

坐式（二）：身坐椅边，两臂左右分开，自然抬起，高不过眉，十指分开，似夹非夹，似推物状，闭目养神，意贯全身，两腿分开，两脚平放，略比肩宽，两臂也可自然轻放腿上。

坐式（三）：身体直立，端坐椅边，两膝自然分开，膝曲约90°，双手撑起似抱球状，松肩坠肘闭目，嘴微张，似听百鸟争鸣，视青山绿水，又如春风拂面。

坐式（四）：两手放于脐部左右，松肩坠肘，距胸远不过尺，近不贴身，十指分开，似抱球之意。不用力，也不让球跑掉，似有松紧带套在手上，上下浮动。两脚分开比肩宽，两腿微曲放松，两脚跟着地。闭目静思面前景色，面部似笑非笑。如杂念丛生不易克制，则听之任之，来者不拒，去者不留。还可静观活动，好似高空思明月，逐步进入忘我境界。

丁八式：身体直立，精神集中，目远视，虚灵挺拔，脚站成丁八步，两脚距离与肩同宽，撑裆，两膝分争，三夹两顶，前脚着地，脚跟略抬起，后脚吃力，腿部负担力量为前四后六，或前三后七，双手抬到胸前，手心相对，十指向前。

举手式：身体直立，两臂轻轻抬起，高不过眉，十指分开，似夹非夹，腕略用意，似推物状，两腿似曲非弯，背部似靠，胸略虚含，头直目正，凝神定意，嘴微张，意念要有内三合及外三合之感①。小手指和脚趾似松紧带相联系，肘尖和膝盖相联系，肩和胯相联系，下肢似有木竿撑，松紧相兼，须细心体会。

①内三合：心、意、力合。外三合：指手与足合，肘与膝合，肩与胯合。

前后分水式：两足站成丁字步，膝微曲，双手不要高过胸，两臂分开，手心向前，为前分水式。手心向后，拇指向下，肘带小臂后拧者为后分水式。全身放松，似在水中游泳。此式要稳缓，双腿可倒换，要用意来领会。

陆水行舟式：头直目正，目视远方。两臂分开，松肩撑肘，十指分开，似夹物状。两腿一前一后（丁八式），前脚落实，后脚似在泥中拔起，脚脖子上有如杂草牵拉之力，当后腿变为前腿伸出时，脚掌平离地面，似搓小球，缓缓向前滚动，两腿前后倒换，不断向前推进。膝上领，脚下随，缓缓向前运动时，要用意以手示意；腕如轴，小臂带大臂，头领全身，小腿带大腿，腰如轮轴带后腿，两脚交替，不断推动前进。

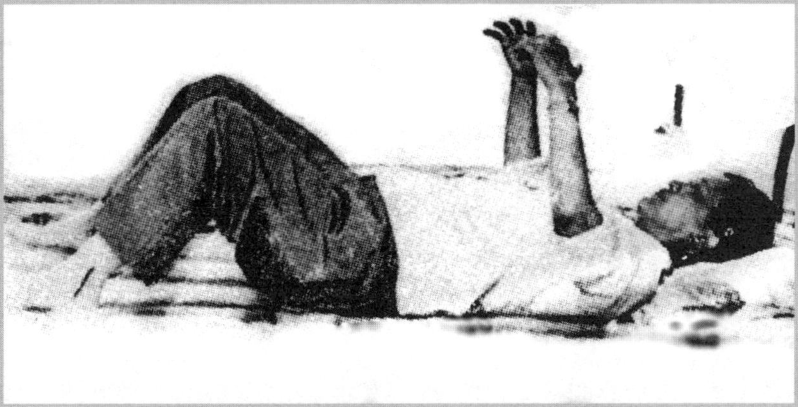

卧式（一）：两臂抬至胸前，松肩撑肘，肘离床面半尺左右；十指分开略曲，似有松紧带相连，用意撑拉两臂，两膝提起，脚跟着床，累时双脚平放床上，肘部着床，闭目似睡。

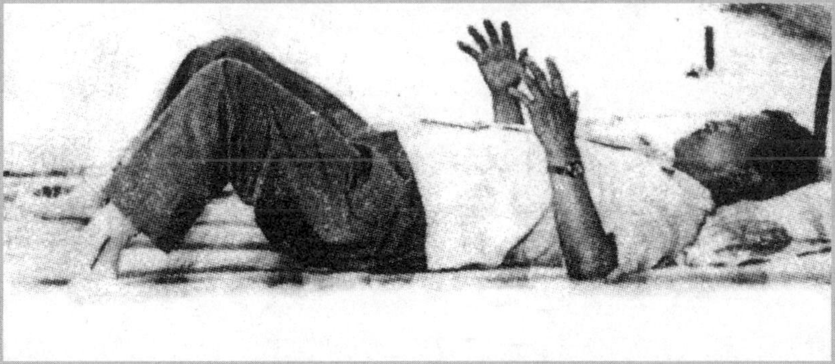

卧式（二）：屈膝仰卧，枕头高低相宜，两臂抬至胸前，松肩撑肘，肘似贴床，十指分开撑夹，手心向脚，两膝提起弯曲约 45°，脚跟着床；累时两脚平放下踏，肘部下落着床，返观内视，心胸浩瀚。

卧式（三）：身体仰卧，两腿平伸，脚距约小于肩，闭目，嘴微张，双手贴于腹部，然后两手轻轻抬起，自上而下按摩丹田区域；累时如仰卧水中荡漾，体会自身似被大气包裹，合为一体，达到入睡状态。

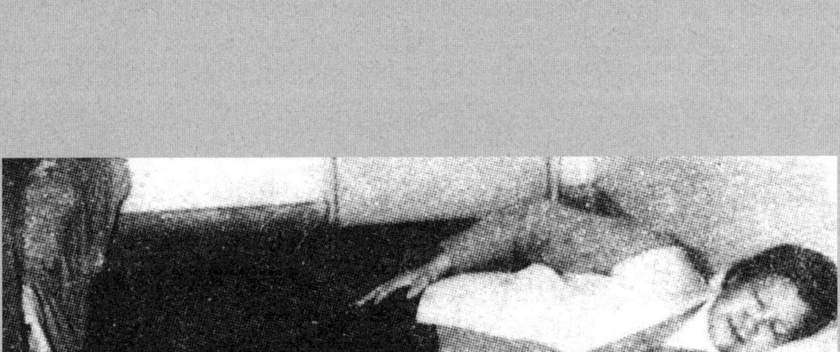

卧式（四）：右侧卧式，两腿微曲，左腿放在右腿上，左手放在左腿上，右手曲放枕旁；设想自身卧于温水池中浮动。静听风吹树叶沙沙响，似有房檐流水滴答声，不知不觉入睡。

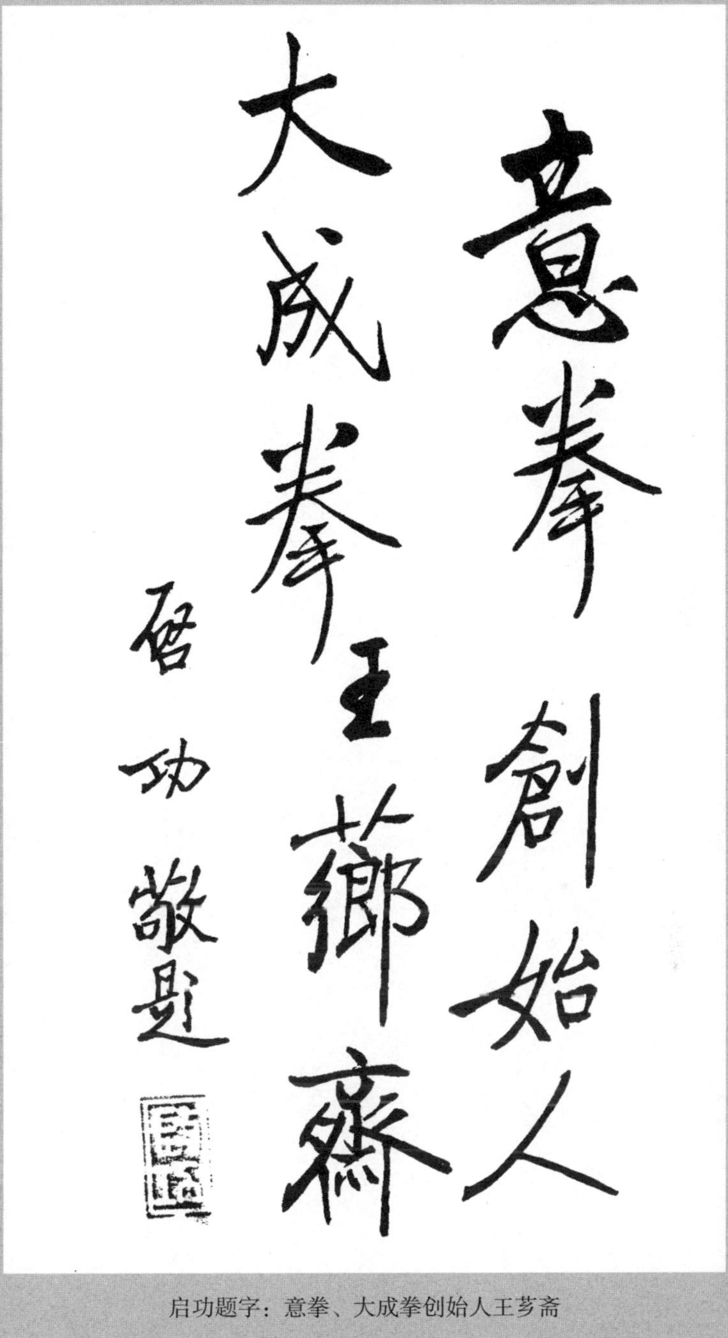

启功题字：意拳、大成拳创始人王芗斋

目　录

第一部分　意拳总龟

第二部分 意拳散论及其他

王芗斋生平大事记

王芗斋先生生于1885年（光绪十二年丙戌年）11月24日（农历十月二十九日），祖籍浙江莫干山，生于河北省深县魏家林村。原名尼宝，又名宇僧，后启用芗斋名。祖父在本县一商肆中管账。深县民风强悍，民多习武，名家辈出，如河北省形意拳鼻祖李洛能先生、八卦掌名家程延华兄弟。李洛能先生的弟子刘奇兰、郭云深都是深县人。郭云深以半步崩拳驰名于世。郭云深，马庄人，与魏家林村为邻。王郭两家原有戚谊，王芗斋先生封翁[①]亦曾随郭云深学形意拳，因王芗斋幼年瘦弱，又患喘病，家人恐其不寿，拟送其到郭云深处学拳。郭云深因年迈，又患足疾，原不拟收王芗斋为弟子，适郭云深独子郭深坠马而死，经另一戚谊赵乐亭先生极力说项，郭云深方破格允准，并留王芗斋居于郭家。时王芗斋年方8岁，聪敏过人，锻炼刻苦，郭云深爱如己出，倾囊相授。郭老晚年习惯盘腿坐炕上搭手传艺，王芗斋则立炕下站桩换劲。冬季郭老起床后，首先查看站桩脚印的湿润程度，如不够，则怒目视之，王芗斋须再练习站桩，直至湿度充足方可休息，

---

① 封翁：1. 封建时代受有封邑的贵族。2. 封建时代子孙显贵，父、祖因而受封典的，叫“封君”，也叫“封翁”。

可见郭老对王芗斋要求之严。郭老于易箦[①]之时，犹以绝艺示之。从郭老学拳者多矣，但能克承其教者，不多。郭老曾有非其人不能学，非其人不能传之叹。郭太师母曾对王芗斋说：“你们爷儿俩有缘分。”并谆谆相嘱要勤奋学习，勿负师望。

郭老对其门下弟子皆以常规拳套招法教之，独不教王芗斋。王芗斋遂从师兄弟处偷偷学习，郭老发现后，叱之曰：“玉皇大帝在此，你不向他学习，反而各处找土地爷，跟他们能学会什么？”《国术名人录》云：“郭氏门下深入摩地，得心意门之真髓者唯王芗斋先生一人而已。”

近代谈河北形意拳者，将形意拳分为三派：一是以刘奇兰先生弟子李存义为代表的保守派；二是以李魁元先生弟子孙福全为代表的综合派；三是以郭云深先生弟子王芗斋为代表的心意派。形意拳原出自少林镇山拳法“心意把”。

1898 年，保定府一镖局主持人，原从学于郭云深。因失镖誉落，乃遣人送厚礼请郭老出山代为挽回声誉。郭老以年迈辞，在坚请下，郭老乃遣王芗斋携亲笔书札前往保定。镖局主持人以王芗斋年幼而颇为不满。次日王芗斋在镖局院内闲顾，见院内两侧兵器架上陈列多种兵器，先生顺手拔出一白蜡竿子试手，镖局伙计大惊，入报总镖头。昔日镖行规矩，如有人动门前大枪及竿子等兵器者，即表示前来寻衅比武。镖头赶来，举手拍先生手腕怒斥曰：“小孩子不许乱动！”话未了，王芗斋顺手一抖，镖头已飞出丈许跌倒在地，惊恐之余，高呼：“好！这才是老师教的真功夫！师弟，你可要把这一手留下来，教给我

① 易箦：称人病重将死为易箦。

们。”经此一战，镖局方知王芗斋身手不凡，改容相待。从此王芗斋之名不胫而走。王芗斋回故乡后将此事禀告郭老，郭老抚须点首笑曰：“他们没有站过桩，怎能发出这个劲儿。”王芗斋晚年常告门人云：“从那时起我才明白摔人是怎么个劲儿。”是年王芗斋年仅 13 岁。郭老亦于当年逝世。此后王芗斋更刻苦锻炼，每日清晨携干粮和水到村外林中练功，日暮方归，数年后功力大增。

1901 年，王芗斋 16 岁，随父往绥远经商，归途遇路劫者十多人，均持械，王芗斋徒手将匪徒击散，强人边跳边呼：“这小孩子真厉害！”王芗斋每忆及此事即说：“你打倒几个，其余的不打就跑了，并不费劲。”

1907 年，王芗斋 22 岁。与外祖家戚谊邱兰坡相善，染赌习，遭母亲重责，王芗斋与邱兰坡相约私逃入京谋生。途经某地，饥甚，入一包子铺饱餐，因无钱付店主而诉实情，店主慷慨资助，介绍到京城投军效力。王芗斋投军后先做伙夫，伺担水劈柴等杂役。因清秀英俊为诸士卒所喜爱，常与相嬉戏，一日先生担水前行，一卒从后以足勾其脚，欲使人倒水洒，孰知王芗斋仍快步前行，水未洒，而此卒竟跌倒地上，群卒惊异。适军中一将过此，即召见王芗斋，遂以自幼师从郭云深学拳相告，将军甚喜，以其女吴素贞相许。此将官即吴三桂后裔武状元吴封君。王芗斋婚后折节读书，工书法，习诗词，这就是王芗斋幼年虽未读书，而后又善文字之由来。吴夫人亦喜武，擅形意拳。郭老夫人曾说：“素贞跟尼宝学拳很好，你们老师的徒弟里，就是他最像你老师了。”王芗斋长女玉珍、次女玉芳、长子道庄皆吴夫人出。

1913 年，王芗斋 28 岁，武艺已蜚声京都，应陆军部之聘任武技教练所教务长，刘奇兰先生之子刘文华、李存义先生嫡传弟子尚云祥、李魁元先生弟子孙福全等为该所教练。时教练所群英荟萃，盛极一时。

山东临清名武师周子炎，原是临清州大户，由于穷文富武，把家产都花在练武上了。慕王芗斋先生大名，特到北京与先生较量。一试辄北，败后即走，次年仍败，到了第三次方心悦诚服，拜先生门下，入教练所学习。诚如他自己所说：“我来是想当先生的，孰知却当了学生了。”

1918 年，王芗斋 33 岁，武技教练所因政局变动停办，负笈南游，欲访各家名师，以武会友，探讨武术真谛，以充实自己，谋使我国拳术发扬光大。首登河南嵩山访少林寺方丈恒林和尚，恒林乃号称镇山宝“心意把”的传人。在少林小住数月，终日切磋，交换心得。继而入湖南拜见心意派巨匠衡阳解铁夫先生。解铁夫时年已半百，行多怪诞，绝少与人谈拳技，人多以“解疯子”呼之。王芗斋先生与之作徒手交，竟负多胜少，复请可否以器械会，解笑允曰：“兵器不过是手臂之延长，你手不成，器械也不能胜。”王芗斋取其较擅长之白蜡竿子进，仍负。先生颜赧欲去，解说：“是不是三年后再来耶？我看你不如在我这儿多住些日子，共同研究，你不要不好意思，我老矣，毕生所遇好手多了，还未曾见过像你这样好的，留下来吧，咱们做个忘年之交。”王芗斋折节下拜，欣然留住约年余，从此拳艺大进，为日后创立意拳奠定基础。离湘时解老对王芗斋说：“以你的技艺在大江以南我不敢说，大河以北恐怕你无敌手了。”将王芗斋送到湘鄂交界处，方洒泪而别。约在 1940 年以后，曾有一中年人到北平寻王芗斋先生，首先问哪儿有练站桩功的人，从而找到姚宗勋先生，自称是解铁夫嫡侄，遵叔遗命专程到北平寻找王芗斋先生，并询问王先生有传人否，说解老毕生颇以未得传人为憾云云。先生当即令姚表演桩法、试力及发力等动作，解侄当时说：“姚先生比我好，家叔当慰于九泉矣！”

1923年，王芗斋先生38岁，随徐树铮往福建，曾访方恰庄先生。方乃福建少林寺心意派嫡传弟子，善鹤拳，体格魁伟，与先生相交甚欢，曾交谈试艺，先生四胜六负。方恰庄云：“我虽六胜，但胜得勉强，拖泥带水。你摔我则摔得干净利落。我不承认是胜，你也不能承认是输。”

同年又得识鹤拳名手金绍峰先生，相交甚欢，切磋拳艺，探讨拳理，对先生日后的学术研究大有裨益。先生当时在闽军周荫人部任武术教官。

1925年，王芗斋先生40岁。因政局变动，先生离闽北归，路经淮南遇拳术名家黄慕樵先生，从学“健舞”。王芗斋先生曾作诗歌记之：“身动挥浪舞，意力水面行。游龙白鹤戏，迂回似蛇惊。”读此乃知黄慕樵身手非凡，亦是心意门巨匠。王芗斋先生弟子中擅此舞者甚少，仅知有韩樵。每遇王芗斋与朋友谈拳兴酣，辄遇韩樵做健舞，起似龙蛟挟浪，落似雾里伏豹，蛇惊猫步，柔若无骨，静若处女，炸似惊雷，乃知王芗斋先生数载南游，不仅对拳学真谛深入有得，在动作上也更上一层楼。王芗斋先生归故里后，扫郭云深先生墓，为之建碑。

1928年，王芗斋先生42岁，应李景林、张之江二人之请，伴张占魁先生赴杭州任第三次全国运动会武术比赛裁判后，应师兄钱观堂先生之约赴上海相见。

王芗斋先生到沪后，钱观堂先生设宴为先生接风，极愿见先生身手，请与先生“听劲”，先生以师兄年事已高，逊称不敢，钱观堂先生坚请试之。先生曰："如师兄愿看弟之学业，弟请师兄坐到身后中间的沙发上。"钱观堂先生虽不信，但笑允之，即以崩拳直取先生，先生以掌轻按迎钱观堂先生来拳，仅于迎送瞬时，钱观堂先生已飞起稳坐于指定的沙发上。钱观堂先生起立握先生手，泫然泪落曰："没有想到几十年后又能重见老师风采，先师的武技有人能传下去了，真使我又喜又想念老师。"钱观堂先生曾写诗载沪报端，诗中有句云："夫子之墙高千仞，君既入室且登堂。"也就是这时，王芗斋先生认识了铁岭吴冀辉先生。吴冀辉乃六合心意名家，与王芗斋先生相交甚契。王芗斋先生曾说："我在国内参学万余里，拜见拳家逾千人，堪称通家者仅有两个半人，即湖南解铁夫、福建方怡庄与上海吴冀辉耳。"王芗斋先生在上海传艺期间，登门试艺者无数，先生不曾一负。

当年，世界轻量级拳击冠军匈牙利籍拳击家英格，正在上海青年会任拳击教练，扬言中国拳术无实际价值，拳师均不堪一击。王芗斋先生奋往与之交手，仅在相互接触之一瞬间，英格已被击出丈许，仰卧地上，英格后在英国伦敦《泰晤士报》上发表"我所认识的中国拳术"一文，详细介绍了他是如何败在王芗斋先生手下的，文中有句云："我如同被电击了一样。"表示极为惊诧不解。

留德皮科名医师尤彭熙先生，此时经上海文人江一平介绍拜入王芗斋先生门墙。尤彭熙以后将意拳发展为"空劲"一支，号称"神拳尤彭熙"，晚年渡美在加州授徒，颇享威名。1983 年病逝于美。

1930 年，王芗斋先生 45 岁，在上海。高振东、赵道新、张恩桐、韩樵、韩垣及全国拳击和摔跤双冠军卜恩富均于此时投先生门下。韩氏兄弟由于其父韩友之先生为王芗斋先生师兄、单刀李存义弟子，故先生令其分别拜尤彭熙、赵道新为师，但由先生亲传技艺。当时韩樵、赵道新、张长信、高振东号称王芗斋先生门下“四大金刚”。张长信曾以拳击夺上海市拳击公开赛冠军。赵道新则是第三届全国运动会武术散手冠军，他在上海税务专科学校担任武术教练时，曾足穿拖鞋，轻取宋子文保镖挪威籍拳击家安德森，使其如断线风筝摔出丈外。安氏高呼：“魔术！魔术！”

斯时上海某银行家知王芗斋先生拳艺冠绝，所向披靡，以重金聘先生组织一武术队周游世界，宣传祖国拳术，以雪“东亚病夫”之耻。后因政局变动，“九一八”事变等原因未能如愿。

1935 年，王芗斋先生 50 岁。先生携卜恩富、张恩桐、韩樵三人束装北归，在天津小住后返深县故里训练弟子，研究拳法。据张恩桐说，在深县学习期间，由于王芗斋先生要求严格，自己站桩练功后全身疼痛难忍，当时曾想不辞而别。夏季午睡后每人抱一只小公鸡，到村外大树下围观斗鸡，学习鸡奓毛展翅姿势。王芗斋先生在训练摩擦步时，足穿拖鞋。

张恩桐于 1955 年在天津与全国摔跤重量级冠军张奎元试手。张奎元身高体壮，臂力过人，手大脚也大。而张恩桐身材较矮小。张奎元伸手欲抓张恩桐，张恩桐骤然发力将张奎元摔出倒地。后来张奎元专程到北京东北园，进门见到王芗斋先生，跪倒在地叩头，然后说明缘由，拜在先生门下。

1937 年，王芗斋先生 52 岁。应北平张壁、齐振林二位先生之邀，到北平定居，任教于四存学会体育班，传授意拳，并从事著书写作，阐述中国拳术真谛，主张解除封建传统之师徒制，废除拳套招法之训练，强调应用科学方法训练，公开教授武术界秘而不传的站桩功。授拳之余，闭门潜研，在1929年间所著《意拳正轨》（1983年由香港麒麟图书公司出版，李英昂校注）的基础上，破除迷信，解放思想，完成了《拳道中枢》初稿。并在报端大声疾呼中国武术渐趋不讲实战，徒尚形式之非。

张兆东先生之弟的弟子、名拳师洪连顺在京设场授徒。洪连顺身高体壮，臂力过人，能单掌将大城砖击碎。闻王芗斋先生名，趋前拜谒，以愿试师叔身手为请，先生笑允之。洪连顺以劈掌猛击先生，先生举手相应间略发力，便将洪连顺摔倒在沙发上，洪连顺躺在沙发上两眼发楞，不知道是怎么被摔出去的。先生说："这次不算你输，起来吧！我们再试一次，我还叫你躺在这里。"洪连顺内心不信，左躲右闪，不肯靠近沙发。洪连顺后来对弟子们说："当时我想宁愿倒在别处，也决不倒在沙发上。"而王芗斋先生举手左晃右晃，紧步相逼，找准时机，突然发力，洪连顺又坐到沙发上了。由于这次发力过猛，沙发下边的横梁粗木皆被砸断。王芗斋先生指定哪里，就能将人打倒在哪里，这种先定位后打人的绝技，如同射击之中环。而枪支与打靶都是死物，可任人调整，随人意愿，它与打活人，而且是不肯合作的敌方不同，此可谓拳术之出神入化也。

王芗斋先生常对弟子们说："一是意拳拳打人，不管中不中，要先问己身正不正；二是意拳拳打人时，要使被打倒者产生一种舒服感，认为从来也没有挨过这样的打，而且还会主动要求'你再打我一次，让我再尝尝这个滋味好吗'？"

谁能相信挨打还有舒服感？哪有这种傻人，情愿挨打。这就是王芗斋先生在拳术上达到炉火纯青地步的表现。他能精确地掌握发力方向与力量的分寸，重力能将人一拳击毙，轻力不但不痛，而且使人莫名其妙地感到很舒服。

洪连顺当即拜倒在地，坚请收留，从头学习，并将其弟子全部带到王芗斋先生面前叩头拜师，学习站桩功。后传先生衣钵的姚宗勋、以一拳击败北京军阀富双英镖师高阎王的窦世明、在北京折服意大利拳击家詹姆斯的李永宗等人，均于此时随洪连顺拜在先生门下。

1939 年，王芗斋先生 54 岁。北京东城金鱼胡同那家花园四存学会技击班因学员过多，迁到东单大羊宜宾胡同，后又迁到东四弓弦胡同。王芗斋先生为了发扬中国拳学真谛，在当时的《实报》上发表公开声明，欢迎武术界人士驾临弓弦胡同赐教，以武会友，共同研讨今后如何发扬我国拳术。各派名家登门来访者颇多。由周子炎、洪连顺、韩樵、姚宗勋四位弟子任招待职，如有愿试艺者，可由四人中任何一人先招待过手，惜无一人下场，来试艺者莫不称服而退。即在此时，意拳以一个崭新的拳种出现在北京，张玉衡先生请以“大成拳”名之，意为集我国拳术之大成也。当时先生以盛意难却，未坚拒之，“大成拳”这名乃流传下来，实则非先生之原意。王芗斋曾对弟子们说过：“拳学本无止境，哪有大成之理。”他在《拳道中枢》初稿一书中写道：“欲却之而不能也。”这就是“意拳”又称“大成拳”之由来。

1940 年，王芗斋先生 55 岁。日本东京举办大东亚武术竞赛大会，邀请我国参加，并通过伪新民会顾问武田熙特请王芗斋先生出席，南京伪政府汪精卫组织以马良为首的代表团前往。王芗斋先生说：“这是儿皇帝的政府代表团。”以病坚辞谢绝，并告武田熙欢迎日本武术家来中国见面，交流经验。马良代表团到日本后，日方人士说，王芗斋未来参加，不能承认是中国代表团。此后，日本柔道、剑道名家泽井健一、渡边、八田、宇作美、日野等人曾先后到中国与先生比武，莫不失败而归。

泽井健一来见王芗斋先生时，先生适居中南海万字廊，斯时先生正执扫帚，清扫庭院。泽井进院问：“王芗斋先生在家吗？”先生以“王芗斋”不在家谢绝，泽井要求坐等，先生无奈只好请他进屋。泽井问：“你也会拳术吗？”先生答曰：“会一点儿。”泽井说：“可以试试吗？”先生答：“可以。”泽井即以双手前进，拟以柔道技术抓先生双臂摔之。先生举手相接间，已将他轻轻按倒，跪在地上。泽井惊奇，见先生神采奕奕，目光炯炯，即问：“你就是王芗斋先生吧？”先生含笑点头，泽井起立，深鞠一躬说：“再试一次可以吗？”先生说：“可以。”

泽井在其1976年出版的《中国实战拳法太气拳》书中写道：“当时我是柔道五段，剑道四段，年轻力壮，很有自信。我抓住王先生的手腕，拟摔倒他，但却被他取胜，我又抓住先生的左袖和右襟，拟用寝技取胜，先生问抓好了吗？我说抓好了，就在这说话的一瞬间，我的手完全失控而被摔出去了，我不知是怎样被摔出去的，我请求反复试验数次，结果每次都是同样失败。我感觉到每次都在我心脏部位轻轻地拍了一下，当然是轻打，但是我感到就像触电一样的刺痛，好像心脏被电击而动摇的样子，有一种奇特的感动而恐惧的感觉，至今仍记忆犹新。虽然如此，我并不甘心认输。我请求试剑，拟用剑术取胜。我手持竹剑，先生用一短棒，我用竹剑猛劈狠刺，使尽绝招，却无一胜，事后先生教我说：‘剑、棒都是手的延长。’”

1945年抗战结束后，王芗斋先生每日清晨到太庙（现北京市劳动人民文化宫）散步。知情者相聚于此，跟先生习站桩，人员逐渐增多，遂于1947年由王少兰、秦重三、胡耀贞、陈海亭、孙文青、李健羽、于永年等人发起，呈请设立中国拳学研究会于太庙东南角小亭中，王芗斋先生任会长，倡导以意念诱导与精神假借为主要手段的站桩功，每日晨于该处练功者达百余人。最初不相信站桩功能治病强身者说："这些人（指站桩练功者）都是吃饱饭撑的。"还有人说："王芗斋会定身术，把这些人给迷住了。"也有人看到参加站桩练功者日多就想其中定有道理，不会都是傻子。又经受益者现身说法，参加练功者更多了，练功使一些吃药无效的慢性病患者收到了良好效果，给以后开展站桩疗法打下了牢固的基础。在北京以站桩治病的历史是从这里开始的。

1949年，王芗斋先生64岁。太庙的中国拳学研究会因故停办，改为冬季在中山公园唐花坞前，夏季在西北角后河边树林教授养生桩（站桩功）。从学者仍众，多以治病健身为主，较少教授拳法。

王芗斋先生晚年主要研究站桩功治疗慢性病，在医疗保健、延年益寿方面独有心得。从王芗斋先生学站桩的患者虽多，但从未发生过任何偏差或副作用。这与先生的教学方法及指导原则有关，他主张以"内虚灵，外挺拔，舒适得力为基本不动的原则。更以刚柔虚实、动静松紧同时起参互错综作用"为方针。

1958年，王芗斋先生73岁，应北京中医研究院之邀在广安门医院以站桩为主治疗各种慢性疾病，为解除患者痛苦，恢复人民健康作出了贡献。从此，养生桩（站桩功）之名大彰。但因王芗斋先生坚持叫"站桩"而不叫"气功"，因此较少与气功界人士往来。

1961 年，王芗斋先生 75 岁。河北省卫生厅段惠轩厅长闻先生名，聘先生到保定中医医院工作，教授养生桩以治疗患者的各种慢性疾病。1962 年在保定召开的河北省气功学术会议上，王芗斋先生曾表演“健舞”“勒马听风舞”，并表演发力动作，会议室地板为之颤动，与会者为之咋舌，惊询先生从何处来，段厅长说：“这是我从北京‘垃圾堆’里捡来的。”先生则笑而不答。

1963 年春，王芗斋先生因中风导致半身不遂，由河北返回天津静养。

1963 年 7 月 12 日，王芗斋先生病逝于天津，享年 78 岁。

王芗斋先生生前著有《拳道中枢》《意拳正轨》《断手述要》《意拳原道》等著作及未完稿多种。使意拳在理论上及应用实战的价值上进一步得到提高。

王芗斋先生不仅是我国近代拳术界的巨子，而且他还是一位拳学改革家、拳学理论家，他为发扬中国拳学，扬名世界，鞠躬尽瘁，奋斗终身。他在《拳道中枢》中敢说别人不敢说的话，敢揭别人不敢揭的中国武术界流传至今的弊端，语言虽偏激，立意却诚恳，充分表现了爱护拳道之诚，以及“知我罪我，笑骂由人”的大无畏精神。

他是一位爱国者，在敌人面前不为名利所诱惑，不畏强权，保持了民族尊严，不愧为中华民族的拳学大师。

王芗斋先生认为：“拳学一道，不是一拳一脚谓之拳，也不是打三携两谓之拳，更不是一套一套谓之拳，乃是拳拳服膺谓之拳也。”

王芗斋先生曾提出："大动不如小动，小动不如不动，不动之动，乃是生生不已之动。"根据这一学说，他主张"欲知拳真髓，首由站桩起"。

王芗斋先生认为："拳本无法，有法也空，一法不立，无法不容。"因此，他主张废除人造的拳套、招法训练，以求"物"为主。他说："离开己身，无物可求，执着己身，永无是处。"先生为了振兴中国拳学事业，进行了大胆的改革。

王芗斋先生对中国拳学理论上的研究，集中表现在晚年所著《拳道中枢》一书中。他在 20 世纪 40 年代初期就提出"超速运动"这一名词，来形容大成拳动作的迅速状态。他说其威力之大，犹如"雷霆之鼓舞鳞甲，霜雪之肃杀草木。其发动之神速，无物可以喻之，是以余对此种'神速'运动，命名之曰'超速运动'，言其速度之快也。"

王芗斋先生认为习拳主要目的首先是健康；其次为寻求理趣；再次为自卫。他认为拳学一道若从迹象来看，"与老庄佛释，班马古文章，右军钟张字，大李王维画，玄妙颇相似"。他的这种"但求神意足，不求形骸似"的习拳思想，可谓达至大成了。

纪念先父王芗斋

——王芗斋先生诞辰 116 周年讲话

王玉芳

尊敬的霍震寰先生：

尊敬的中国武协、北京市武协的各位领导：

各位来宾：

同志们、朋友们：

今天，我们聚集一堂共同纪念我的父亲——意拳创始人王芗斋先生诞辰 116 周年，我的心情非常激动。

首先，请允许我向倡议并给予巨大支持的亚武联第一副主席、北京意拳研究会名誉会长霍震寰先生致以衷心的谢意！向批准和支持召开这次大会的北京市武协及中国武协表示深深的感谢！向前来参加这次大会的武林同道、各界来宾，向同志们、朋友们表示热烈的欢迎！

我们纪念王芗斋，是为了在缅怀这位一代宗师的同时，重温意拳的思想、理论和方法，发扬他武德高尚、广取博收、不断精进、不断创新的精神，沿着意拳给我们指出的前进方向，使我们真诚团结起来，共同努力、共同奋斗，更好地继承和发展意拳事业，为祖国、为中华民族、为人类作出新的更大的贡献。

作为一种特殊拳学的意拳，自 20 世纪 20 年代创立起，就在中华大地上引起了强烈的反响，并受到国外有识之士的重视和喜爱。

任何一门学术都是在实践中不断地总结、提高和完善的，意拳也不例外。当我们回顾意拳的发展历程时，不仅要把它与社会、历史的现实紧密联系在一起，而且还要清醒地看到它自身发展的轨迹，只有这样，才能更好地理解先父的思想和意拳的内涵。

如果说先父在 20 年代发表的《意拳正轨》是对“技击一道”进行科学阐述的话，那么 40 年代中期先父发表的《拳道中枢》，则是站在哲人的立场上，运用哲学的观点论述中华武学的“大道”，即客观发展规律；论述宇宙、人生和武学的真义。可以说，《意拳正轨》与《拳道中枢》阐述的是先父的思想和意拳的理论，是“质”的飞跃。所以，《拳道中枢》集中体现了先父的意拳思想、理论和方法，是先父一生心血的结晶。

先父常说：“行、坐之间，一触跌入丈外，乃中乘之境。”他认为达到这种“技击”的境界，对于拳学来说，仅仅是“中乘之境”，只有达到“拳道”的境界才是中华武学的“上乘之境”。所以，他把这篇著述定名为《拳道中枢》。通俗地讲，就是武学大道的核心、真谛。

拳道，是指武学发展的道路，亦即我们现代所说的客观发展规律。

拳道是什么？先父说：“拳道之大，实为民族精神之需要、学术之国本、人生哲学之基础、社会教育之命脉。”这种把习拳练武与民族、国本、人生和社会紧密结合在一起的特殊拳学，正是先父为之奋斗和追求一生的大道。

拳道的核心、真谛是什么呢？先父说："余据四十余年体会操存之经验，倍感各项力量都由混元扩大、空洞无我产生而来，然混元空洞亦都由细微之棱角渐渐体会，方能有得。是以吾又感天地间一切学术，无一不感矛盾，同时亦感无一不是圆融，然而须得打破圆融，统一矛盾，始能融会贯通，方可利用其分工合作，否则不易明理。"

只有把自己置于自然之中，融于宇宙，通过不断地"自我放大"，达到"无所在，无所不在"的境界，才能具备各项力量，才能认识矛盾，进而把握住客观发展规律，去遵"道"而行，依"道"而用，才能认清宇宙、社会和人生的根本原理。我认为，这就是《拳道中枢》论及的武学核心、真谛，也是意拳的深厚哲理。

不难看出，意拳的思想、理论和方法是建立在深厚的"天人合一"、东方的哲学思想与现代哲学有机结合的牢固的哲学基础之上的，它继承和发展了中华民族的武学。

先父说："要学好意拳须具备三个条件，其中，要有清醒的哲学头脑尤为重要。"先父晚年自号"矛盾老人"，其中有着深刻的含义，望大家能予以深刻地理解。

要达到"混元扩大，空洞无我"的境界，要探寻到宇宙和人生的根本原理，只有也必须通过"站桩功"这种高级的运动形式，在实践中通过"重精神、重意感、重自然力之锻炼"进行不断的体认来取得。

意拳没有任何招式套路，它把“站桩功”置于非常重要的位置，这是意拳与其他拳的最根本区别。其实，“站桩”不仅是武学，而且也是诸多运动项目的基本功。只不过在意拳的“站桩功”中有着深厚的“天人合一”的思想、深刻的哲理以及一系列科学的独特的训练方法而已。

至于意拳站桩功的锻炼之法、习拳之要，《拳道中枢》以及姚宗勋师兄发表的《意拳》，还有近二十年来许多师兄、师侄发表的文章和著作中均已论及，不再赘述。

先父在《拳道中枢》中，提出了一个非常重要的问题，这就是“武德”，他说：“拳学一道首重德性。”又说：“学术皆然，武德尤甚。”因为武学是“性命相搏”、“共争生死”的学问，不讲“德性”必然离经叛道，祸患无穷。故而，先父又说：“还要有‘侠骨佛心之热忱，舍己从人之蓄志’。”我们常说“拳拳服膺谓之拳”，其实这么说是不确切的。而应该是：拳道，乃拳拳服膺谓之拳。《拳道中枢》通篇揭示、论述的正是“拳道”。先父让我们心领神会、体认操存的不是训练过程中的方法，而是“拳道”。可见，没有大德，无法达到“上乘之境”。意拳学者，对此不可不知，不可不行。

意拳蕴含着深厚的“天人合一”的哲学思想，它博大精深，人们如果没有较高的学识和修养，就无法理解其中之妙，也就无法使自己日臻上乘。

先父说：“学术一道，首要明理，更须切实用功。若不首先明理，不知用功切要之所在，则易于走入歧途，功夫愈深，残害愈烈。”因此，意拳学者要在训练、锻炼过程中，不断地加强自身的修养和增长自己的学识，使自己在“德、才、学、识”诸方面均衡发展和提高。这才是先父和意拳渴望的人才。

几十年来，与先父相交和跟随先父学习意拳的人数不胜数，其中绝大部分人走上了不同的工作岗位，从事着不同的职业。但是，不管经过多少年，每当他们谈起先父和意拳时，都怀着深厚的崇敬心情述说着自己的习拳经过和先父对他们的谆谆教诲，述说着意拳的哲理在他们的工作和生活中给予的启迪、帮助和快乐，这就是意拳的魅力、影响和深厚的基础。

现在，我们民族兴旺，国家富强，意拳不仅在国内得到普遍的发展，而且走向了世界，受到不少国家和地区人民的青睐。这是先父和第二代、第三代学生们以及所有热爱意拳、支持意拳发展的各界朋友共同努力、共同奋斗的结果。这不仅是意拳的骄傲，也是我们祖国和民族的骄傲。

近来有一种把“健身”与“自卫”割裂开的看法，这里既有认识的原因，也有历史和现实的原因。

在那个动荡、混乱，甚至“中华民族到了最危险的时候”的年代里，先父和他的学生们只能在“自卫”方面尽力发挥；在和平的年代里，先父和他的学生们才有条件把精力投入到“健身”的实践中。之所以会有这种不同时期各有侧重的现象不是因为意拳本身可以把二者分开，而是社会、历史的原因造成的。先父和他的学生们在“健身”方面所取得的巨大成绩以及一些因病学习“站桩功”的学员逐步走上习拳之路并成为佼佼者的事实，都证明了“健身”与“自卫”是相辅相成、密不可分的。有些意拳从学者，由于各种原因，在“健身”或“技击”上各有侧重，本不为奇，不能以此作为“健身”和“自卫”可以分开的依据。

无论“健身”还是“自卫”，目的都是为了“利群”，这是意拳的原则。我想通过习拳，大家的修行都会不断地提高，认识水平也必将不断地提高，这个问题自然就会得到解决。我希望侧重“技击”的学员，要加强“养生和健身”的锻炼，使自己在“健身、自卫”两方面都得到均衡的发展，以使自己能更好地“利群”。

近来，一些师兄提出要加强意拳在学术上的研究。我认为，这个倡议很好，给意拳的发展指出了明确的方向，希望意拳研究会的领导和同志们能给予高度的重视。为响应师兄们的倡议，我就把今天的发言作为一个抛砖引玉的开始吧！

在《拳道中枢》中，先父曾语重心长地说：“日夜望从学诸生，虚心博访，一方面尽量向难，一方面尽力发挥，倘有心得希随时共同研究，以求博得精奥而期福利人群，提高国民体育之水准，实为盼甚，否则毫无价值。”

先父临终前曾深情地说：“意拳虽是我创，但意拳不是我，我只是练意拳的一个人。”从而表达了先父对大家的殷切期望。

1971 年我们敬爱的周恩来总理在日理万机的百忙之中，指示有关单位对意拳进行研究，这是党和政府对我们意拳的重视，我们不能辜负周总理对我们的期望。

80年代，继承意拳衣钵的姚宗勋师兄带领部分意拳同志，为落实周总理的指示，秉承先父遗志，在国家体委及中国武协等有关部门的大力合作和支持下，开始把意拳的理论引入现代体育运动中，进行“提高国民体育之水准”的有益尝试。遗憾的是，这项工作刚开始不久，姚师兄便先我们而去，这不仅是意拳的巨大损失，从一定意义上讲，也是我国体育运动的损失。

“长江后浪推前浪，一代新人胜旧人。”我希望大家抓住现在的大好时机，依靠各级领导，加强自身建设，会同武林同道共同拼搏，共同奋进，更好地把意拳事业发展下去。

人生苦短，百年一瞬。面对周总理的指示、先父的遗志以及意拳的发展壮大，我们任重而道远。

意拳，作为特殊学习的拳学，要接受实践的检验和时间的考验。我们只有团结起来，“虚心博访，尽量向难，尽力发挥，以求博得精奥，而期福利人群，提高国民体育之水准”；只有这样，我们才能“有所发现，有所发明，有所创造，有所前进”，继续为人类作出新的贡献；只有这样，才能告慰先父王芗斋宗师的在天之灵，这才是我们对意拳创始人王芗斋老先生的最好纪念。

我从20世纪30年代随父学习意拳，50年代末作为先父的助手，从事医疗体育工作。但由于我的水平有限，对意拳的理解还很肤浅，若有舛错之处，还希望大家多多指正，不吝赐教，在此表示衷心的感谢！

最后，祝意拳同仁团结起来，百尺竿头更进一步！

预祝大会圆满成功！

谢谢大家！

2000 年 11 月 25 日

纪念王芗斋诞辰一百二十周年祭文

维

公元乙酉年十月二十五日北京芗祖后学恭遣代表武国忠，以鲜花束帛之仪致祭先师祖王芗斋！

吾祖芗斋　王公尼宝　幼患喘疾　习拳养命

形意巨擘　郭祖云深　喜其聪慧　授给真传

病愈功成　尚武能文　及长立志　倡导拳学

桩法真髓　公之于世　修心健身　知行合一

意拳大成　利己利群　强国强种　益我苍生

民族精神　国之瑰宝　切志弘扬　视为己任

癸卯仲夏　离形遁去　武德英魂　文章立论

革故鼎新　泽惠后学　吾等受益　怀德相报

一纸祭文　难达吾意　薪火相传　再接再厉

继承发扬　光大拳学　芗祖遗文　拳道中枢

愿我同仁　切切铭记　拳拳服膺　是为拳道

伏惟尚飨！

［第一部分］

意拳总龟

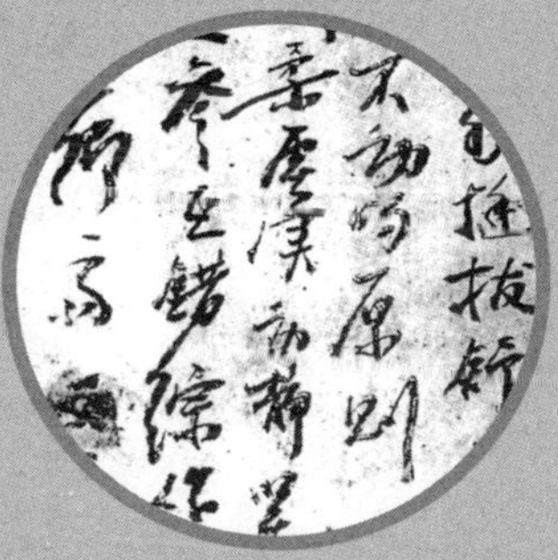

意拳正轨①

自序

技击一道，甚矣哉之难言也。诗言拳勇，礼言角力，皆技术之起源；没（降）②至汉代，华佗氏作五禽之戏，亦技击本质。良以当时习者甚少，以至湮降（没）无闻。迨至梁天监中，达摩东来，以讲经授徒之余，兼及锻炼筋骨之术，采禽兽性灵之特长，参以洗髓易筋之法，而创“意拳”，又曰“心意拳”。徒众精是技者甚多，少林之名亦因之而噪起。岳武穆王复集各家精华，编为五技连拳、散手、撩手诸法，称为“形意拳”。逮及后世，国家宴安，重文轻武之风日盛，而精拳技者复多以好勇斗狠贾祸，于是士大夫相率走避，致将此含有深奥学理之拳术，不能见重于历世。相沿既久，无可更易。即后之有道，怀瑾握瑜者，率多埋没于乡村闾里间，不敢以技术著称。此固使后之学者深资悼惜者也。清代晋之太原郡戴氏昆仲精于是技，而独详传于直隶深县李洛能。先生授徒甚众，获得李老先生之绝技者，厥同县之郭云

① 此文 1928 年初版。1929 年再版时，序文略加修改，内文未作改动。此次据 1928 年初版整理。

② 括号内文字是对原刻的修订。原刻多有错讹，不一一出注，在此统一说明。

深先生。郭先生之教人习形意也，首以站桩为入学初步，从学者多矣，能克承其教者迨不多遘。郭先生亦有非其人不能学，非其人不能传之叹。吾与郭先生同里，有戚谊为长幼行，爱吾聪敏而教之，且于易箦之时，犹以绝艺示之，谆谆以重视相嘱。晚近世风不古，学者多好奇异，殊不知真法大道，只在日用平常之间，世人每以其近而忽之，“道不远人，人之为道而远人”之说益徵。不愿以此而求闻达，无如晚近世俗趋于卑下，不切实际，徒骛虚名，于是牟利之徒，不自学问，抄袭腐败之陈文，强作谋生之利器，满纸荒唐，故入玄虚；忽而海市蜃楼，迹近想象，忽而高山远水，各不相干，使学者手不释卷，如入五里雾中，难识半点真假。一般无知之士，犹以圣人之道，不可钻仰。呜呼！利人当途，大道何昌。午夜深思，曷胜浩叹。向虽赋性不敏，而于技击一道，窃焉心喜。既获得亲真法大道之指导，每日承其教诲之语言多具有记载之价值者，连缀成册，本利己利人之训，不敢自私，以期同嗜均沾斯益，非徒以此问世也。是为序。

一九二九年菊月

深县　王宇僧

桩法换劲

欲求技击妙用，须以站桩换劲为根始，所谓使其弱者转为强，拙者化为灵也。若禅学者，始于戒律而后精于定慧、证于心源、了悟虚空，穷于极处，然后方可学道。禅功如此，技击犹然。盖初学时桩法颇繁，如降龙桩、伏虎桩、子午桩、三才桩等。兹去繁就简，采取各桩之长，合而为一，名曰混元桩，利于生劲，便于实搏，精打顾、通气学，学者锻炼旬日，自有效果，亦非笔墨所能表其神妙也。

夫桩法之学，最忌身心用力，用力则气滞，气滞则意停，意停则神断，神断则受愚。尤忌扬头折腰，肘腿过于曲直，纵（总）以似曲非曲、似直非直为宜，筋络伸展为是。头宜顶，闾骨宜直、气宜下沉，心宜静思，手足指尖稍微用力，牙齿似闭非闭，舌卷似顶非顶，浑身毛孔似松非松。如是则内力外发，弱点换为强，自不难得其要领也。

锻炼筋骨

力生于骨，而连于筋，筋长力大，骨重筋灵。筋伸骨要缩，骨灵则劲实。伸筋腕项（手足四腕与脖项）则浑身之筋络皆开展，头顶齿扣，足跟含蓄（含有若弹簧之崩力）、六心相印（手心、足心、本心、顶心也）、胸背宜圆（阔背筋、大雄筋异常有力），则气自然开展。两肱横撑要平，用兜抱开合伸缩劲，两腿用提挟扒缩蹚崩拧裹劲，肩撑胯坠，尾闾中正神贯顶，甲背三关透丸宫，骨重如弓背，筋伸似弓弦，运劲如弦满，发手似放箭，用力如抽丝，两手如撕绵，四腕挺劲力自实，沉气扣齿自坚。象其形，龙蹲、虎坐、鹰目、猿神、猫行、马奔、鸡腿、蛇身，骨查其劲，挺腰沉气，坐胯提膝，撑截裹堕，粘定化随。

若能得此要素，如遇敌时，自能随机而动，变化无穷。任敌巨力雄伟汉，运动一指拨千斤。所谓身有平准，腰似车轮，气如火药拳如弹，灵机微动鸟难腾。更以心小胆大，面善心恶，静似书生，动若龙虎；总以虚实无定，变化无踪为准则，自能得其神妙之变幻。故郭云深大法师常云："有形有意都是假，技到无心始见奇，盖即此也。"

用劲

拳术之妙，贵乎有劲。用劲之法，不外刚柔方圆，刚者直竖，柔者灵活。直竖长伸有攻守力，柔者缩短有惊弹力。刚劲形似方，如图（一）。柔劲外方而内圆，如图（二）。伸缩抑扬，长短互用，刚柔相济。有左刚而右柔，有左柔而右刚，有稍（梢）节刚而中节柔，亦有时刚时柔、虚实变化之妙，半刚运使之精。更有柔退而刚进、刚退而柔进，遇虚则柔，而刚随其后，以临实则刚，而柔在其先。无论千差万异，总以中线重心不失、周身光线不断为枢纽。横撑开放，光线茫茫谓之方。提抱含蓄，中藏生气谓之圆。所不（以）筋出力而骨生棱。

凡出手时，用提顿撑抱兜坠钻裹，顺力逆行，以方作圆，如图（三）。落手时，用含蓄缠绵滔滔不断，以圆作方，如图（四）。盖圆劲能抽提，方劲能转顿，开合若连环，如图（五）。若万缕柔丝百折千回，令人不可捉摸，其玲珑开朗，如骏驹跃涧，偏面矫嘶，神采丽丽，壮气森森，精神内固，如临大敌，虽剑戟如林、刀斧如山，亦若无人之境。身如强弓硬弩，手如弓满即发之箭，出手恍同蛇吸食，打人犹如雷震地。

夫用劲之道，不宜过刚，过刚易折，亦不宜过柔，过柔不进，须以竖劲而侧入，横劲吞吐而旋绕。此种用劲之法，非心领神悟，不易得也。若能操之纯熟，则劲自圆、体自方，气自恬，而神自能一。学者其勿惰。

求劲之法，慢优于快，缓胜于急，而尤以不用拙力为最妙。盖运动之时，须使全体之关节任其自然，不稍有淤滞之处，骨须灵活，筋须伸展，肉须舒放，血须川流，如井之泉脉然。如是方能有一身之法，一贯之力，而本力亦不外溢。

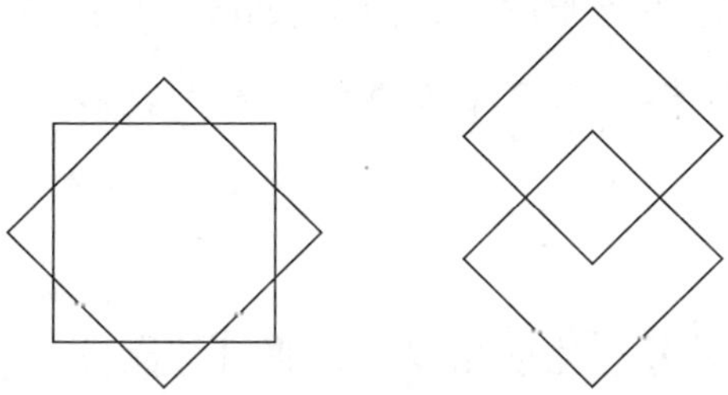

图（一）

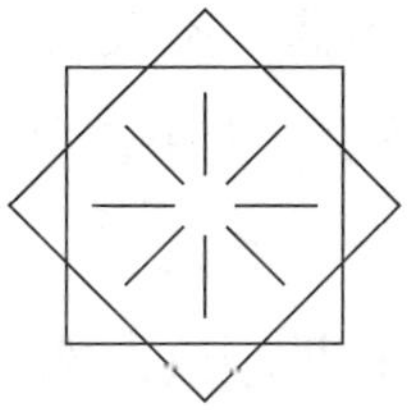

图（二）

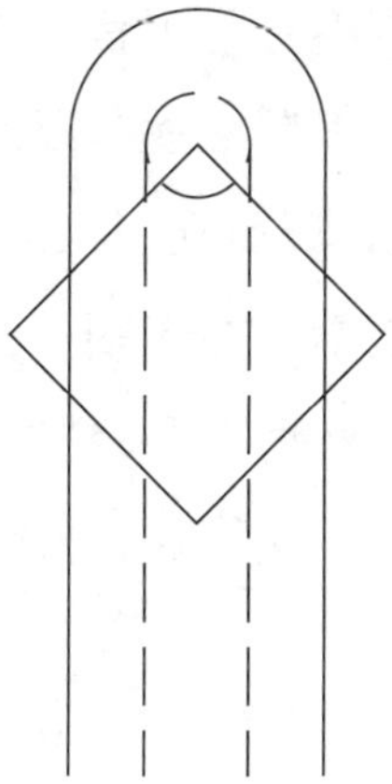

图（三）

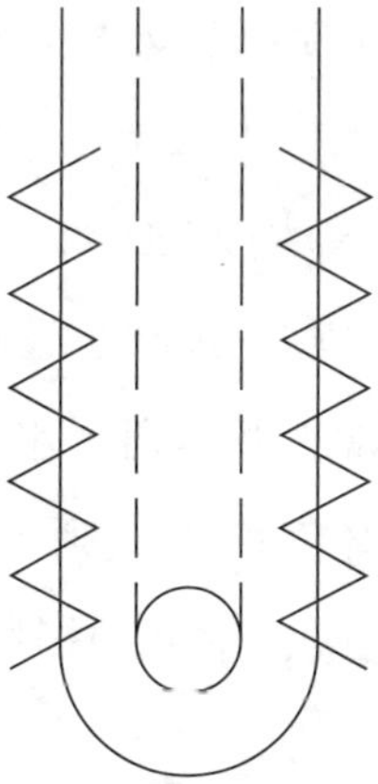

图（四）

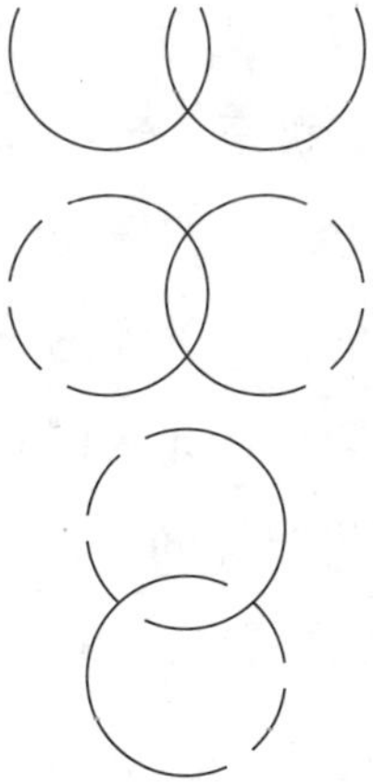

图（五）

若急急于拳套是舞，徒用暴力以求其迅速之美观，如是则全体之气孔闭塞，而于血系之流通亦大有阻碍。观诸用急暴力者，无不怒目皱眉，顿足有声，先闭其气，而后用其力，既毕，则又长吁一声、叹气一口，殊不知已大伤其元气也。往有数十年之纯功，而终为门外汉者。目睹皆然，岂非用拙力之所致也？亦有用功百日而奏奇效者，可知谬途误人之甚。学者于此求力之法，当细斟之，自能有天籁之机，然亦非庸夫所能得之道也。

练气

夫子养性练气以致治，轩辕练神化气以乐道。达摩参禅，东来传道，始传洗髓易筋之法，而创意拳及龙虎桩，故为技击开山之宗，自古名贤大儒、圣人豪杰、金刚佛体，未有不养性练气及习技者。庄子云：“技也，近乎道矣[①]。”

然技虽小道，殊不知学理无穷，凡学此技者，非风神潇洒而无轻浮狂躁尘俗之气，堪与圣贤名儒雅乐相称者，不足学此技也。夫练气之学，以运使为效，以鼻息长呼短吸为功，以川流不息为主旨，以听气净虚为极至（致）。前为食气出入之道，后为肾气升降之途，以后天补先天之术，即周天之转轮。盖周天之学，初作时，以鼻孔引入清气，直入气海，由气海透过尾闾，旋于腰间。盖两肾之本位在于腰，实为先天之第一，尤为诸脏之根源，于是则肾水足矣，然后上升督脉而至丸宫，仍归鼻间，以舌接引肾气而下，则下腹充实，渐渐结丹入田。此即周天之要义，命名周天秘诀，学者勿轻视之。

---

① 技也，近乎道也。原刻作“技也，而即道矣”。

养气

养气练气，虽出一气之源，然性命动静之学，有形无形之术各有不同。盖养气之学，不离乎性；练气之学，不离乎命；神即是性，气即是命，故养气之术须由性题参入。

夫性命之道，非言语笔墨所能述其详也。况道本无言，能言者即非道，故孟子云：难言也。今以难言而强言之，惟道本无也。无者天地之源，万物之根，人有生死，物有损坏，道乃永存。其大无外，其小无内，视之无形，听之无声，而能包罗万象、弥满六合、塞充乾坤、混含宇宙，性命之学，亦即天地之阴阳也。然欲养气修命，须使心意不动，心为君火，动为像（相）火，君火不动，像火不生，气念自平，无念神自清，清而后心意定。故云：“一念动时皆是火，万缘寂净方生真，常使气通关节敏，自然精满谷神存。”若能有动之动，出于不动，有为之为，出于无为，无为则神归，神归则万物寂，物寂则气眠，气眠则万物无生，耳目心意俱忘，即诸妙之圆也。如对境忘境，不耽于六贼之魔，居尘超尘，不落于万缘之化。诚能内观其心，外观其形，形无其形；达观其物，物无其物；三昧俱悟，即见虚空；空无所空，所空欲无，无无亦无，大低（抵）人神好清而心绕（扰）之，人心好静而欲乱之，故言神者不离性，气者不离命，若影随形，不爽毫厘。

五行合一

五行者，生克制化之母，亦即万物发源之本也。如世俗之论五行者，则曰金生水，水生木，木生火，火生土，土生金，谓之相生；金克木，木克土，土克水，水克火，火克金，谓之相克。此朽腐之论，难近拳理，而亦不知拳术为何物。又曰某拳生某拳，某拳克某拳，此论似亦有理，若以拳理研究之，当两手相接对击时，岂能有暇而及此也？若以目之所见，心再思之，然后出手制之，余实不敢信。况敌之来势，逐迭更变，安有以生克之说能制胜之理？此生克之学欺人误人，谬谈之甚也。苟能不期然而然，莫知击而手足已至，尚不敢说能制人。如以脑力所度，心意所思，出手论着，操技论套，是门外汉也，不足与谈拳。

盖拳术中之所谓五行者，换言之，曰金力、木力、水力、火力、土力是也。即浑身之筋骨，坚硬如铁石，其性属金，故曰金力。所谓皮肉如棉，筋骨如钢之意也。四体百骸，无处不有若树木之曲直形，其性属木，故曰木力。身体之行动，如神龙游空，蛟蛇游水，犹水之流，行踪无定，活泼随转，其性属水，故曰水力。发手若炸弹之爆烈，忽动如火之烧身，猛烈异常，其性属火，故曰火力。周身圆满，墩厚沉实，意若山岳之重，无处不生锋茫（芒），其性属土，故曰土力。凡一事一动皆有如是之五种力，此方谓五行合一也。

总之，不动时周身乃一贯之力，动时大小关节无处不有上下、前后、左右百般之二争力，如是方能得周身之混元力也。

六合

六合有内外之分，曰：心与意合、意与气合、气与力合，为内三合；手与足合、肘与膝合、肩与胯合，为外三合。

又曰：筋与骨合、皮与肉合、肺与肾合，为内三合；头与手合，手与身合，身与足合，为外三合。

总之，神合、劲合、光线合，全身之法相合谓之合。非形势相对谓之合。甚矣哉，六合之误人也，学者慎之慎之。

歌诀

歌诀者，拳术中之精粹也。若能参透其意，穷尽其理，自能得道矣。

心愈专，意味三，精愈坚，气愈安，神愈鲜（此学技五大要素）。

浑噩一身贯，形具切忌散[①]（周身用力，无处不圆满，取内圆外方之意，始终不懈）。

拳出如流星，变手似闪电（变化迅速，神捷果断）。

舌卷齿更扣（舌为肉之稍，肉为气之囊，舌卷气降，注于气海，又能接引肾气结入丹田。齿为骨稍，扣则骨坚）。

头顶如悬磬（头为六阳之首，五关百骸莫不木此，头顶若悬，三关九窍易通，自能白云朝顶，一点灵光顶头悬，此亦禅学之要素也）。

两目神光耀（精光收缩而尖锐），**鼻息耳凝敛，心目宜内视**（以鼻作长呼短吸之功，耳目心作收视反听之用）。

腰转如滑车，进足如钢钻（灵敏活泼，进钻夺位）。**提蹚裹扒缩，滚锉兜撑拧**[②]（动静须有此力）。

手足指抓力，毛孔如生电（指为筋稍，扣则力自充。周身毛发为血稍，血为气之胆，毛孔不睁，毛发不竖，则血不充，血不充则气不振，

① 后由姚宗勋先生改为“神形切忌散”。

② 此句原刻作“滚锉兜撑元之血”。

气不振则力不实，不实则失战斗力矣）。

交手径法

人之本性，各有不同，有聪明者，有智慧者，有毅力恒心者，有沉着精敏者，更有奸滑（猾）阴毒者，其性不同，其作为亦（因）之而异，如技术之击法亦然，有具形而出，无形而落。败势而往，发声而来。千变万化，不能尽述。须以功力纯笃，胆气放纵，处处有法，举动藏神，不期然而然，莫之至而至。身动快似马，手动速如风。

平时练习，三尺以外七尺以内，如临大敌之象。交手时有人若无人之境。颈要竖起，腰要挺起，下腹要充实，两肱撑起，两腿夹起，自头至足一气相贯。胆怯心虚，不能取胜；不能察言而观色者，亦不能取胜。总之，敌不动，我沉静，敌微动，我先发。所谓打顾之要亦其击先者也。不动如书生，动之如龙虎。发动似迅雷，迅雷不及掩耳。然所以能制胜者，皆在动静之间；动静已发而未发之间谓之真动静也。

手要灵，足要轻，进退旋转若猫形。身要正，目敛精，手足齐到定要瀛（赢）。手到步不到，打人不为妙。手到步亦到，打人如把（拔）草。上打咽喉下打阴，左右两肋在中心，拳打丈外不为远，近者只在一寸中。手出如巨炮响，足落似树栽根。眼要毒，手要奸。步踏中门，躦（钻）入重心夺敌位，即是神手亦难防。用拳须透爪，用掌要有气，上下意相连，出入以心为主宰，眼手足随之。两足重量，前四后六，用时颠倒互相（换）。夫有定位者步也，无定位者亦步也。如前足进后足随，前后自有定位。以前步作后步，以后步作前步，更以前步作后之前步，以后步作前之后步，前后自无定位矣。

左右反背如虎搜山，乘势勇猛不可挡，斩拳迎门取中堂，抢上抢下势如虎，鹘落龙潜下鸡场，翻江倒海不须忙。丹凤朝阳势为强，云遮天地日月交，武艺相争见短长。三星对照，四稍会齐，五行俱发，六合弥结，勇往前进，纵横高低，进退反侧。纵则放其力，勇往而不返；横则裹其力，开合而莫挡；高则扬其身，而身若有增长之意；低则缩其身，而身若有躜（钻）捉之形。当进则进摧其身，当退则退领其气。至于反身顾后，亦不觉其为后，后即前也。侧顾左右亦不觉其为左右矣。进头进手须进身，身手齐到法为真。

内要提，外要随，打要远，气要摧。拳似炮，龙折身，发中要诀随意用，解开其意妙如神。鹞子入林燕抄水，虎捉绵羊抖威风。取胜四稍均要齐，不胜必有怀疑心。声东击西，指南打北，上虚下实，灵机自揣摸。

左拳出，右拳至，单手到，双手来。拳由心窝去，发向鼻尖前。鼻为中央之土，万物产生之源，冲开中央全体皆糜。两手结合迎面出，自然把定五道关。身如努（弩）弓拳如弹，弦响鸟落见奇鲜。遇敌犹如身着火，打破硬进无遮拦。

何为打，何为顾？顾即是打，打即是顾，发手即是处。计谋精变化，动转用精神，心毒为上策，手足方胜人。

何为闪，何为进？进即是闪，闪即是进。不必远求尚美观，只在眼前一寸间。静如处女，动若雷电。肩窝吐劲，气贯掌心，意达指尖外，气发自丹田。按实用力，吐气开声，遇敌来势两相交，风云雷雨一齐到。

龙法

龙法有六，曰沧海龙吟、云龙五现、青龙探海、乌龙翻江、神龙游空、神龙缩骨。其为物也，能伸能缩，能刚能柔，能升能降，能隐能现。不动如山岳，动之如风云，无穷如天地，充实如太仓，浩气如四海，玄曜如三光。度来势之机会，揣敌人之短长。静以待动，动中处静，以进为退，以退为进，直出而侧入，斜进而竖击。柔去而惊抖，刚来而缠绕。缩骨而出，放劲而落。缩即发也，放亦即缩。甲欲透骨而入髓，发劲意数在尺间。

虎法

虎法亦有六，曰猛虎出林、怒虎惊啸、猛虎搜山、饿虎剖食、猛虎摇头、猛虎跳涧。揣其性灵，强而精壮，横冲竖撞、两爪排山，猛进猛退，长扑短用，如剖食，若摇头，犹狸貌（猫）之捉鼠，头顶爪抓，鼓荡周身，起手如钢锉。用斩，抗横兜顺，落手似勾杆。用劈，搂搬撒撑，沉托分拧，伸缩抑扬。头欲要撞人，手要打人，身要摧人，步要过人，足要踏人，神要逼人，气要袭人。

借法容易上法难，还是上法最为先。较技者不可思悟，思悟者寸步难行。宁教一思进，莫教一思退。有意莫带形，带形必不赢。犹生龙活虎，吟啸叱咤，谷应山摇。其壮哉如龙虎之气，临敌毫不虚，安有不胜之理哉？

总之，龙虎二法，操无定势，势犹虎奔三千，气若龙飞万里，劲断意不断，意断神连。非口授心传，莫能得也，聊写其大意，未克详述。

意拳正轨

意拳之正轨，不外古势之老三拳与龙虎二气。龙虎二气为技，三拳为击。三拳者，践、躜（钻）、裹也。

践拳外刚内柔有静力（又曰挺力），曰虚中，以含蓄待发之用。

躜（钻）拳外柔内刚如棉裹铁，有弹力，曰实中，乃被动反击之用。

裹拳刚柔相济，有惊力，曰化中，乃自动之用。任敌千差万异，一惊而即败之。所谓枢得其环中，以应无穷。

附记

《意拳正轨》一文，系先生壮年之作，早已散佚。近由香港同好，寄至保定，请重加修订，先生以（已）无暇及此，遂搁置迄今。因传抄之讹，间有错字漏字，余因限于水平，不敢谬为补正，将有待就正于高明。

综观全文，与先生 1944 年所写《大成拳》一文中所说未尽相同，与近年之说差距愈显，兹举数例：

（一）自序中之意拳来源
（二）练气之说
（三）交手径法
（四）龙法、虎法及老三拳之解释

余之谬说，为先生著文时之水平，若是秉承师说博采名家，犹未能尽洗旧说更辟新径，后经三十余年之不断提高，去芜存菁，弃者弃，立者立，遂成今日之说。然此文犹有供学者参考之价值，更可借此文略见其发展之迹，不足为先生累也。

桩法换劲、锻炼筋骨、用劲之章与近二十年之说法大致尚同，无大出入。练气一章系根据传统养气练法更参以释道之说而成，三十年前先生已批判之，弃之而弗谈。

五行合一一章，与后说无异。六合一章，后仅保留“全身之法相合谓之合”，“非形势相对之谓合”之说。

歌诀一章，与后之说大意无出入，仅“形具切忌散”之“具”字，疑系“体”字之误书，后改为“神形切忌散”与原著无出入。

交手径一章，大致系传统之法则，与后说尚符，然本文中“下腹要充实”、“吐气开声”二句与后之说不同，前者改为“小腹常圆”，后者即用“试声”之法。

龙法、虎法二章，近二十年已不再谈。龙法之意为身形矫健，神形力具，忽隐忽现，变化无常，不可捉摸。虎法之意为气势逼人，周身之力混元一贯，一到全到，如虎之勇猛无畏也。故后文有“龙虎二气为技，三拳为击”之语也。最后一节，三拳之说，后增益为“践拳”，系指步法，“钻拳”亦即手及前臂，“裹拳”指身法，包罗万象之意。

不揣冒昧，妄为先师遗著作补正（注），疏狂之处尚乞鉴谅，并乞指正。此呈郑文学兄。

后生　姚宗勋

谨识于北京兴盛胡同二十八号西屋

一九六三年四月十五日

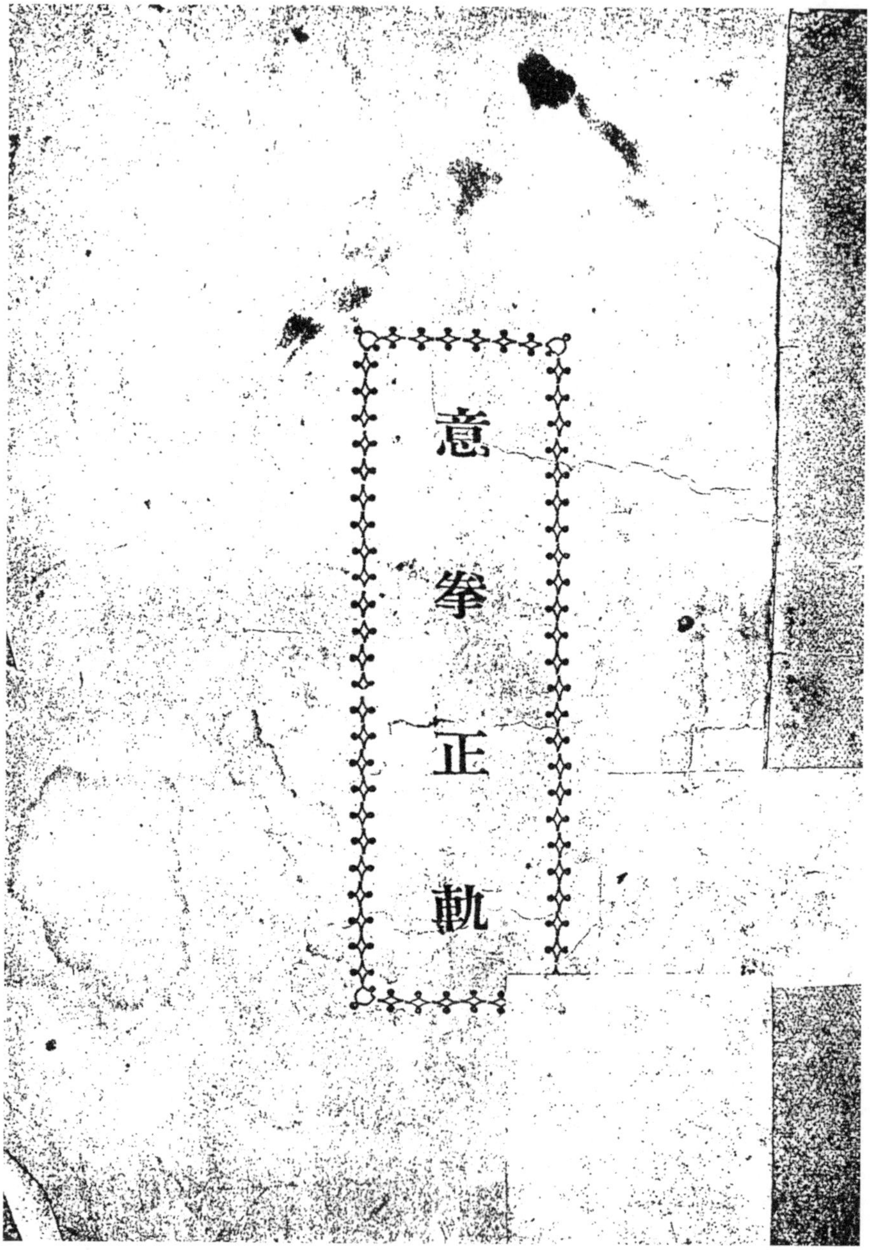

意拳正軌

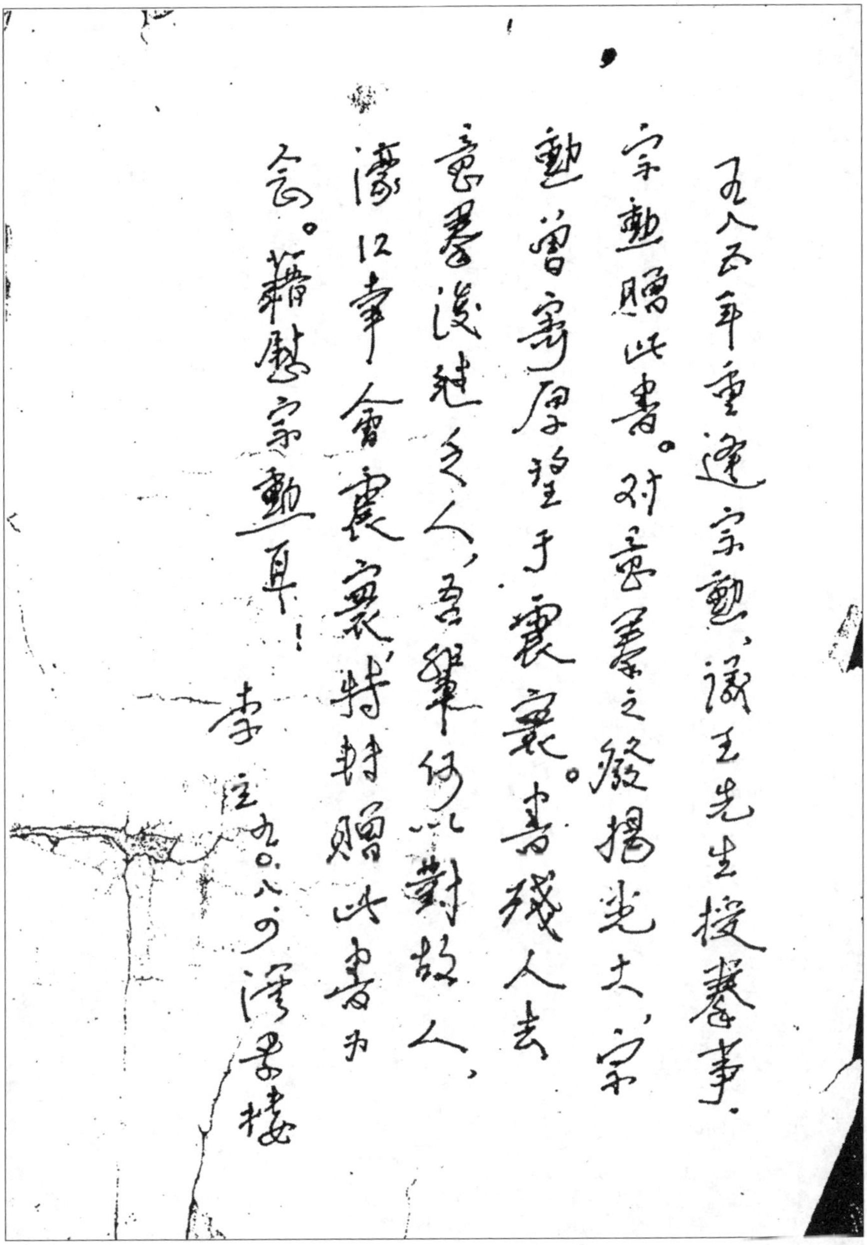

一九八五年重逢宗勳，談王先生授拳事。宗勳贈此書。对意拳之發揚光大，宗勳曾寄厚望于震寰。書殘人去，意拳後继之人，吾輩何以對故人，濤以事會震寰，特封贈此書为念。藉慰宗勳耳！

李[illegible] 九〇.八.四 [illegible]樓

自序

技擊一道甚矣哉之難言也。詩言拳勇。禮言角力。皆技術之起源。沒至漢代。華陀氏作五禽之戲。亦技擊本質。良以當時習者甚少。以致湮降無聞。迨至梁天監中。達摩東來。以講經授徒之餘。兼及鍛鍊筋骨之術。採禽獸性靈之特長。參以洗髓易筋之法。而創意拳。又曰心意拳。徒衆精是技者甚多。少林之名亦因之而噪起。岳武穆王。復集各家精華。編爲五技連拳散手撩手諸法。稱爲形意拳。逮及後世。國家宴安。重文輕武之風日盛。而精拳技者。復多以好勇鬥狠。賈禍於是。士大夫相率走避。致將此含有深奧學理之拳術。不能見重於歷世。相沿既久。無可更易。即後之有道懷瑾握瑜者。終多埋沒於鄉邨閭里間。不敢以技術著稱。此固使後之學深資悼惜者也。清代晋之太原郡。戴氏昆仲精於是技。而獨詳傳於直隸深縣李洛能。先生授徒甚衆。獲得李老先師之絕技者。厥同縣之郭雲深先生。郭先生之教人習形意也。

首以站樁爲入學初步。從學者多矣。能克承其教者迨不多遘。郭先生亦有非其人不能學。非其人不能傳之歎。吾與郭先生同里。有戚誼爲長幼行。愛吾聰敏而教之。且於易簀之時。猶以絕藝示之。諄諄以重視相囑

意拳正軌

○晚近世風不古○學者多好奇異○殊不知眞法大道○只在日用平常之間○世人每以其近而忽之○道不遠人○人之爲道而遠人之説益徵○不願以此而求聞達○無如晚近世俗○趨于卑下○不求實際徒騖虛名○於是牟利之徒○不自學問○抄襲腐敗之陳文○强作謀生之利器○滿紙荒唐○故入玄虛○忽而海市蜃樓迹近想像○忽而高山遠水各不相干○使學者手不釋卷如入五里霧中○難識半點眞假○一般無知之士○猶以聖人之道不可鑽仰○嗚呼○利人當途○大道何昌○午夜深思○曷勝浩歎○而雖賦性不敏○而於技擊一道○竊焉心喜○旣獲得親眞法正道之指導每日承其教誨之語言多具有記載之價值者連綴成册○本利已利人之訓○不敢自私○以期同嗜均沾斯益○非徒以此問世也○是爲序○

中華民國拾八年菊月深縣王宇僧

樁法換勁

欲求技擊妙用○須以站樁換勁爲根始○所謂使其弱者轉爲强拙者化爲靈也○若禪學者○始于戒律○而後精于定慧○証于心源○了悟虛空○窮于極處○然後方可學道○禪功如此○技擊猶然○蓋初學時○樁法頗繁○如降龍樁○伏虎樁○子午樁○三才樁等○茲去繁就簡○採取各樁之長○合而爲一○名曰混元樁○利于生勁○便于寔搏○精打顧○通氣學○學者鍛鍊旬日自有效果○亦非筆墨所能表其神妙也○夫樁法之學○最忌身心用力○用力則氣滯○氣滯則意停○意停則神斷○神斷則受愚○尤忌揚頭折腰○肘腿過於曲直○縱以似直非直似曲非曲爲宜○筋絡伸展爲是○頭宜頂○閭骨宜直○氣宜下沉○心宜靜思○手足指尖稍微用力○牙齒似閉非閉○舌捲似頂非頂○渾身毛孔似鬆非鬆○如是則內力外發○弱點換爲强○自不難得其要領也○

鍛鍊筋骨

力生于骨○而連于筋○筋長力大○骨重筋靈○筋伸骨要縮○骨靈則勁實○伸筋腕項○（手足四腕與脖項）則渾身之筋絡皆開展○頭頂齒扣○足根含蓄○（含有若彈簧之崩力）六心相印○（手心足心本心頂心也）胸

背宜圓。（闊背筋大雄筋異常有力）則氣自然開展。兩肱橫撐要平。用摽抱開合伸縮勁。兩腿用提挾扒縮蹚崩擰裹勁。肩撐胯墜。尾閭中正神貫頂。甲背三關透丸宮。骨重如弓背。筋伸似弓弦。運勁如弦滿。發手似放箭。用力如抽絲。兩手如撕綿。四腕挺勁力自實。沉氣扣齒。自堅。像其形。龍墩，虎坐，鷹目，猿神，貓行，馬奔，雞腿，蛇身骨查其勁。挺腰沉氣。坐胯提膝。撐截裹墮。粘定化隨。若能得此要素如遇敵時。自能隨機而動。變化無窮。任敵巨力雄偉濟。運動旨撥千斤。所謂身有平準。腰似車輪。氣如火藥拳如彈。靈機微動鳥難騰。更以心小胆大面善心惡。靜似書生。動若龍虎。總以虛實無定。變化無踪爲準則。自能得其神妙之變幻。故郭雲深大法師常云。有形有意都是假。技到無心始見奇。蓋即此也。

用勁

拳術之妙。貴乎有勁。用勁之法。不外剛柔方圓。剛者直堅。柔者靈活。直竪長伸有攻守力。柔者縮短有驚彈力。剛勁形似方。如圖。柔勁外方而內圓如圖。伸縮抑揚。長短互用。剛柔相濟。有左剛而右柔。有左柔而右剛。有稍節剛而中節柔。亦有時剛時柔虛寔變化之妙。半剛

運使之精○更須柔退而剛進○剛退而柔進○遇虛則柔而剛隨其後以臨實則剛而柔在其先○無論千差萬異○總以中線重心不失○遇身光線不斷為樞紐○橫撐開放○光線茫茫謂之方○提抱含蓄○中藏生氣謂之圓○所不筋出力而骨生棱○凡出手時○用提頓撐抱攬墜躦裹順力逆行○以方作圓○落手時○用含蓄纏綿滔滔不斷以圓作方

蓋圓勁能抽提○方勁能轉頓○開合若連環○若萬縷柔絲百折千迴○令人不可捉摸○其玲瓏開朗○如駿駒躍澗○偏面嬌嘶○神采麗麗○壯氣森森○精神內固如臨大敵○雖劍戟如林○刀斧如山○亦若無人之境○身如強弓硬弩○手如弓滿即發之箭○出手恍同蛇吸食○打人猶如雷震地○夫用勁之道○不宜過剛○過剛易折○亦不宜過柔○過柔不進○須以竪勁而側入○橫勁吞吐而旋繞○此種用勁之法○非心領神悟不易得也○若能操之純熟○則勁自圓○體自万○氣自恬○而神自能一○學者其勿惰○

求勁之法○慢優於快○緩勝於急○而尤以不用拙力為最妙○蓋運動之時○須使全體之關節○任其自然○不稍有淤滯之處○骨須靈活○筋須伸展○肉須舒放○血須川流○如井之泉脈然○如是方能有一身之法一貫之力

。而本力亦不外溢。若急急於拳套是舞。徒用暴力以求其迅速之美觀。如是則全體之氣孔閉塞。而於血系之流通亦大有阻碍。觀諸用急暴力者。無不努目縐眉。頓足有聲。先閉其氣。而後用其力。即畢則又長吁一聲。嘆氣一口。殊不知已大傷其元氣也。往有數十年之純功而終爲門外漢者。目睹皆然。豈非用拙力之所致也。亦有用功百日而奏奇效者。可知謬途誤人之甚。學者於此求力之法。當細斟之。自能有天籟之機。然亦非庸夫所能得之道也。

練氣

夫子養性練氣以致治。軒轅練神化氣以樂道。達摩參禪。東來傳道。始傳洗髓易筋之法。而創意拳及龍虎樁。故爲技擊開山之宗。自古名賢大儒聖人豪傑金剛佛體未有不養性練氣及習技者。莊子云。技也而即道矣。然技雖小道。殊不知學理無窮。凡學此技者。非風神瀟洒。而無輕浮狂燥塵俗之氣堪與聖賢名儒雅樂相稱者。不足學此技也。夫練氣之學。以運使爲效。以鼻息長呼短吸爲功。以川流不息爲主旨。以聽氣淨虛爲極至。前爲食氣出入之道。後爲腎氣升降之途。以後天補先天之術。即迴天之轉輪。蓋迴天之學。初作時以鼻孔引入清氣。直入氣海。由氣海透過尾閭旋於腰間○蓋兩腎之本位在於腰○實爲先天之第一○猶爲諸臟之根源○于是則腎水足矣○然後上升督脈而至丸宮○仍歸鼻間○以舌接引腎氣而下○則下腹充實○漸漸結丹入田○此即週天之要義○命名週天秘訣○學者勿輕視之○

養氣

養氣練氣雖出一氣之源○然性命動靜之學○有形無形之術○各有不同○蓋養氣之學不離乎性○練氣之學不離乎命○神即是性○氣即是命○故養氣之術○須由性題參入○夫性命之道○非言語筆墨所能述其詳也○況道本無言○能言者即非道○故孟子云○難言也○今以難言而强言之○惟道本無也○無者天地之源○萬物之根○人有生死○物有損壞○道乃永存○其大無外○其小無內○視之無形○聽之無聲○而能包羅天地○彌滿六合○塞充乾坤混含宇宙○性命之學亦即天地之陰陽也○然欲養氣修命○須使心意不動○心爲君火○動爲像火○君火不動○像火不生○像火不生○氣念自平○無念神自清○清而後心意定○故云一念動時皆是火○萬緣寂淨方生眞○常使氣通關節敏○自然精滿谷神存○若能有動之動出于不動○有爲之爲出于無爲○無爲則神歸○神歸則萬物寂○物寂則氣眠○氣眠

則萬物無生○耳目心意俱忘○即諸妙之圓也○如對鏡忘境○不忧於六賊之魔　居塵超塵○不落於萬緣之化○誠能内觀其心○外觀其形○形無其形○達觀其物○物無其物○三昧俱悟○即見虚空○空無所空○所空欲無○無無亦無○大低人神好清而心繞之○人心好靜而欲亂之○故言神者不離性○氣者不離命　若影隨形　不爽毫厘○

五行合一

五行者○生克制化之母亦即萬物發源之本也、如世俗之論五行者、則曰○金生水○水生木○木生火　火生土　土生金○謂之相生○金克木、木克土、土克水○水克火　火克金○謂之相克○此朽腐之論○難近拳理○而亦不知拳術爲何物、又曰、某拳生某拳、某拳克某拳○此論似亦有理○若以拳理研究之○當兩手相接對擊時○豈能有暇而及此也○若以目之所見、心再思之○然後出手制之○余實不敢信○況敵之來勢○逐迭更變○安有以生克之説能致勝之理○此生克之學欺人誤人謬談之甚也○苟能不期然而然○莫知擊而手足已至○尚不敢説能制人○如以腦力所度○心意所思○出手論着、操技論套○是門外漢也○不足與談拳○蓋拳術中之所謂五行者○換言之○曰金力○木力○水力○火力○土力是也○即渾身之筋骨。堅硬如鐵石。其性屬金。故曰金力。所謂皮肉如棉。筋骨如鋼之意也。四體百骸。無處不有若樹木之曲直形。其性屬木。故曰木力。身體之行動。如神龍遊空。蟜蛇遊水。猶水之流。行無定踪。活潑隨轉。其性屬水。故曰水力。發手如炸彈之爆烈。忽動如火之燒身。猛烈異常。其性屬火。故曰火力。週身元滿。墩厚沉實。意若山嶽之重。無處不生鋒茫。其性屬土。故曰土力。凡一舉一動。皆有如是之五種力。此方謂五行合一也。總之。不動時週身乃一貫之力。動時大小關節無處不有上下前後左右百般之二爭力。如是方能得週身之混元力也

六合

六合有內外之分。曰。心與意合。意與氣合。氣與力合。為內三合。手與足合。肘與膝合。肩與胯合。為外三合。又曰。筋與骨合。皮與肉合。肺與腎合。為內三合。頭與手合。手與身合。身與足合。為外三合。總之。神合勁合光線合。全身之法相合謂之合。非形勢相對謂之合。甚矣哉。六合之誤人也。學者慎之慎之。

歌訣

歌訣者。拳術中之精粹也。若能參透其意。窮盡其理。自能得道矣。

心愈專。意味三。精愈堅。氣愈安。神愈鮮。（此學技五大要素）渾噩身一貫。形具切忌散。「週身用力無處不圓滿。取內圓外方之意。始終不懈。」拳出如流星。變手似閃電。「變化迅速。神捷果斷」舌捲齒更扣。」舌爲肉之稍。肉爲氣之囊。舌捲氣降。注於氣海。又能接引腎氣結丹入田。齒爲骨稍。扣則骨竪」頭頂如懸磬。「頭爲六陽之首。五關百骸莫不本此。頭頂若懸。三關九竅易通。自能白雲朝頂。一點靈光頂頭懸。此亦禪學之要素也。」兩目神光耀。「精光收縮而尖銳」鼻息耳凝斂。心目宜內視。」以鼻作長呼短吸之功。耳目心作收視反聽之用。」腰轉如滑車。進足如鋼鑽。「靈敏活潑。進鑽奪位。」提蹚裹扒縮滾銼攬撐元之血「動靜須有此力。」手足指抓力。毛孔如生電。「指爲筋稍。扣則力自充。週身毛髮爲血稍。血爲氣之胆。毛孔不睜。毛髮不竪。則血不充。血不充。則氣不振。氣不振。則力不是。不寔則必失戰鬥力矣」

交手徑法

人之本性。各有不同。有聰明者。有智慧者。有毅力恒心者。有沉着精敏者。更有奸滑陰毒者。其性不同。其作爲亦之而異。如技術之擊法亦然。有具形而出無形而落。敗勢而往發聲而來。（千變萬化。不能盡述。

須以功力純篤○胆氣放縱○處處有法○舉動藏神○不期然而然○莫之而至○身動快似馬○手動速如風○平時練習○三尺以外七尺以內○如臨大敵之像○交手時有人若無人之境○頸要竪起○腰要挺起○下腹要充實○兩膀撑起○兩腿夾起○自頭至足一氣相貫○胆怯心虛○不能取勝○不能察顔而觀色者○亦不能取勝○總之敵不動○我沉靜○敵微動○我先發○所謂打顧之要亦其擊先者也○不動如書生○動之如龍虎○發動似迅雷○迅雷不及掩耳○然所以能致勝者○皆在動靜之間○動靜已發而未發之間謂之眞動靜也○手要靈○足要輕○進退旋轉若貓形○身要正○目斂精○手足齊到定要瀛○手到步不到○打人不爲妙○手到步亦到○打人如把草○上打咽喉○下打陰○左右兩肋在中心○拳打丈外不爲遠○近者只在一寸中○手出如巨炮響○足落似樹栽根○眼要毒○手要奸○步踏中門○躦入重心奪敵位○即是神手亦難防○用拳須透爪○用掌要有氣○上下意相連○出入以心爲主宰○眼手足隨之○兩足重量○前四後六○用時顚倒互相○夫有定位者步也○無定位者亦步也○如前足進後足隨○前後自有定位○以前步作後步○以後步作前步○更以前步作後之前步○以後步作前之後步○前後自無定位矣○左右反背如虎搜山○乘勢勇猛不可擋○斬

拳迎門取中堂。搶上搶下勢如虎。鶻落龍潛下鷄場。翻江倒海不須忙。丹鳳朝陽勢爲强。雲遮天地日月交。武藝相爭見短長。三星對照。四稍會齊　五行俱發　六合彌結、勇往前進　縱橫高低。進退反側。縱則放其力勇往而不返　横則裹其力開合而莫擋、高則揚其身　而身若有增長之意　低則縮其身。而身若有躦捉之形。當進則進擢其身。當退則退領其氣。至於返身顧後。亦不覺其爲後。後即前也。側顧左右亦不覺其爲左右矣。進頭進手須進身。身手齊到法爲眞。內要提。外要隨。打要遠。氣要擢。拳似炮。龍折身。發中要絕隨意用。解開其意妙如神。鷂子入林燕抄水。虎捉綿羊抖威風。取勝四稍均要齊。不勝必有懷疑心　聲東擊西。指南打北。上虛下實。靈機自揣摸。左拳出右拳至。單手到雙手來。拳由心窩去。發向鼻尖前。鼻爲中央之土。萬物產生之源。冲開中央全體皆靡。兩手結合迎面出。自然把定五道關。身如努弓拳如彈。弦響鳥落見奇鮮。遇敵猶如身着火。打破硬進無遮攔。何爲打。何爲顧。顧即是打。打即是顧。發手即是處。計謀精變化。動轉用精神。心毒爲上策。手足方勝人。何爲閃。何爲進。進即是閃。閃即是進。不必遠求尚美觀。只在眼前一寸間。靜如處女。動若雷電。肩窩吐勁。氣貫心。意達指尖外。氣發自丹田。按實用力。吐氣開聲。遇敵來勢兩相交。風雲雷雨一齊到。

龍法

龍法有六。曰滄海龍吟。雲龍五現。青龍探海。烏龍翻江。神龍遊空。神龍縮骨。其爲物也。能伸能縮。能剛能柔。能升能降。能隱能現。不動如山嶽。動之如風雲。無窮如天地。充實如太倉。浩氣如四海。玄曜如三光。度來勢之機會。揣敵人之短長。靜以待動。動中處靜。以進爲退。以退爲進。直出而側入。斜進而竪擊。柔去而驚抖。剛來而纏繞。縮骨而出。放勁而落。縮即發也。放亦即縮。甲欲透骨而入髓。發勁意數在尺間。

虎法

虎法亦有六。曰猛虎出林。怒虎驚嘯。猛虎搜山。餓虎剖食。猛虎搖頭。猛虎跳澗。揣其性靈强而精壯。橫衝竪撞。兩爪排山。猛進猛退。長撲短用。如剖食若搖頭。猶狸貌之捉鼠。頭頂爪抓。激蕩週身。起手如剛鋌。用斬抗橫捭順。落手似勾杆。用劈摟搬撤撐。沉托分撩。伸縮抑揚。頭欲要撞人。手要打人。身要催人。步要過人。足要踏人。神要逼人。氣要襲人。借法容易上法難。還是上法最爲先。較技者不可思悟。思悟者寸步難行。寧致一思進。莫致一思退。有意莫帶形。帶形必不靈。猶生龍活虎。吟嘯叱咤。谷應山搖。其壯哉如龍虎之氣。臨敵毫不虛。安有不勝之理哉。總之龍虎二法。操無定勢。勢猶虎奔三千。氣若龍飛萬里。勁斷意不斷。意斷神連。非口傳心授。莫能得也。聊寫其大意。未克詳述。

意拳正軌

意拳之正軌。不外古勢之老三拳與龍虎二氣。龍虎二氣爲技。三拳爲擊。三拳者。踐鑽裹也。踐拳外剛內柔有靜力。（又曰挺力。）曰虛中。以含蓄待發之用。鑽拳外柔內剛。如綿裹鐵。有彈力。曰寔中。乃被動反擊之用。裹拳剛柔相濟。有驚力。曰化中。乃自動之用。任敵千差萬異。一驚而即敗之。所謂樞得其環中。以應無窮。

中華民國十八年十月出版

意拳正軌

定價大洋四角

編著者 王向齋

印刷者 華新印刷局 東馬路六吉里內 電話五局三三八

代售處 商務印書館 天津河北大胡同

及各大書局均有代售

拳之刚柔相济论①

自当局提倡国术以还，于是习之者日众，如云拥霞蔚，相继而起，甚盛事也。盖国术之旨，略有二端，一健身，一卫身，厥功殊伟。此旨也，人且知之审矣，又何待余之一言而后信。

人之生于世也，孰不愿其体健身泰，而甘终身辗转于病痛间耶？孰不愿其能自卫其身，而甘为强暴者横加戮辱耶？此则习国术者，能如今兹之众，决非妄加盲从，如瞽者观兽，人曰此马也，则应之曰马，人曰此驴也，则应之曰驴者，其来盖有自也。然而国术之途，何止万千，人各一派，派各一说，入则主之力，出则侮之甚，互相诋侮，不可究诘，全凭意气，而不细心研讨于其间，于是弊窦丛生，而贻害于无穷矣。

曩者余曾见有某拳师，挺其胸，凸其肚，肌肉既富且坚，可以举重，可以摧坚，于是人咸相指而言曰：铁浇铜铸，不过如此耳，诚人世之金刚，其寿必无量也。然而不半载，遽呕血死，于是人又相顾而怪曰：

① 此文刊于 1935 年《国术统一月刊》第 56 期，署名：王宇僧。

是何故？是何故？其天欤！殊不知其外虽坚，而内伤已甚，是则习国术能健身，而反害身矣，习之又奚为哉？

又有某拳者，动作时，毫不用力，如十七八女郎，作婀娜之舞，可以顺气，可以活血，是诚合于健身之道，然又不足以应敌摧坚，言国术能以卫身，殆又属之子虚。

上之二端：由前之说，虽能壮其表面，而内实大有悖于生理，不仅不能健身已也，其失在于过刚。由后之说，虽能合于卫生之道，而又不能用以卫身，其失在于过柔。过刚与过柔，皆有所偏激，不合正轨，不能有成也，即或有成，亦不过断简零章，不成片段之学问耳。

实则国术之正眼法藏，务求其合于原理而已，形式之繁简无关也，动作之美丑无关也。——且繁简美丑，本无绝对，盖其式虽繁，而其内部之工作实简，其式虽简，而其内部之工作实繁，此中有难言者矣，未可求之于皮相中也。世所谓美，而其质实丑，世所谓丑，而其质实美，真正之美丑，全视其质为何如耳。亦如西施，虽粗布荆钗，而其美自不可掩。若东施，涂脂抹粉，则益形其丑耳。——须舒其体，畅其气，曰舒也，而实则使之练，曰畅也，而实则使之适，使之练适者，盖为技击之始基也。使之适练必自舒畅中求者，盖既无悖于生理，而有益于身心，且如此方可得适练之真境焉。体既舒，气则畅矣，则须统一其精神，精神统一，可以静悟其内部之工作，可以养成大无畏之精神。

静悟有素，则应敌有方，养成大无畏精神，则能超脱生死恐怖之域。有佛家所谓我入刀山，刀山毁折，我入油锅，油锅枯竭之慨，而后虽泰山倒于前，东海倾于后，而心君泰然，处之若平素矣。凡此所述，既足以健身，复足以卫身，是二者盖互为因果者也。

至若应敌之方，对于敌方之精神为何如？间架为何如。面积为何如？力量为何如？意义指使，精神领导之力，在皆须详分而缕析之。分析既明，然后则可拿准火候，因以用之，因以攻之，如此则左券可操矣。

因吴君翼翚之征，故以一得之愚，谨布于此，仓猝报命，未尽所怀。且国术之道，言之至艰，非有专著，不足以发其底蕴于万一，凡此所言，不过荦荦其大者耳。

理論

拳之剛柔相濟論

王宇僧

自當局提倡國術以還，於是習之者日衆，如雲擁霞蔚，相繼而起：甚盛事也。蓋國術之旨略有二端，一健身：一衞身：厥功殊偉。此旨也，人且知之諦矣，又何待余之一言而後信。

人之生於世也，孰不願其體健身泰，而甘終身輾轉於病痛間耶？孰不願其能自衞其身，而甘爲強暴者橫加勠辱耶？此則習國術者，能如今茲之衆，決非妄加盲從，如瞽者觀獸，人曰此馬也，則應之曰馬，人曰此驢也，則應之曰驢者，其來蓋有自也。然而國術之途，何止萬千，人各一派，派各一說，入則主之，出則侮之，甚互相詆侮，不可究詰，全憑意氣，而不細心研討於其間，於是弊竇叢生，而遺害於無窮矣。

曩者余曾見有某拳師，挺其胸，凸其肚，肌肉既富且堅，可以舉重，可以摧堅，於是人咸相指而言曰：鐵澆銅鑄，不過如此耳，誠入世之金剛，其壽必無量也。然而不半載，遽嘔血死，於是人又相顧而怪曰：是何故？是何故？其天歟！殊不知其外雖堅，而內傷已甚，是則習國術能健身，而反害身矣，習之又奚爲哉？

又有某拳者，動作時，毫不用力，如十七八女郎，作婀娜之舞，可以順氣，可以活血，是誠合於健身之道，然又不足以應敵摧堅，言國術能以衞身，殆又屬之子虛。

上之二端：由前之說，雖能壯其表面，而內實大有悖於生理，不僅不能健身已也，其失在於過剛，由後之說，雖能合於衞生之道，而又不能用以衞身，其失在於過柔。過剛與過柔，皆有所偏激，不合正軌，不能有成也，既或有成，亦不過斷簡零章，不成片段之學問耳。

實則國術之正眼法藏，務求其合於原理而已，形式之繁簡無關也，動作之美醜無關也。——且繁簡美醜，本無絕對，蓋其式雖繁而其內部之工作實簡，其式雖簡，而其內部之工作實繁，此中有難言者矣，未可求之於皮相中也。世所謂美，而其質實醜，世所謂醜，而其實實美，眞正之美醜，全視其質爲何如耳。亦如西施雖粗布荊釵，而其美自不可掩，若東施，塗脂抹粉，則益形其醜耳。——須舒其體，暢其氣，曰舒也，而實則使之練，曰暢也，而實則使之適，使之練適者，蓋

拳道中枢 ①

自志

拳道之大，实为民族精神之需要，学术之国本，人生哲学之基础，社会教育之命脉。其使命要在修正人心，抒发感情，改造生理，发挥良能，使学者神明体健，利国利群，故不专重技击一端也。若能完成其使命，则可谓之拳，否则是异端耳。

习异拳如饮鸩毒，其害不可胜言也。余素以己利人为怀，触目痛心，不忍坐视。余本四十余年习拳经验，探其真义之所在，参以学理，证以体认，祛其弊，发其秘，舍短取长，去伪存真，融会贯通，以发扬而光大之；另成一种特殊拳学，而友人多试之甜蜜，习之愉快，因佥以“大成”二字名吾拳，欲却之而无从也，随听之而已。今夫本拳之所重者，在精神、在意感，在自然力之修炼。统而言之，使人身与大气相应合；分而言之，以宇宙之原则、原理为本，养成神圆力方，形曲意直，虚实无定，锻成

① 此文又作《大成拳论》，为王芗斋先生重要著作。今以王玉芳女士所藏手抄本为底本加以整理。

触觉活力之本能。以言其体，则无力不具；以言其用，则有感即应。以视彼一般拳学家，尚形式，重方法，讲蛮力者，故不可相提并论也。

诚以一般拳学家，多因注重形式与方法，而演成各种繁冗、奇形怪状之拳套，更因讲求蛮力之增进，而操各项激烈运动，误传误受，自尚以为得意者，殊不知尽是戕生运动，其神经、肢体、气管、筋肉，已受其摧残而至颓废，安能望其完成拳道之使命乎？余虽不敢谓本拳为无上之学，若以现代及过去而论，信他所无而我独有也。学术理应一代高一代，否则当无存在之必要矣！余深信拳学适于神经、肢体之锻炼，可因而益智，尤适于筋肉温养、血液之滋荣，更使呼吸舒畅，肺量加强，而本能之力亦随之渐长，以实现一触即发之功能。至于致力之要，用功之法，统于篇内述之，兹不赘述。但此篇原为同志习拳较易而设，非问世之文者比也。盖因余年已老，大家迫求，只得以留惊鸿爪影于泥雪中寻之，仅将平日所学拉杂记载，留作参考。将来人手一篇，领会较易。但余素以求知为职志，果有海内贤达，对本拳予以指正，或进而教之，则尤感焉，以一得之愚，得借他山之攻，而益有进益，日后望徒学诸生虚心博访，一方面尽量问难，一方面尽力发挥，倘有心得，希随时共同研究，以求博得精奥，而期福利人群，提高国民体育之水准，实为盼甚，否则毫无价值也。如此提高而不果，是吾辈精神之不笃焉，或智力未符故耳。

夫学术本为人类所共有，余亦何人，而敢自秘？所以不揣简陋，努力而成是篇。余不文，对本拳之精微，不能阐发净尽。所写者，只不过目录而已，实难形容其底蕴，以详吾胸中之事矣，一隅三反，是在学者。余因授道之诚，情绪之热，遂不免言论之激，失之狂放，知我罪我，笑骂由人。

河北博陵　芗斋王尼宝　志于太液万字廊

习拳述要

近世操拳学者，多以筋肉之暴露、坚硬夸示人前，以为运动家之表现。殊不知此畸形发达之现象，纯系病态，既碍卫生，更无他用，最为生理家忌禁，毫无运动之价值也。近年以来，余于报端，曾一再指摘其非，虽有一般明理之士，咸表同情，而大都仍是庸俗愚昧，忍心害理，尤其信口诋人，此真不齿，故终不免有诸多衔怨者。大凡从来独抱绝学为人类谋福利者，与极忠诚之士和聪明绝顶者，社会从来鲜有谅解，水准之低亦可概见。余为拳道之永久计，实在不敢顾其私，希海内贤达其谅鉴之。

按拳道之由来，原系采禽兽搏斗之长，相其形，会其意，逐渐演进，合精神假借一切法则，始汇成斯技。奈近代拳家，形都不似，更何有益于精神与意感乎。然亦有云“用力则滞，用意则灵”之论，询其所以，则又瞠然莫辩。用力则筋肉滞而百骸不灵，且不卫生，此故然矣。然在技击方面言之，用力则是力穷，用法即是术罄，凡有方法便是局部，便是后天之人造，非本能之学也。而且精神便不能统一，用力亦不笃实，更不能假以宇宙力之呼应，其神经已受具范围之所限，动作似裹足而不前矣。且用力乃是抵抗之变象，抵抗是由畏敌击出而起。如此，岂非接受对方之击，则又安得不为人击中乎？用力之害，诚大矣哉。

要知用力用意乃同出于一气之源，互根为之，用意即是用力，意即力也。然非筋肉凝紧、僵硬注血之力谓之力，若非用意支配全体之筋肉松和，永不能得伸缩自如，遒放致用之活力也。既不能有自然之活力，其养生与应用，吾不知其由何可以得。要知意自形生，力随意转，意为力之帅，力为意之军，所谓意紧力松，筋肉空灵，毛发飞涨，骨生锋棱，非此不能得意中力之自然天趣矣。

本拳在二十年前曾一度有“意拳”之名，举“意”字以概精神，盖即本拳重意感与精神之义也。原期唤醒同人，使之顾名思义，觉悟其非，而正鹄是趋。孰知一般拳家各怀己见，积重难返，多不肯平心静气，舍短取长，研讨是非之所在，情甘抱残守缺，奈何！奈何！遂致余愿无由得偿，吁可慨也。余之智力之所及，绝不甘随波逐流，使我拳道真义永坠沉沦，且犹不时大声疾呼，冀以振其麻痹而发猛醒，此又区区之诚，不能自已者也。

论信条与规守

拳学一道，不仅锻炼肢体，尚有重要深意存焉。就传统而言，首重德性，其应遵守之信条，如尊师、敬长、重亲、尚友、信义、仁爱等，皆是也。此外更须有侠骨佛心之热忱，舍己从人之蓄志，苟不具备则不得谓拳家之上选。至于浑厚深沉之气概，坚忍果决之精神，抒发人类之情感，敏捷英勇之资质，尤为学者所必备之根本要件，否则恐难得传。既传之，则亦难能得其神髓矣。故先辈每于传人之际，必再三审慎行之者，盖因人才难得，不肯轻录门墙。至其传授之程序，率皆先以四容五要为本。如：头直、目正、神庄、声静，再以恭、慎、意、切、和五字诀示之。兹将五字诀歌解列后，以释其意：

习拳既入门，首要尊师亲。尚友须重义，武德更谨遵。
动则如龙虎，静犹古佛心。举止宜恭慎，如同会大宾。
恭则神不散，慎如深渊临。假借无穷意，精满混元身。
虚无求实切，不失中和均。力感如透电，所学与日深。

运声由内转，音韵似龙吟。恭慎意切和，五字秘诀分。
见性明理后，反向身外寻。莫被法理拘，更勿终学人。

论单双重与不着象

以拳道之原则原理论，勿论平时练习，抑在技击之中，须保持全身之均整，使之毫不偏倚。凡有些微不平衡，即为形着象，力亦破体也。盖神、形、力、意，皆不许有着象，一着象便是片面，既不卫生，且易为人所乘，学者宜谨记之。夫均衡非呆板也。稍板，则易犯双重之病，然亦不许过灵，过灵则易趋于华而不实也。须要具体舒放，屈折含蓄，如发力时亦不许断续，所谓力不亡者也。盖双重非专指两足部位而言，头手肩肘膝胯，以及大小关节，即一点细微之力，都有单双、松紧、虚实、轻重之别。今之拳家，大都由片面之单重，走向绝对之双重，更由绝对之双重，而趋于僵死之途。甚矣单双重之学，愈久而愈湮之。就以今之各家拳谱论，亦都根本失当，况其作者，尽是露形犯规而大破其体者。所有姿势，诚荒天下之唐，麻世人之肉矣，愈习之则愈去拳道之门径而远甚。

不着象而成死板，一着象散乱无章，纵然身遇单重之妙，因无能领略，此亦无异于双重也。非弄到不自然，不舒服，百骸失灵而后止，是以不得不走入刻板方法之途径，永无随机而动，变化无方，更无发挥良能之日矣。噫！亦诚可怜之甚也。至于神与意之不着象，乃非应用触觉良能之活力，不足以证明之。譬如双方决斗，利害当前，间不容发，已接未触之时，尚不知应用者为何，解决之后，复不知适间所用者为何，所谓不期然而然，莫知至而至。又谓极中致和，本能之自动良能者也。

抽象虚实有无体认

习拳入手之法，非只一端，而其结晶之妙，则全在于神、形、意、力之运用互为一致。此种运用，都视之无形，听之无声，无体亦无象。就以有形而论，其势如空中之旗，飘摆无定，唯风力是应，即所谓与大气之应合；又如浪中之鱼，起伏无方，纵横往还，以听其触，只有一片相机而动、应感而发和虚灵守默之含蓄精神。要在以虚无而度其有，亦以有处而揣其无，诚与老庄佛释“无为而有为”、“万法皆空，即为实相”一切学理多称谨似；又如倪黄作画，各以峭逸之笔，孤行天壤，堪并论也。其机其趣，完全在于无形神似之间，度其意向可以求之，所以习时有对镜操作之戒者，恐一求形似，则内虚而神败矣。

习时须假定三尺以外七尺以内，四围如有大刀阔斧之巨敌，或毒蛇猛兽蜿蜒而来，其共争生存之情景，须当以大无畏之精神而应付之，以求虚中之实也。如一旦大敌林立，在我如入无人之境以周旋之，则为实中求虚，要在平日操存体认，涵蓄修养。总之都是从抽象中得来，所谓神意足，不求形骸似，更不许存有对象，而解脱一切者是也。

切记，习时要慢，而神宜速，手不空出，意不空回，即些微细小之点力动作，亦须具体无微而不应，内外相连，虚实相依，而为一贯。须要无时无处，无不含有应付技击之本能。倘一求速，则一切经过之路径滑然而过，再由何而得其体认之作用乎？是故初学时，须以站桩为本，渐渐体会而后行之。总之，须要神、形、意、力成为一贯，亦须六心（顶心、本心、手心、足心）相合，神经统一，一动无不动，亦更无微而不合，四肢百骸悉在其中，不执着，不停断，再与大气之呼应，各点力之松紧互以为用，庶乎可矣。

离开己身，无物可求；执着己身，永无是处。旨哉斯言，细心体会，自不难窥拳道之堂奥矣。

练习步骤

本拳之基础练习，即为站桩。其效用在于锻炼神经，调剂呼吸，通畅血液，舒和筋肉，诚养生强身益智之学也，亦为优生运动。其次为试力、试声、假想、体认各法则。再次为自卫，与大气之呼应和波浪之松紧、良能之察觉、虚实互根之切要。兹将各阶段逐述一分于后。

站桩

站桩，即立稳平均之站立也。初习为基本桩。习时须首先将全体之间架配备安排妥当，内清虚而外脱换，松和自然，头直、目正、身端、顶竖、神庄、力均、气静、息平、意思远望，发挺、腰松，具体关节似有微曲之意，扫除万虑，默对长空，内念不外游，外缘不内侵，以神光朗照巅顶，虚灵独存，浑身毛发有长伸直竖之势，周身内外激荡回旋，觉如云端宝树，上有绳吊系，下有木支撑，其悠扬相依之神情，喻曰空气游泳，殊相近也。然后再体会肌肉细胞动荡之情态，锻炼有得，自知为正常运动。夫所谓正常者，即改造生理之要道，能使贫血者得以好转，使血压高者血压下降而达正常。盖因其无论如何运动，永使心脏之搏动不失常态，平衡发达，正常工作。然在精神方面，须视此身如大冶洪炉，无物不在陶熔体认中。同时须察觉各种细胞均在自然工作，不得有丝毫勉强，更不许有幻想。如依上述之锻炼，则全体之筋肉，不锻而自锻，神经不养而自养，周身舒畅，气质亦随之而逐渐变化，其本能自然之力，由内而外，自不难渐渐发达。但切记，身心不可用力，否则稍有注血，便失松和。不松则气滞而力板，意停而神断，全体皆非矣。总之，无论站桩、试力，或技击，只要呼吸一失常，或横膈膜一发紧，便是错误。愿学者慎行之。万勿忽视。假想体认括述其内，不单独再论。

试力

以上的基本练习，既有相当基础之后，则一切良能之发展，当日益增强，则应继续学试力工作，体认各项力量之神情，以期真实效用。此项练习，为拳中之最重要，最困难之一部分工作。盖试力为得力之由，力由试而得知，更由知始能得其所以用。习时须使身体均整，筋肉空灵，思全体毛孔无不有穿堂风往还之感。然骨骼毛发都要支撑遒放，争敛互为。动愈微而神愈全，慢优于快，缓胜于急，欲行而又止，欲止而又行，更有行乎不得不止，止乎不得不行之意，以体认全体之意力圆满否？其意力能随时随地应感而出否？全身能与宇宙之力起感应合否？假借之力果能成为事实否？欲与宇宙力起应合，须先与大气发生感觉，感觉之后渐渐呼应，再试气波之松紧，与地心争力作用。习时须体会空气阻力何似，我即用与阻力相等之力量与之应合，于是所用之力自然无过亦无不及。

初试以手行之，逐渐以全体行之，能认识此种力，良能渐发，操之有恒，自有不可思议之妙，而各项力量，亦不难入手而得。至于意不使断，灵不使散，浑噩一体，动微触牵全身、上下、左右、前后不忘不失，非达到舒适得力，奇趣横生之境地，不足曰得拳之妙也。所试各力名称甚繁：如蓄力、弹力、惊力、开合力，以及重速、定中、缠绵、撑抱、惰性、三角、螺旋、杠杆、轮轴、滑车、斜面等各种力量，亦自然由试而得知。盖全体关节无微不含屈势，同时亦无节不含放纵与开展，所谓遒放互为。固无节不成钝形三角，且无平面积，尤无固定之三角形（不过与器械之名同而法异，盖拳中之力，都是精神方面体认而得知，形则微矣）。表面观之形似不动，而三角之螺旋，实自轮转不定，错综不已。要知有形则力散，无形则神聚，非自身领略之后不能知也。盖螺旋力以余之体认观之，非由三角力不得产生者也。而所有一切力量，都是筋肉动荡与精神假想相互而为，皆有密切连带之关系，若分而言之，则又走入方法之门，成为片面耳。所以非口传心授未易有得，更非毫端所能形容，故不必详述也。

总之，一切力量都是精神之集结紧密，内外含蓄，一致而为用。若单独而论，则成为有形破体机械之拳道，非精神意义之拳也。据四十余年体会操存之经验，吾感各项力量，都由混元扩大、空洞无我产生而来，然混元空洞亦都由细微之棱角形成，渐渐体会方能有得。是以吾又感天地间一切学术，无一不感矛盾，同时亦感无一不是圆融。然而须得打破圆融，统一矛盾，始能融会贯通，方可利用其分工合作，否则不易明理。至于用力之法，浑噩之要，绝不在形式之好坏，尤不在姿势之繁简，要在神经支配之大意和意念之领导，与全体内外之工作如何。动作时，在形式方面，不论单出双回、齐出独进、横走竖撞、正斜互争，浑身之节、点、面、线一切法则，无微不有先后、轻重、松紧之别。但须形不外露，力不出尖，亦无断续，更不许有轻重方向之感。不论试力或发力，须保持全体松和，发力含蓄而有听力，以待其触，神宜内敛，骨宜藏棱，要在体外三尺以内似有一层罗网包护之，而包罗之内，尽如刀叉钩错，并蓄有万箭待发之势，然都在毛发筋肉伸缩拨转，全身内外无微不有滚珠起棱之感。他如虚无假借种种无穷之力，言之太繁，姑不具论，学者神而明之。

以上各力，果身得之后，切莫以为习拳之道已毕，此不过仅得些资本而已，而始有学拳之可能性。若动则即能“松紧紧松勿过正，虚实实虚得中平”之中枢诀要，则又非久经大敌，实作通家，不易得也。然则须绝顶天资，过人气度，尤须功力笃纯，方可逐渐不假思索，不烦拟意，不期然而然，莫知为而为，本能触觉之活力也。具体细微之点力，亦须切忌无的放矢之动作，然后又非做到全体无的放矢而不可，否则难得其妙。

试声

试声为辅助试力细微所不及，其效力在运用声波鼓荡全体之细胞工作，其原意不在威吓，而闻之者则起猝然惊恐之感，实因其声力并发，与徒作喊声意在威吓者不同。试声口内之气不得外吐，乃运用声由内转功夫，初试求有声，渐从有声而变无声。盖人之声各异，唯试声之声，世人皆同，其声如幽谷撞钟之声似。老辈云：“试声如黄钟大吕之本，非笔墨毫端可以形容，须使学者观其神，度其理，闻其声，揣其意，然后以试其声力之情态，方能有得。”

自卫

自卫，即技击之谓也。须知大动不如小动，小动不如不动，要知不动才是生生不已之动。比如机械之轮，或儿童之捻转儿，快到极处，形似不动。如观之已动，则是将不动，是无力之表现也。所谓不动之动速于动，极速之动犹不动，一动一静互根为用。其运用之妙，多在于神经支配，意念领导与呼吸之弹力，枢纽之稳固，路线之转移，重心之变换。以上诸法，若能用之得机适当，则技击之基础备矣。亦须在平日养成随时随地一举手一抬足，皆含有应机而发之准备。要在虚灵含蓄中意感无穷，方是贵也。然在学者于打法一道，虽无足深究，亦似有需要必经之过程。如对方呆板紧滞，且时刻表现其重心、路线、部位之所在，则无足论；倘动作迅速，身无定位，而活若猿猴，更不必曰各项力之具备者，就以其运动之速，则亦非一般所能应付，故平日对于打法，亦应加以研究。习时首先锻炼下腹充实，臀部力稳，头手肩肘膝胯足，各有打法。至于提打、钩打、按打、挂打、锯打、钻打、搓打、拂打、叠打、错打、裹打、践打、截打、堵打、摧打、拨打、滚力打、支力打、滑力打、粘力打、圈步打、引步打、进步打、退步打、顺步打、横步打、整步打、半步打、斜面正打、正面斜打、具体之片面打、局部之整体打、上下卷打、左右领打、内外领打、前后旋打，力断意不断，意断神犹连。动静已发未发之机和一切暗示打法，虽系局部，若非实地练习，亦不易得。始终是下乘功夫，如聪明智慧者，则无须习此。

技击桩法

技击桩与基本桩神形稍异，然仍依原则以为本，步如八字形，亦名丁八步，又为半丁半八之弓箭步也。两足重量前三后七，两臂撑抱之力内七外三。何时发力，力始平均，平衡之后，仍须还原，如枪炮之弹簧伸缩不断之意也。手足应变之距离，长不过尺，短不逾寸，前后左右互换无穷，操之愈熟愈感其妙。至于松紧沉实之利用，柔静惊弹之揣摩，路径之远近，间架之配备，发力之虚实，宇宙之力波，以及利用时间之机会，然后逐渐研讨拳学之整个问题也。在平时，须假定虎豹当前，蓄势对搏，力争生存之境况，此技击入手之初不二法门，亦为最初之法则。兹再申述神、意、力三者之运用于后。

神意之应用。技击之站桩，要在身体空灵均整，精神饱满，神犹雾豹，意若灵犀，具有烈马奔放，神龙嘶噬之势。头顶项竖、顶心暗缩，周身鼓舞、四外牵连，足趾抓地、双膝撑拨，力向上提、足跟微起，犹如飓风卷树，思有拔地欲飞，拧摆横摇之势，而具体则有撑裹竖涨、毛发如戟之力。上下枢纽，曲折百绕，垂线自乘，其抽拔之力要与天地相争。肩撑肘横，裹卷回还，拔旋无已，上兜下坠，推抱互为，永不失平衡均整之力。指端斜插，左右钩拧，外翻内裹，有推动山岳地球之感。筋肉含力，骨节生棱，具体收敛，跃起思动，含蓄吞吐，运力纵横。两肩开合，拧裹直前，有横滚推错兜卷之力。毛发森立，背竖腰直，小腹常圆，胸部微收，动则如怒虎搜山，山林欲崩之状，全体若灵蛇惊变之态，亦犹似火烧身之急，更有蛰龙振电直飞之神气。尤感筋肉激荡，力如火药手如弹，神机微动雀难飞，颇似有神助之勇焉。故凡遇之物则神意一交，如网天罗，无物能逃；如雷霆之鼓舞鳞甲，雪霜之肃草木，且其发动之神速，更无物可以喻之。是以余将此种神意运动命名之曰“超速运动”，言其速度之快，超出一切速度也。以上所言多系抽象，而精神方面须切实为之，以免流入虚幻。

力之运用。神意之外，力之运用更为切要，且系良能之力，非片面力也，惟大部分须试力上求之。习时须先由节段、面积之偏倚而求力量之均整，继由点力之均整，揣摩虚实之偏倚，复由偏倚之松紧以试发力之适当，更由适当之发力，利用神光离合之旋绕，与波浪弹力之锋棱，再以浑身毛发有出寻问路之状，而期实现一触即发之功能。且时时准备技击之攻守，亦时刻运用和大敌之周旋。尤须注意发力所击之要点，万不可无的放矢。见虚不击击实处，要知实处正是虚；虚实转移枢纽处，若非久历永不知。混击蛮打亦有益，须看对手他是谁；正面微转即斜面，斜面迎击正可摧。勤习勿懈力搜求，恭慎意切静揣思。

技击在性命相搏，一方面言之则为决斗，决斗则无道义。更须抱定肯、忍、狠、谨、稳、准之六字诀要，且与对方抱有同死决心。若击之不中，自不能击，动则便能致其死，方可击之，其决心如此自无不胜。此指势均力敌者而言。如技能稍逊，不妨让之。若在同道相访，较试身手方面言之则为较量，较量为友谊研讨性质，与决斗不同，须首重道义，尤须观察对方之能力何似，倘相去远，则须完全让之，使其畏威怀德为切要。较量之前，须以礼让当先，言词应和蔼，举动要有礼度，万不可骄横狂躁，有伤和雅。夫而后武德可以渐复，古道可以长存，实我拳道无上光荣，则余有后望焉。

论拳套与方法

拳之深邃，本无穷尽，纵学者颖悟绝世，更要具有笃信力行之精神，终身习行亦难究其极。而拳套与方法，所谓人造拳架子是也。自清朝建立三百年来，为一般门外汉当差表演而用，即拳混子谋生之工具。果欲研拳者，则又何暇而习此？非但毫无用途，且于神经、肢体、脑力造成诸多妨碍，戕害身体一切良能，故习此者，鲜有知识。而于应用，尤不适合，且害处极多，笔难尽罄。对于拳之使命、卫生原则相距太远，则根本不谈。对于较技，设不用方法拳套，而蛮干混击或不致败，倘或用之则必败无疑。

至谓五行生克之论则尤妄甚。在决斗胜负一瞬之间，何暇思考？若以目之所见，一再思察，然后出手以应敌，鲜有不败者。生克之论，吾恐三尺幼童亦难尽信，夫谁信之？可询之于决赛过者，自知吾言非谬也。见《汉书·洪范五行志》，乃指政治、人民需要开发金木水火土应用而言，后经一般不学无识之辈滥加采用，妄为伪造，致演为世之所谓五行生克之论。此不过为江湖之流信口云云而已，岂学者亦可以读此乎？

盖拳套一项，大都知系人伪造，然招式方法又何尝不是人所伪为，皆非拳之原则，发挥本能之学也。纵有纯笃之功夫，信专之坚忍，恒心毅力而为，然亦终归是舍精华而就糟粕者也。

要知拳学根本无法，亦可云无微不法。一有方法，精神便不一致，力亦不笃，动作散慢不果速，一切不能统一，更有背于良能。所谓法者，乃原理原则之法，非枝节片面之刻板方法而为法。习枝节之法，犹之乎庸医然也。所学者都是备妥方法药方以待患者，而患者须按方患病，否则无所施其技矣。凡以拳套方法而为拳，是不啻以蛇神牛鬼之说而乱大道，皆拳道之罪人也。叹今之学者，纵有精研之声，苦无入径之门，故余不顾一切，誓必道破其非。夫拳套方法，既属毫无用途而且有害，何传者、习者尚不乏其人者，何也？概因此中人大都智识薄弱，故多好奇喜异，即告之以真，彼亦难悟，悟亦难行。盖习之者，咸以拳套方法，借以炫人而夸世，而传之者更以拳套方法能欺人，且尤借此以消磨时日而便于谋生，况根本不识拳为何物者，故相率以误贻误，永无止境，诚可怜、可笑，亦复可气也。

噫！岂仅拳之一道，吾感一切学术，大都亦是畸形发展，余实不忍目睹同好走入迷途之浩劫而不救，故不惜本我多年的体认之经验所得所知，反复申论，以正其妄，而期唤醒一切爱好拳者，勿复执迷不悟也。大凡天地间之高深学术，皆形简而意繁，而形式复杂者绝少精义，固不仅拳道然也。愿同志三思之。

论拳与器械之关系

古云：“拳成兵器就，莫专习刀枪。”若能获得拳中之真理，复对各项力之功能，与节段面积之曲折、长短斜正之虚实、三段九节之功用、路线高低之方向和接触时间之火候，果能意领神会，则无论刀枪棍种种兵器，稍加指点，俱无不精，即偶遇从无见闻之兵器，且执于使用该兵器专家之手，彼亦不敌。何则？比如工程师比小炉匠，医博士比护士，根本无比例之可拟也。

论点穴

点穴之说，世人都以为奇。有云点穴道者，有云时间者，其种种纷论不已，闻之令人生厌而欲呕，所论皆非也。盖双方较技，势均力敌，不必曰固定之穴不易击中，即不论何处亦击中甚难，如仅以某穴之可点，再加以时间之校对，则早已为对方击破矣。总之，若无拳中之根本能力，纵使其任意戳点，亦无所施其技，即幸而点中亦无效果。若已得拳中之真实理力，则无论两肋前胸之某一部位，一被击中，立能致死。非有意点穴，而所击之处，则无不非穴，若仅学某处是穴，某时可点，其道不愈疏远乎？

天赋与学术之别

世人常云："某甲身高八尺，力逾千斤，其勇不可当。"要知身长八尺，力逾千斤，只可谓得天独厚，不得以代表拳学也。又云："某一拳击断巨磨石，单拳劈碎八块砖，及前纵一丈，后跃八尺。"果能如此，只不过愚人局部功夫，则必将走入废人途径，此且不谈，然都不得以拳道目之。如上所谈，世人都以为特殊奇士，若与通家遇，则毫无能为。至论飞檐走壁，剑侠之说，此皆小说家梦想假造，只可付之一笑，如开石头、过刀枪乃江湖中所谓吃托之流，此下而又下，不值一道。

解除神秘

每有天资低而学识浅者，其为人忠诚，然已承师教，且有深造独专绝大纯笃之功夫，虽系局部，但多不及，听其言论之玄妙，观其效用之功能，识别浅者，即以为人莫能此，便以神秘视之。殊不知神秘之说根本荒谬，概由知识薄弱，鉴别力浅及体认未精而起，即或偶尔侥幸得到拳中真义，奈无能领略，而默然放过，所以每以理趣较深者辄起一种神秘思想。若夫习之深，见闻广，理有所得，自然能豁然洞悉，而不疑有他。凡事皆然，岂独拳学哉？

知行解释

学术一道，要在知而能行，行亦能知，否则终不免自欺欺人，妄语丛丛，言之多无边际。知行二字名虽简易，实则繁难。世云有谓“知难而行易”者，更有谓“知虽难而行尤不易”，与“知行合一，及事之本无难易”者，以上所谈各具有理，然究属笼统且多片面，不能使人彻底明了。余以为凡对一门学问，有深刻之功力，亦有相当效果，而因知识所限，不能道其所以然者，皆可云知难行易；如识鉴富、功力深，知虽易而行亦不难；若有识别而无功力，则可谓知易行难；倘无功力又乏知识，则知行二字两不可能。学术本无止境，其有若干知，或有若干行，行到如何地步，知到怎样程度，方为真知真行，则余实不敢加论定，然应以能知者即能行，能行者亦能知，始可谓知行一致，非由真知永无真行之一日，亦非由真行弗克有真知之时也。诚以相需而相成为不二真理，学术皆然，武道尤甚。盖因此道中，须时刻兑现，双方相遇，无暇思考，更不容老生常谈。夫学术一道，首要明理，更须切实用功。若不首先明理，不知用功切要之所在，易于走入歧途，功夫愈深，戕害愈烈。不论读书写字，任何艺术，往往在幼时多以为可造，岂知年长功深，名满天下者，反而不堪造就矣。此比比皆是，盖因师法不良，用功不细心追求真理，人学亦学，人云亦云，所谓盲从者是也。若习而不果，则亦永无体认之可言，茫然一生，毫无实际，且易起神秘思想，终不得望见门墙，由是而罄其所学，以致终生无体认也，哀哉！须知巧者不过习者之门。故曰：“子孙虽愚，经书不可不读”。亦要明理，更要实践，表里内外，互相佐之，否则终难入轨。

拳道丧失之原因

习拳之要，有三原则：一健身，一自卫，一利群。利群为吾人之天职，亦其基本要项。然一切之一切，则须完全由于身心健康中得来，不健康绝无充足之精神，精神不足永无可歌可泣之壮烈事迹。且不必曰杀身成仁，舍生取义，吾恐见人溺水或自缢，亦将畏缩而不前也，况路见不平拔刀相助哉？不但此也，凡自身弱者，多气量小而情绪恶，是容物怡情亦非身体健康不可也。健身为人生之本，习拳为健身之基，一切事业悉须赖之，其关系即如是之大，岂能任其以伪乱真，欺天下万世而不辨乎？

按拳道之起初最简，而后始趋繁杂。夫拳道为改善生理之工具，发挥良能之要诀，由简入繁，则似可也；由繁而违背生理之原理、原则则不可也。形意拳当初有三拳，且三拳为一动作，所谓践、钻、裹，若马奔连环，一气演为三种力之合一作用也。至五行十二形亦包括在内，盖五行原为代五种力之名词，如十二形，乃谓十二种禽兽各有特长，应博采之，非单独有十二形及各种杂类之拳套也。八卦拳亦如是也，初只有单双换掌，后因识浅者流，未悉此中真义，竟妄为伪造，至演有六十四掌及七十二腿等伪式，非徒无益而尤害之。太极拳流弊尤深，惟其害不烈于生理方面，尚不十分悖谬，但一切姿势，亦毫不可取。如以该拳谱论，文字较雅，惜精义少而泛泛多，且大多有笼统之病。总之，按近代所有拳术，根本谈不到养生与技击之当否，亦无一法能合乎生理要求者。

余本四十年足迹大江南北，所遇拳家无数，从无见有一式而能得其均衡者，况精奥乎？夫拳本形简而意繁，且有终身习行而不能明其要义者，至达于至善之境地，则尤属凤毛麟角，又况于此道根本不是者。此非拳道之原理难明，实因一般人缺乏平易思想与坚强意志。降及今世，门户迭出，招式方法多至不可名状。询其所以，曰博美观，以备表演耳。习拳者若以悦人为目的，则何如舍习拳而演戏剧乎？且戏剧中尚有不少有本之处，较之一般拳家诚高一筹也。每闻今之习拳者，常与人曰能会若干套与几多手而自鸣得意，殊不知识者早经窃笑于旁，更为之叹息不置也矣。然则拳道之丧失，岂非拳套方法为之历阶哉。三百年来相习即已成风，积重难返，下焉者流，推波助澜，致演为四象五行之说，九宫八卦之论以及河洛之学说者，凡荒唐玄奇之词尽量采用而附会，使学者不明真相，惑于瞽说而趋之若鹜。拳道之原理，焉得不日就澌灭哉？此外尚有学得几套刀枪拳棍，欲假此而谋生，幸尔机遇巧合，其计获售。而因谋生之不遂者，认为有机可乘，争相效法，布满社会。此等行径，不惟拳道之真义背弃无余，而尚义侠骨之风亦相与随之而废。然其间不免有特达之士，能窥拳中之奥蕴者，惜又为积习成见所囿，不肯将所得精华径以示人，岂知汪洋之水何患人掬，是何所见之不广，其小之若是耶？

夫学术本为人类所共有，苟有所得，理应公诸社会，焉可以私付密，使之湮没不彰乎？迩来更闻有依傍佛门，说神说鬼，妄言如何修道，如何遇仙，其荒诞不经又为邪怪乱道之尤甚者，良可概也。夫今为科学昌明之时代，竟敢作此野狐之谬说，传之人口，公诸报端，此种庸愚昏聩之徒，真不知人间尚有羞耻之事矣。佛如有灵，不知对此流传谬种之类，作何想欤？世间求名谋生之道不止一端，何必利用社会弱点自欺欺人。兴言及此，不禁为拳道悲，更为世道人心叹也。拳道之凌替，固应罪及康雍二帝，以其时倡之不以其道也。然亦归咎于同人知识不足，根性不良，以致为其所愚，迄今以误传误，而于此道都莫能识辨，即或间有觉悟者，又因守门户之成见而是己非人，遂愈趋而愈下也。拳之一道，学之得当，有益身心，更可补助一切事业之不足。学之不当，能使品德、神经、肢体、性情都致失常，且影响生命，因而误及终身。谓予不信，请看过去拳术名家，多因筋肉失和，而罹瘫痪下痿者，比比皆是。习拳原为养生，反而戕生，结果殊可怜也。世人多呼拳道为国粹，如此国粹，岂非制造废人之工具乎？

1926年后，各地设有国术馆，以示其他各术皆不配称一“国”字也。然则此丢人丧气毫无价值之国术，亦仅我国可见，但未悉个中尚有如此高明之奇士，能赐其伟大之命名，余不知其大胆若辈又作何想也。至论提倡运动的一般大人先生们，终日振臂高呼为天下倡，岂知运动健将都是提前死亡之领导者。噫！何以盲从之若是耶？唯愿世人静夜慎思，须明辨之。人生最宝贵者，莫过于身体，岂能任一般盲目之支配任意摧残乎？甚矣！投师学技不可不慎也。余之学拳，只知有是非之分，不知有门户之派别，为使拳术昌明，愿将平生所得所知交代后任，更愿社会群众无不知之，故有来则教，向视人类为骨肉，从不喜有师徒之称，以期逐渐扫除门派之观念，则拳道或可光大乎，是所愿也。

解除师徒制之商榷

师徒之制，誉为美德，然往往极美满之事，行之于我国则流弊丛生，丑态百出，而拳界尤为甚焉，故社会多以为不齿。学之者，意若不拜师，难得其密；教之者，亦以不拜师不足以表现其亲，更不肯授之以要诀。尤而效之，习为固然。噫，诚陋矣哉！姑不论肤浅者流，根本无技之可密，即或有之，则彼密、此密、始密、终密，势必将拳道真义密之于乌有之乡矣。甚至门墙之内，亦自有其密而不传者，余实不解其故。此真下而极下者也。拳道之不彰，有故也夫。降至今日，异拳瞽说遍天下，作俑阶历，可胜叹哉！盖拳道之真义，可云与人生大道同其凡常，亦可云与天地精微同样深奥。不以其道而习之，终身求道不可得。果以其道而习之，终身习行不能尽，又有何暇密之乎？

凡属人类，都应以同胞为怀，以饥溺自视，果有肯如此而天下定，否则纵使世界人类死光，只余你一家存在，可谓自私之望已极，则又将如之何？吾恐人类之幸福永绝矣。国民积弱，事事多不如人，病亦在于此也，而况学术为千古人类所共有之物，根本不应有畛域之分，更不必曰一国之内，同族之中，不当有异视，即于他国别族，亦须旨抱大同，而学术更不当为国界所限也。熙熙然皆生于光天化日之下，又何可密之有？其作用鄙卑，真不值一文也。

是以余传授拳学一事，从本来者不拒之旨，凡属同好，有来则教，教必尽力，有问则告，告必尽义，惶惶然唯恐人之不能得，或无以使人得也。故每于传授之际，有听而不悟，或悟而不见诸实行者，辄起憾然之恨。惟一见其知而能行，行而有得者，则又色然自喜，区区此心，一以慰人为慰，固未尝以师自居也。盖以人之相与，尚精神、重感情，不在形式之称谓，果有真实学术授人，我虽不以师居，而获其益者，谁不怀德附义而师事之。是师之名亡而实存也，又何损焉？若以异拳訾说以欺世，纵令拜门称弟而明达者，一旦觉其妄，且将痛恶之不置，此又何师徒关系之有？师名虽存而实亡也。又何取焉！不但此也，师徒之名分一定，而尊卑观念以起，徒对师说即觉有不当，常恐有犯师之尊严而不敢背，即背之，而师为自保尊严计，亦痛加驳斥而不自反，此尚有何学术道义之可言？师徒制之无补拳道，可概见矣。又何况门派之争，常以师徒制之流行而愈烈，入主出奴，入附出污，纷纭扰攘，由师承而成门户，由门户而成派别，更由派别之分歧而至学理之庞杂，如此则拳道真义将永无昌明之日矣。其患不亦更甚乎？且学之有得，始乃有师。若叩头三千，呼师八万，而于学术根本茫然，是究不知其师之所在也。要知学术才是宇宙神圣，是公有师尊，此吾所以力主师徒制之解除也。虽然此为余个人之见，而师徒制在拳界积习已久，如一时不能遽除，为慎重计，亦须俟双方学识品德，互有真切认识而后行之，借免盲从扞格之弊，似较为妥善也。

结论

习拳不尽在年限之远近与功力之深浅和身体及年龄之高下，更不在方法之多寡，动作之快慢，辈分之高低，要在于学术原则、原理通与不通耳。尤须视其天赋之精神有无真实力量，再度其才志之何似，始定其造诣之深浅，将来之成就至何境地也。习拳最贵明理和精神有力。换言之，即有无兽性之笃力也。果能如是之力笃，再加之以修养，锻成神志清逸之大勇，自不难深入法海，博得道要，至通家而超神化之堂奥也矣。夫所谓通家者，不仅精于一门，而于诸般学术闻其言便知其程度何似，是否正轨，有无实际，视其做法，一望而知其底蕴，或具体、或局部、或具体而微，至用何法补救，自能一语道破，所谓“得其环中，以应无穷”。夫为教授者，能语人以规矩，不能示人巧，更不得为人工，是在学者精心模仿，体会操存，然后观察其功夫与精神合作之巧妙如何耳。以上所谈为拳道，乃拳拳服膺之谓拳，亦即心领神会、体认操存之义，非世之所见一般为之拳也。

总纲

拳本服膺，推名大成。平易近人，理趣丛生。
一法不立，无法不容。拳本无法，有法也空。
存理变质，陶冶性灵。信义仁勇，悉在其中。
力任自然，矫健犹龙。吐纳灵源，体会功能。
不即不离，礼让谦恭。力合宇宙，发挥良能。
持环得枢，机变无形。收视听内，锻炼神经。
动如怒虎，静似蛰龙。神犹雾豹，力若犀行。
蓄灵守默，应感无穷。

歌要

古人多以歌诀之法，以为教授工具，谨师其意，略加变更，特编歌诀列后，以飨学者。

拳道极微细，勿以小道视。开辟首重武，学术始于此。
当代多失传，荒唐无边际。拳道基服膺，无长不汇集。
切志倡拳学，欲复故元始。铭心究理性，技击乃其次。
要知拳真髓，首由站桩起。意在悬空间，体认学试力。

百骸撑均衡，曲折有面积。仿佛起云端，呼吸静长细。
舒适更悠扬，形象若疯痴。绝缘摒杂念，敛神听微雨。
满身空灵意，不容粘毫羽。有形似流水，无形如大气。
神绵犹如醉，悠然水中宿。默对向天空，虚灵须定意。
洪炉大冶身，陶熔物不计。神机自内变，调息听静嘘。
守静如处女，动似蛰龙举。力松意须紧，毛发势如戟。
筋肉遒欲放，支点力滚丝。螺旋力无形，遍体弹簧似。
关节若机轮，揣摩意中力。筋肉似惊蛇，履步风卷席。
纵横起巨波，若鲸游旋势。顶上力空灵，身如绳吊系。
两目神凝敛，听内耳外闭。小腹应常圆，胸间微含蓄。
指端力透电，骨节锋棱起。活逾似猿捷，足蹬猫距似。
一触即爆发，炸力无断续。学者莫好奇，平易生天趣。
返婴寻天籁，躯柔似童浴。勿忘勿助长，升堂渐入室。
如或论应敌，拳道微妙技。首先力均整，枢纽不偏倚。
动静互为根，精神多暗示。路线踏重心，松紧不滑滞。
旋转谨稳准，钩错互用宜。利钝智或愚，切审对方意。
随曲忽就伸，虚实自转移。蓄力如弓满，着敌似电急。
鹰瞻虎视威，足腕如蹚泥。鹘落与龙潜，浑身尽争力。
蓄意肯忍狠，胆大心更细。劈缠钻裹横，接触揣时机。
习之若恒久，不期自然至。变化形无形，周旋意无意。
叱咤走风云，包罗小天地。若从迹象比，老庄与佛释。
班马古文章，右军钟张字。大李王维画，玄妙颇相似。
造诣何能尔，善养吾浩气。总之尽抽象，精神须切实。

习拳一得

王芗斋

人们常说，有了健康的身体才有伟大的事业。意思就是人的身体健康，生命得以延长，而后才能从事一切事业，所以健康是非常重要的。而健康与否在于平时修养和运动的得当不得当，也就是运动合于卫生不合于卫生。这须要详加研究，并经实际的考验。究竟怎样才算是正常的运动呢？人们应于练习某种运动以前，根据医学的方法，检查心脏的能力，血压的高低，脉搏与呼吸的次数，赤白血球的数目。至练习一段时间以后再行检查，自然就知道这种运动正常不正常。所谓正常的运动，是指适应人体的自然发展的运动，惟有适合这种规律的运动，才能提高人体的健康水平。

正当的运动，能使全身的细胞及各个器官发生快速的新陈代谢作用，促进呼吸血液循环，加快体内脂肪燃烧。换言之，就是使身体内部呈活动状态。因此适当的运动可以给予细胞一定的刺激，对在成长期者可以促进其成长，增强体力，对已经成长者可以使之维持其效能，因而保持了体力与健康。若运动不当，则必然招致相反的结果。运动过激或运动不适当，不但损伤健康，甚而戕害身体，也就是发生疾病的诱因。

现在一般的运动，筋肉疲劳以前，心脏已因呼吸困难而呈急性心脏扩张，遂不得不停止其运动，以使心脏得以休息，减低呼吸的困难，恢复正常状态。

中国的拳学，是以完全与此相反的方法来锻炼身体，这种运动是筋肉气血的运动，更可说是具体细胞的运动，在运动中，以使全身各种细胞器官同时平均发展为原则，即使运动时全身之筋肉已呈疲劳不能忍受的状态，心脏的搏动也并不困难，相反地在运动后尚能感觉到较运动以前的呼吸轻松舒畅。这是以其个人的筋肉心脏所能负担范围以内的能力，来求其个体平均，渐次发展生长，不限年龄，不限性别，而达保持健康、增强体力的目的。更因没有任何招式，所以在运动时脑神经不受刺激、不紧张，从而得到恢复，这也是与一般运动不同的地方。

站桩方法虽然只是站立不动，但站桩的人内部筋肉细胞已开始工作，根本目的在于求得身体内部细胞的发展与血液循环之适当，亦即所谓身体内部呈活动状态，而非探求其外表之变动与转移，以使身体各器官均衡发展，减少心脏扩大后的不良现象。要知拳学的运动，是大动不如小动，小动不如不动，不动之动才是生生不已之动。

这种运动可以说是我中华民族所独有的特殊学术，但从未被一般人所注意，同时也不是一般人只凭主观而能简单了解的。若主观地认为以很简单的姿势站住，一动也不动，那么如何能长力？如何能练好身体？那是根本没有认识。实则就是这样一动不动地站桩，不但能很快地增长力量，而且能够治好许多在医学上治疗不好的慢性疾病，在治疗医学与预防医学上是相当有价值的，是一种最合于生理的运动方法。

至于一般的运动，有的失于激烈损害身体，有的失于偏颇而促成局部的发达，因此在生理上本有欠缺的人，不习运动尚可在日常生活中自然得其复原，一经运动反受戕害致使疾病加深，甚或死亡。每见著名运动家和运动成绩优良的青年，在研究学术课程上反多落后，这都是因运动不当而发生的各种不正常现象。至于过去的拳术名家老手，也有因违背生理而过度努力，老年瘫痪下萎者，凡此种种皆与运动生理相背驰。要知道研究学术不贵墨守成规，更忌抱残守缺，而重在体认与创造，但须根据原则与事实连续不断地去创造，然须切实再切实。所以良好的运动必能发挥其聪明才智，与读书足以增长知识而能致用之理并无二致，所以运动无论如何不能过激。若再详细分析，则会发现现在的运动都是以青年人为对象而设的，而忽略了四十岁以上的壮年人和老年人，实际上惟有四十岁以上的人学识充足、经验丰富，才能在国家社会中担当重要的任务。忽略了这些人的正当运动，就是忽略了这些人的健康，对国家是极大的损失。以运动的原理来讲，静、敬、虚、切，是习运动的要诀，同时还需要浑大深戆的精神来培植他，如运动时不许闭气，心脏搏动不许失常，横膈膜不许稍紧，都要常识丰富的人方易体验，至于六十岁以后的人若求技击深造似不太易，欲求身心的健康则实非难事。

学习运动大致不外三个目的：一求卫生使身体健康；二讲自卫；三寻理趣。

求卫生使身体健康是最容易的。只要舒适、自然、轻松、无力、浑身像躺在水中或空气中睡觉就大半成功。若矫揉造作、蓄意别为，则徒然扰乱神经、消磨时日，若再激烈地搞起来，则终将受害而影响健康与生命。

运动的结果能使身体强健，进一步就要讲自卫。所谓自卫不外是希冀倘遇不测，如受外敌侵害的时候，伸出一拳半足即可压倒群流，若习做到纯熟神化的境地，更有不可思议和语言难以形容之妙。

但是自卫与卫生有不可分离的连带关系，首先要身体健康，继而身手敏捷，力量过人，方法巧妙，才能适意而行。可是要想增长力量，却不可用力，一用力反没有增长力量的希望。要求身手敏捷，动作迅速，锻炼时以不动为最好。若是觉得枯燥无味，或是烦累难支，也不妨稍事动作。可是要知道动时要有动乎不得不止，止乎不得不动之意，亦即只许有动之因，不许有动之果，意思就是精神意义要深切，不必从形式上做出来，形式上做出，就如所谓有形则力散，无形则神聚，破体而力散，所以愈慢愈好，这样方可能逐步地体会到四肢百骸各种细胞工作如何，不致使体会漠然滑过。这是学动的最简单的条件，倘若求速度的美观，表示灵敏，不惟毫无所得，反而根本消灭了希望。

假如方法巧妙以制敌，那更不许有任何方法，要是有了人造的方法掺杂其间，可就把万变无穷的本能妙用丢净了。

这种运动极简易，可以一目了然，收获也极快，不过须要不用脑力，不用气力，不单独消磨任何时间，养成生活的好习惯，方可奏效而有益于身心，若想要花样，示强威，必将终无所成。

这种运动虽简易，但却有绝顶聪明的人愈学愈感觉其难，竟有终身习行，苦心锻炼一生，是非不能辨者。要知道宇宙间平常才是非常，若舍平常而学非常就无异走入了歧途。

至于这种运动的理趣是无穷的，千头万绪一时无从说起，愿略举一二原理竭诚欢迎同好者参考研究。如：动静、虚实、快慢、松紧、进退、反侧、纵横、高低、争敛、遒放、鼓荡、开合、伸缩、抑扬、提顿、吞吐、阴阳、斜正、长短、大小、刚柔，种种都是有矛盾的矛盾，参互错综上所述而为的，做到圆融的圆融，还要返回头来学初步，这一切一切是不能分开的，要分开可就永远不能认识这种运动的真谛。

在这种运动中松即是紧，紧即是松，并且要松紧紧松勿过正，实即是虚，虚即是实，要实虚虚实得中平，横竖撑抱互为根，打顾钻闪同时用。

以上是为初学求力的人所说的，若不依照这种规范来学习，终身锻炼不能识，果守这种规范来学习，一生学之不能尽。至于试力、运力、发力、蓄力，以及有形无形之种种假借的力量，言之太繁，姑不具论，若非逐渐地搜求、钻研、深造、力追未易有得。其实一经入手便感平凡无奇，非常容易，因为这是一种平易近人，一法不立，无法不备，虚灵守默而应万物的运动，若能以此相推，不日就可以触类旁通。

拳学一道不是一拳一脚谓之拳，也不是打三携两谓之拳，更不是一套一套谓之拳，乃是拳拳服膺谓之拳。

习拳主要的是首重卫生，其次是自卫，习拳能使医药无效的多种慢性疾病患者很快地恢复健康，使劳动者劳而晚衰，使失去劳动力者能够恢复劳动，这样才是拳的价值，这种运动可以说是运动的休息，休息的运动。

自卫是技击的变象，学技击并不是社会人士所想象的这手这么用，那手怎么使的。所谓技击既不是那样的复杂，但也不是所想象的如此简单，而是首重修养，再按身心锻炼，试力及发力，循步骤学习才可以逐渐地进行讨论技击，否则恐终是非莫辨。盖修养是先由信条及四容八要方面做起。信条是尊长、护幼、信义、仁爱、智勇、深厚、果决、坚忍。四容是头直、目正、神庄、声静。八要是静、敬、虚、切、恭、慎、意、和。有了以上沉实的基础，才能说到身心的锻炼。锻炼首重桩法，同时研讨关节和筋肉的控制，及利用单双重的松紧。单双重不是专指两手两足的重量而言，头、手、身、足、肩、肘、膝、胯，以及大小关节，四体百骸，即使是些微的点力，都含有单双、松紧、虚实、轻重之别。至于撑三抱七，前四后六，颠倒互相为用，则不是简单笔墨所能形容。总之，大都要由抽象做到实际，这不过是仅述其目录而已。

试力：力之名称甚繁，难能具体。盖力由试而得知，更由知而始能得其所以用。无论做何力的练习，也得要形不破体，意不有象，力不出尖。只要力一有了方向，就是出尖，也是有穷的，局部、片面的。动作便呆板而减低力量的效能，并且断续散乱茫无所从。较技如牛斗，而趋于死僵之途。试力要从假想去做，假想是无形的，是精神的，是永存不断的，也是无往而不胜的。拳学这种学术，都是要由空洞中得来，有形则力散，无形则神聚，精神意思要实足，而不求形体相似。

发力：要发动这种力量的功效，须有基本的造就，有了各种力学的知识，然后与大气的力量起应合。能与大气起呼应，才能利用波浪的松紧，要知发力不是注重击出没有击出、击中未击中，是要看自己本身发动的力量，是不是有了前后、左右、上下的平衡均整，具体螺旋的综错力量，和无往不浪的力量，是不是轻松、准确、慢中快的惰性力量；是不是本能发动的、不期然而然、莫知至而至的力量。有了以上的条件，始有学拳的希望，至于能学与否，则又当别论。

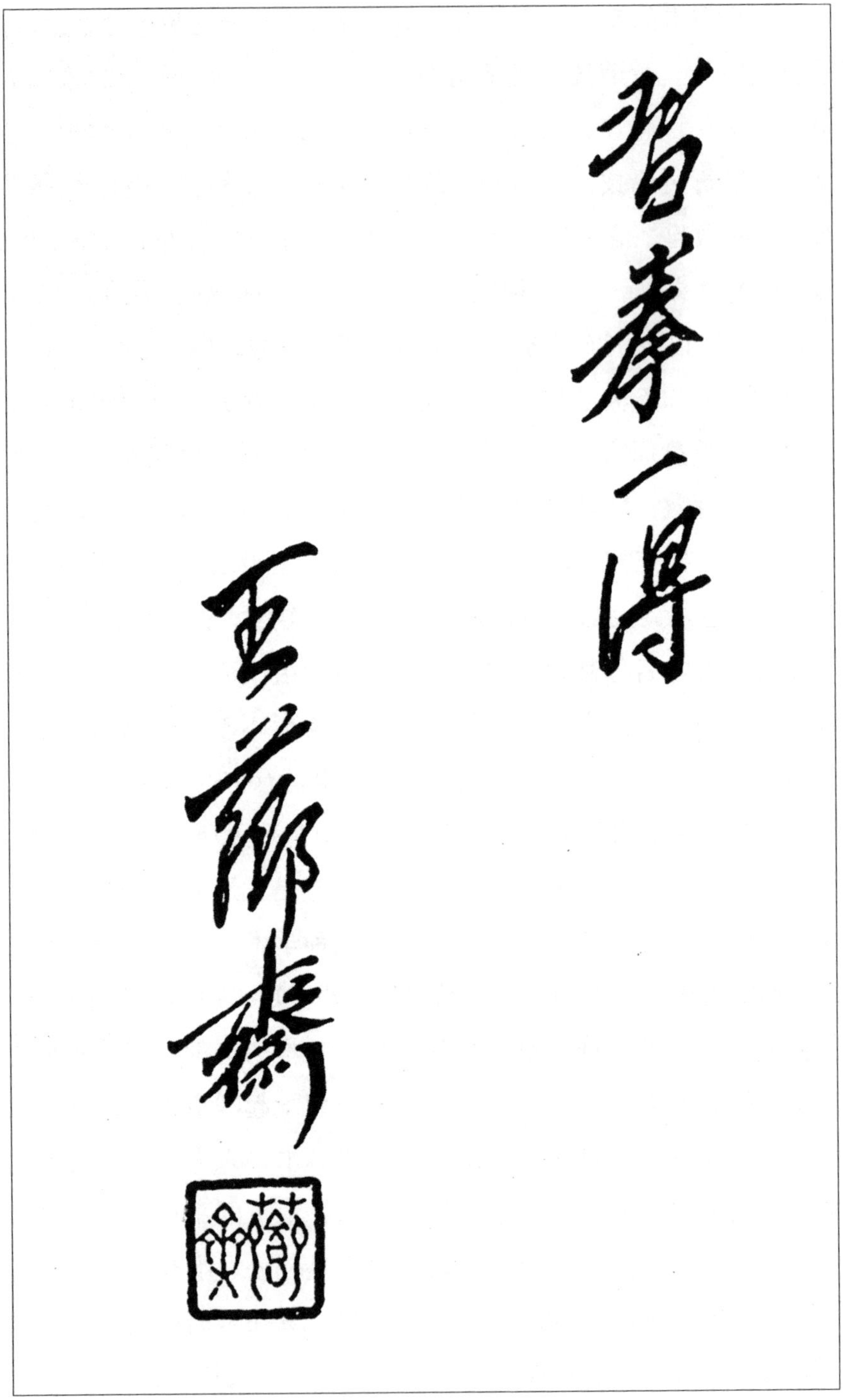
習拳一得
王薌齋

附：

芗师语录并歌要

（李见宇、孙闻青录）

一

站桩时既愉快，又甜蜜，省力增力得力而舒适。继续再把技击谈几句，最便利，就是军士操的稍息。要在内外均整力合一，由虚空寻有力之真实，拳之道要，一大半在抽象求实际。内外浑噩要调息，神经支配一切力。毛发直竖意如戟，用力轻松，含意如铁石，高则扬其身，筋肉宜遒敛；低则缩其身，具体含着蹭捉拧裹待发的时机。间架配备常合适，节段曲折面积存虚实。点力松紧，均衡与偏倚，无形变化，纵横高低，体察周身无乘隙，以及假借种切力，言之繁难已极。略举一二单简势，空中旗，浪中鱼，都是借镜之良师。他如动似山飞，静如海溢，神犹雾豹，气若灵犀。语虽抽象，神意要切实。想来真是无边际，做起来反觉很容易，只要处处留点意，并没什么奇难事，不过聪明学识有关系，和个性之距离，与所需不所需。

二

运动时，慢思量，内外安排须妥当，变转轻移不慌忙。遍体筋撑骨棱尖而放，态似书生若女郎，伟大犹比楚项王。一声叱咤风云响，神情豪放雄且壮，遇敌接触似虎狼。举步轻重，如履沟壑深千丈。一面鼓，一面荡，周身无点不弹簧。齿扣足抓，毛发似金枪，根根无不放光芒；神光离合，旋绕在身旁。譬水之有波浪，徊旋不已，纵横在汪洋，无穷如天地，充实似太仓。悠悠扬扬舒且畅，一经触觉，立时紧即张，如同火药爆发状，炸力发出意不亡。无形机变却又深深暗中藏，闪展进退谨提防。打顾正侧，丝毫不虚让，势均力敌须看对手方。犹如鹰鹘下鸡场，翻江倒海不须忙，丹凤朝阳势占强，拨钻拧挫断飞蝗，勾错刀叉同互上，腿足提缩似螳螂。揣敌力量有方向，察来势之机会，度己身之短长，势如龙驹扭丝缰，谷应山摇一起撞。

三

用功时，莫发急，应找个适宜的场地，利用大树的吸碳呼氧，和紫外线的杀菌力，再凝神静气地站立。身躯宜直，两足分开与肩齐，浑身关节都含着似曲非直意。内空洞，外清虚，两手要慢慢地轻松提起，高不过眉，位于脐下，臂半圆，腋半虚。左手不往鼻右来，右手不向鼻左去，往怀抱，不粘身，向外推，不逾尺，双手变化在范围里，不计好坏之姿势，更不重势之繁简与秩序。须体察全身内外得力不得力。守平庸，莫好奇，非常都是极平易。研学术从不分今古和中西，这种运动也算真稀奇，因为世人多不知，不用脑，不费力，并不消磨好时日，行站坐卧都可练习，这里边蕴藏着许多精金美玉和无限的神思，钻研起来生天趣。有谁能体会到这自娱能支配虚空宇宙力，锻炼的愉快难比喻，飘飘荡荡随他去，精力充满神不疲。注意顶心如线系，遍体松静力如泥，慧眼默察细胞系，如疯如癫如醉如迷，蓄灵独存悠扬相依，海阔天空涤万虑，哪管它日月星球都转移，只要你肯恒心去站立，自有你想不到的舒适，这就是前辈不传的诀秘。

四

拳本服膺	灵空松腾	平易近人	理趣丛生
一法不立	无法不容	拳本无法	有法也空
存理变质	陶冶性灵	信义仁勇	悉在其中
力任自然	矫健犹龙	吐纳灵源	体会功能
不即不离	礼让谦恭	力合宇宙	发挥良能
持环得枢	机变无形	收视听内	锻炼神经
动如怒虎	静似蛰龙	神犹雾豹	力若犀牛（行）
蓄灵守默	应感无穷		

五

拳道极微细	勿以小道视	开辟首重武
学术始于此	当代多失传	荒唐无边际
拳道基服膺	无长不汇集	切志倡拳学
欲复故元始	铭心究理性	技击乃其次
要知拳真髓	首由站桩起	意在悬空间
体认学试力	百骸撑均衡	曲折有面积
仿佛起云端	呼吸静长细	舒适更悠扬
形象若疯痴	绝缘摒杂念	敛神听微雨
满身空灵意	不容粘毫羽	有形似流水
无形如大气	神绵觉如醉	悠然水中宿
默默向天空	虚灵须定意	洪炉大冶身
陶溶物不计	灵机自内变	调息听静嘘
守静如处女	动似蛰龙迷（起）	力松意须紧
毛发势如戟	筋肉道欲放	支点力滚丝
螺旋力无形	遍体弹簧似	关节若机轮

揣摩意中力　筋肉似惊蛇　履步风卷席
纵横起巨波　若鲸游旋势　顶上力空灵
身如绳吊系　两目神凝敛　听内耳外闭
小腹应常圆　胸间微含蓄　指端力透电
骨节锋棱起　神活逾猿捷　足踏猫距似
一触即爆发　炸力无断续　学者莫好奇
平易生天趣　身动似山飞　力涨如海溢
返婴寻天籁　躯柔似童孺（浴）　勿忘勿助长
升堂渐入室　如或论应敌　拳道微末技
首先力均整　枢纽不偏倚　动静互为根
精神多暗示　路线踏重心　松紧不滑滞
旋转谨稳准　钩错互用宜　利钝智或愚
切审对方意　随曲忽就伸　虚灵自转移
蓄力如弓江　着敌似电急　鹰胆虎视威
足腕如蹙泥　鹘落似龙潜　浑身尽争力
蓄意肯忍狠　胆大心要细　劈缠钻裹横
接触揣时机　习之若恒久　不期自然至
变化形无形　周身意无意　叱咤走风云
包罗小天地　若从迹象比　老庄与佛释
班马古文章（风）　右军钟张字　大李王维画
玄妙颇相似　造诣何能尔　善养吾浩气
总之尽抽象　精神须切实[①]

① 此歌诀与前《拳道中枢》所辑个别用字微有出入。

大成拳谱[①]

王芗斋　遗著

王玉芳　点校

武国忠　整理

绪言

禅家者流，乘有大小，宗有南北，道有正邪。学者须从最上乘，具正法眼，悟第一义。若小乘禅，非正法也。论拳如论禅，内家拳则第一义也；外家拳则小乘禅，已落第二义矣。

大抵禅道，惟在妙悟，拳道亦在妙悟。然悟有深浅、有分限、有透彻之悟，有但得一知半解之悟。大成拳，即大乘拳也，不立招数，乃透彻之悟也。其他拳术虽有所悟，但皆立招设术，俱非第一义也。若以为不然，则是见拳之不广、参拳之不熟耳。试取外家拳谱而熟参之，次取太极、八卦而参之，其真是非自有不能隐者！

夫学拳者，应以意为主。入门须正，立志须高，不可以小成为是，必以大成为志焉。

---

① 此文及下文《意拳断手述要》均为王乡斋先生遗著，经由王玉芳点校，武国忠整理。

技有未到，可以加功；路头一差，愈骛愈远，由入门之不正也。工夫须从上坐下，不可从下坐上。上者何？第一义也。此念酝酿胸中，久之自然悟入。虽云不至，亦不失正路，此谓之而上一路也。拳之极致有一曰：力感如透电。拳而力感如透电，至矣尽矣无以加矣！唯大成拳得知之，其他拳术力感，得之盖寡也。大成拳之力感如此，其力如何？此力乃人之本能活动力也！人之本能活力，盖为种种社会应力所抑制，不能欲之即击也。大成拳之妙用，即在恢复人之本能活力；其他拳术，皆不能也。此即吾创此拳之目的。

总纲

意拳遗形　独与力俱　集古大成　实践服膺
身无定势　随遇平衡　脚无定位　蹉线踏重
手无定踪　沾身纵力　落无定法　抽身劲发
蛮用拙力　戕生之道　精神内守　食力而饱
你打你的　我打我的　力无虚靶　靶要定的
内不外游　外不内侵　循力而行　唯奸唯诈
宁我负人　毋人负我　放不务重　务审所达
击不务远　务审所及　彼竭我盈　契机发力
动如遇仇　不以先举　打后须看　落水上岸
活中反死　死中反活　拳本无法　制人以力
有法也空　法为力居　力弥时所　凝重如泥
四体一劲　遇物惊炸　神松意紧　形曲意直
浑浑噩噩　形行拙笨　力生有两　两则能一
力虽为一　发则俏伎　羚羊挂角　无迹可寻
嘉彼钓翁　得鱼忘筌　混元惊炸　无我神化
技到无心　信手即真

大成拳的桩法

混元桩

桩法是大成拳的基础，站桩能恢复人的本能活力。人的本能活力是什么？首先应知道什么是力。战国时代的墨子曾给力的这个概念下过一个科学的定义。他说：“力，形之所以奋也。”又说：“力，重之谓”。奋即兴奋、奋斗、奋发之奋。这是说，就形体本身而言，如果某一个形体把它自身的力奋出来而加于另一个形体，使它改变位置，这种力，就成为重力。人的这种活力，用通俗的话说，就是整劲。用大成拳的术语说，叫作六争力，也叫爆炸力。站混元桩就是要站出这种六争力。其要领如下：

拳本服膺　推名大成　习拳之始　混元为胜
混元桩法　博大精深　便于实搏　便于生劲
拳打三节　桩有三式　高式齐眉　指分掌凹
中式平胸　含胸拔背　低式抱腹　溜臀提兑
三弓漫月　四容端正　五字秘诀　六面争力
上柔下刚　上软下硬　上松下紧　上虚下实
头顶欲飞　趾抓入地　手项互争　两肘相掣
呼吸以腹　轻入缓出　筋络鼓荡　体成一块

“六面争力，体成一块”，这是混元桩法的关键。站桩时，在意念里要上下相争、左右相争、前后相争。不论从哪一方面，有人一触即刻六面爆炸。久之，内劲真力即本能活力，自然而生。

另外，混元桩又是本拳的基础桩，即发三节拳的基础桩。因此，个高者要多站中式混元桩，个矮者要多站高式混元桩。

技击桩

混元桩是大成拳的拳式基础桩，技击桩则是大成拳的身法和步法的基础桩。而技击的基础是步法，因为“手法好不如身法好，身法好不如步法好”。从这个角度上讲，大成拳是践拳。其要领如下：

身是手基　步是身基　要精拳技　须站技击
手随足出　肩亦随之　三尖齐照　踏彼中门
指分掌凹　虎口撑圆　头顶项竖　手顶腕挺
左为元帅　右为将军　右为元帅　左为将军
元帅抱钩　将军握剑　抱握含蓄　中藏八法
肩沉肘坠　膀扣背圆　膝合腿裹　腰拧臀溜
两足含空　不丁不八　支撑范围　一尺七八
前三后七　惯力克敌　前五后五　六争制彼
力源于腿　腰为主宰　形于手指　劲透敌背
内动外静　内阳外阴　神意气力　合一集中
技击桩法　式有高低　低打根节　高打梢中
高低相辅　左右轮站　勤持此桩　技击无隙

技击桩有高低二式，这是身法。高式用于发中节拳和梢节拳，低式用于发根节拳。前三后七、前五后五，这是步法。三七步用于发惯性力，二五步用于发爆炸力。不论站什么式、用什么步，上身要柔软松灵，下身要刚硬坚实，因为力生于根。这是技击桩的关键也是大成拳的诀窍之所在，望学者切勿忽略。

其他桩法

大成拳的桩法除混元桩、技击桩外，还有鸡桩、鹰桩、杠杆桩、弹跳桩。这些桩也要站。

鸡桩有两式，一个式是：一腿提起，足趾上跷，足跟绷紧，全身重量放在一条腿上，上身是技击桩。另一个式是：一足着地，一足的足尖点地，两胫相磨，上身仍为技击桩。前一式是大成拳的龙形基础桩，不必多站。后一个桩是大成拳的磨胫步的基础桩，要多站。

鹰桩是大成拳的掌法的基础桩，要多站。鹰桩的站法是：不丁不八，腋半虚，肘微曲，两臂向左右伸大约 45 度，左掌心向左举，右掌心向右前，指尖向上，再向前约 45 度。

比较重要的是弹跳桩。最初这个桩的站法是：两脚与肩宽，足跟悬起，全身重量放在足趾和前脚掌；两臂曲蓄，高举过顶，掌向上托。后来我觉察到这种站法有副作用：站别的桩，日久了，气已入丹田，即已在膈膜下了；但一站此桩，就有气上浮于胸的感觉。为此，我将此桩改了：下身不变，上身改为杠杆桩的上式，这样站一个等于两个桩都站了。此桩的作用在于培蓄两脚、两腿的弹力。大成拳打的是践拳，手起腿起，手落脚落，力生于根，讲究腿落力出，两脚无弹力是不行的。因此此桩要天天站。

大成拳的步法

大成拳的步法叫擦拉步。此种步法由两种步法组成，即磨胫步和蹉步法。磨胫步是起手步法，蹉步法是落手步法。要领会其要领：

蹉步鸡行　手起磨胫　前趋后蹬　步法六争
步似水中　提蹚而行　三七分明　二五要清
手起脚起　窥彼中央　手落脚落　势要钻裆
高打梢中　似直非直　低打脐腹　两腿曲蓄
步大则滞　步小则灵　大不重尺　小可开胯
手随脚起　脚随手落　起落合一　践拳克敌

“落步六争”是大成拳步法的关键。这表明大成拳的手法、身法、步法是合一的。对此学者要反复领会，切勿忽略。

大成拳的试力

此处所谓试力是一种单项试力，与以后要讲的综合试力不同。首先要明确此种试力所要试的力即是持桩法所站出来的那种爆炸力，即六争力，亦即武术界所津津乐道的所谓整劲。学者应反复琢磨其要领：

试力精深　八法之根　上是混元　下为技击
屈膝虚踩　三七分明　项领开胯　二五力均
鹰爪蛇腰　两腿一线　步似水中　提蹚而行
臂圆腋虚　肩撑肘横　圆撑爆炸　落步六争
手落劲发　两臂曲蓄　曲则力远　直则力近
力源于腿　腰为主宰　形于手指　劲透敌背
以意导力　以力引力　旧力未亡　新力已生
手起脚起　手落脚落　落步六争　体成一块

体成一块　力不出尖　落地六争　力不空亡
运行动作　大不过尺　小不逾寸　非此力散
技击射程　长不过尺　短不逾寸　非此力亡
力打三节　不着形象　若着形象　技不云弹

"以意导力，以力引力"是试力的关键，也是大成拳之所以是大成拳的基本精神所在。学者要反复在练习中体会这两句话。

我看到我的学生在试力时把它做成八法的吞吐了。这是把相对的东西给弄成绝对的东西了，殊失我的原意。试力是八法之根，不单纯是吞吐。大成拳是相对论，不是绝对论。

试力在大成拳里是模式拳。因此，它的手型是非拳非掌，要求在试力时，力贯指尖。你的手型一做成拳型或掌型，就不能力贯指尖了。要注意，试力的目的是试力，而不是练拳。只要把这种整劲试出来，叫它能"招之即来，欲之即出"，这才算收到了效果。在这个基础上，开始练拳。

你如果能够在试力那种动作形式中把整劲试出来，那么用八法的任何一法或用大成拳的任何一个手法，都能把整劲使出来。于此，可以看出试力在大成拳的组成部分里的重要性，也可以理解大成拳为什么不立招数了。

大成拳的劲力规律

力潜于体内，谓之劲；劲奋于体外，谓之力；劲力一元，谓之混元一气。劲力之用，有其规律。大成拳是由六种、两类劲力规律组成的，这六种力是：爆炸力、惯性力、螺旋力（包括静向力）、杠杆力、离心力、弹簧力。这六种力又分为两类：即爆炸力是一类，这是大成拳的基本力；其他五种属于引爆力一类。大成拳发力克敌，主要用爆炸力，然须有引爆力。引爆力分为两类，一类是心理的，即敌情观念，用大成拳的术语说叫作意，这就是下面要领所讲的。敌情一动，六力流形，亦即以意导力。另一类引爆力，就是上面所说的那五种力，这是物理的引爆力。下面所说的“以力引力”，即指此。但这两类引爆力里，意是主要的。于此，也可以理解我为什么最初把大成拳叫作意拳了。要注意玩味下面关于劲力规律的要领：

劲潜于内　力奋于外　劲力一元　谓之混元
敌情一动　六力流形　以意导力　以力引力
力先于根　劲溢周身　力力相因　其用不尽
爆炸力发　六面力均　惯性特奇　使彼位移
螺旋力厚　静向力随　杠杆力动　劲在两臂
发力之际　两腿似簧　两臂曲蓄　须寓弹意
离心力发　妙在摩擦　六力一意　用贯八法
起落放胆　手到人翻　起落畏葸　己必失利
起手要后　落手抢先　起后落先　诀在手奸
发力原则　一字秘诀　谓之曰争　天机要明

大成拳发力的基础是步法。用惯性力引爆则用三七步，用其他四力引爆则用二五步。发梢节拳和中节拳，则用技击桩高式；发根节拳，则用其低式。发力妙诀，就在一个“争”字，即“落步六争”。此乃大成拳的天机，学者必须明白透彻，否则就仍是大成拳的门外汉。

大成拳的八法（即八法的模式拳）

大成拳特殊的实搏风格是“起手要后，落手抢先；起后落先，诀在手奸”。“奸”之一字，概括了大成拳的实搏风格。其所以能手奸，即在于大成拳用的是整劲。其他拳术也不是不想手奸，但就是奸不起来。原因只有一个，就是没有整劲。整劲是奸的先决条件。其次大成拳把“起手后，落手先”给统一起来了。起手和落手是一，不是二；落手是打，起手也是打。这两个条件，又决定了另一个条件，即两臂运行动作小，即大不过尺；技击射程短，即长不过尺。另外，还有以力引力的技巧，即八法。这八法是：提、顿、吞、吐、沉、托、分、闭。

八法是六种劲力规律的具体应用。但是，八法里面还有一些其他东西。近代科学里有一门叫仿生学的。这门科学专门研究怎样模仿某些动物所特有的某种本能活动力制造出某种特殊的仪器，以扩大和增强人们的感官能力。中国拳术很早就知道利用仿生的道理，模仿某些动物的特殊本能活动力来设招数，如青龙探爪，饿虎扑食，野马亮蹄，鹞子翻身等。这些拳术的仿生招数仿的是形，而不是仿的动物本能活动力所表现出来的劲力规律。形意拳尚且如此，其他拳术更不用问了。大成拳里的八法也有仿生，但仿的是十二种动物的某种特殊的本能活动力所表现出来的劲力规律。

六力、八法、十二形是有机地联系在一起的。六力、十二形组成了八法模式拳。由八法模式拳所派生出的各种手法和拳型，又体现了六力、八法、十二形。

八法模式拳突出地表现了骀、马、熊、猴四大形的本能活动力，要认真体会其要领：

骀形提顿发栽捶　吞吐连环如马奔　沉托须用熊膀力
分若猿猴撕弄人　裹闭好似马扬蹄　提顿务使人离地
仿生无形学其力　力贯八法求神聚

八法模式拳本身并不是实搏手法，而是实搏手法由此派生的模式。模式拳体现了劲力的规律。而劲力规律必须通过一定的恰当的模式，即方式方法，才能表现出来。大成拳的八法，我认为能很充分地把六种劲力规律表现出来。从这个角度来讲，大成拳设立八法模式拳并不是设立什么招数。

大成拳有一些手法，这些手法是从八法模式拳假想假借出来的。但有一个原则，就是必须符合八法、体现六力。如果把别门别户的招数拿来，既不符合八法也不体现六力，那就不纯了。练大成拳，要练纯了。

我想起一个禅门故事。唐代有一个老禅师，收了许多徒弟。一日，一个小沙弥问道："师父，为什么说'即心即佛'？"师答："为止小儿啼。"又问："啼止时如何？"师答："非心非佛。"过去我曾设场授徒，有许多学生也和那个小沙弥一样，专爱叫即心即佛（即有招数有手法），就是不爱叫非心非佛（即无招数无手法）。我设八法以及一些手法，也是为止小儿啼。当你啼止时，我将告诉你："一法不立"。

大成拳的核心是模式拳，而不是由模式拳所派生出来的手法。实际上，这些手法也是一种准模式拳或半模式拳。因此，它与在实搏中所具体应用的打法还是有很大距离的。但三者却有一个共同点，即都体现了力。由此看来，大成拳的练法实际上是为了试力。

（一）模式拳（模式拳歌要）

劲潜于体内　力奋形骸外　力奋生矛盾　无处不弹簧
力发混元身　弥所即弥时　弥所藏惊炸　弥时不断续
多面出螺旋　蠕动本无形　身抱钝三角　其力生于根
浑噩机动力　逆体力轻盈　起落须合一　落步六面争
离向本囫囵　陡顿离向分　机关消息灵　全凭后脚蹬
六争蕴弹力　短缩起落惊　急凿混沌开　发力如泥拽
滑车力长伸　直坚攻守能　一指拨千斤　刚捷不露形
杠杆作用三　技击其事旋　万力用于臂　扛撬能移山
长伸不过尺　短缩不沾身　扬抗不过眉　抑捺不过脐
四不乃诀要　可为试力模　其中微妙意　言语不可追
活句莫参死　死句要活参　死拳要活用　活拳莫死用

（二）模式拳的名称

混元争力　多面螺旋　浑噩逆体　囫囵离向
混沌惊开　滑车长伸　杠抗三用　起顿吞吐
举抚提旋　沉托提纵　提按抗衡　钻提搜索
分闭开合　推抱互为　搂劈钻刺　滚错双叠
截让截迎　旋绕拧撑　悠扬撑抱　翻扬裹拧
遒放本同　蓄弹惊炸　榔头拷打　卷拧随（惰）涨
空气游泳　控制平衡　顺力逆行　大气呼应
伸缩抑扬　半让半随　随让牵随　逆随紧随
不动之动　斜面三角　面积要实　斜正互参

进退反侧 单双轻重 形曲意直 意动形奋
桎梏发力 神松意紧 无形神似 有无统一
动静互根 恢复平衡 重心移一 勾错刀叉
刚柔相济 远近长短 纵横高低 钻裹踏打
死中反活 左右互换 抑扬顿挫 伎照阳秋

（三）模式拳说明

形体活力 应扬斯感 感物发力 莫不自然
形不破体 体不破象 形体相宜 无往非适
形体两乘 其力必蹇 体实形拔 体虚形散
感物发力 必始乎体 遇物击放 莫先于形
力无虚靶 虚中有实 靶无空的 实中有虚
形行拙笨 力力相因 妙达此旨 始可言拳

（四）模式拳诀要

1. 单双轻重

起单落双 起双落单 单去双至 双去单至
双去单至 重量归一 单去双至 力均两把

2. 斜面三角

五弓提起 处处弹簧 身抱钝角 圆背圆裆
随遇不倒 预应抵抗 斜身钻坐 横撑直取

3. 榔头拷打

遒不失节 单手钻身 放不拔根 双手纵力
以地为身 以身为拳 力递彼身 抽身趟前

4. 推抱互为

正抱斜推　双去单至　斜抱正推　单去双至

沾身即推　抽身即抱　抱不沾身　推不过尺

5. 遒放本同

双起两遒　双落而放　起落是一　遒放本同

手如立轮　逆曳彼身　遒奇其节　放拔其根

大成拳的拳型

按照人体的生理结构与六力的规律，以及八法的特定模式，大成拳设计了九种拳型，即劈、崩、钻、炮、横、裹、塌掌、托掌、指掌。劈、崩、钻、炮、横五种拳型是借用了形意拳五行拳的名称，但与形意拳的五行拳名同实异。大成拳只讲力，不讲五行，更不讲五行相生相克。下面是拳型的要领：

你不起手　我不起手　你将起手　我已落手

落手拳型　虽然有九　九型归一　践拳是依

强劲露型　粘劲无迹　拳型有别　曲蓄则一

拳发一面　制人以体　体用结合　意力统一

手无定型　或掌或拳　手出不空　空因不齐

力均六面　手打一节　就高打高　就低打低

劲发之际　膝肘曲蓄　力至彼身　脆有弹意

九型拳法　勤演勤习　与人实搏　彼不位移

大成拳落手的手型中，虽然有九种，但都是践拳，即六争拳。“出手不中力空亡”是因为不齐，没有做到手脚齐落齐起，所出之手不是践拳。不论用什么手法、用什么拳型，发力都要打践拳。这就是大成拳的拳技中最基本的要领。

上面要领里还有许多内容，要经常反复领会。

大成拳的仿生拳

形意拳模仿十二种动物设立了十二形拳。大成拳也模仿十二种同样的动物设计了十二仿生拳。但大成拳所仿的不是形，也不是十二种动物的所谓精神姿态，而仿的是十二种动物各自专有的本能活动力所表现出来的某一种特殊的力。这使大成拳的仿生拳与形意拳的十二形拳有根本不同的地方。于此也可以理解到我最初把大成拳叫作意拳的又一个缘故了。

大成拳所仿生的十二形是龙、虎、骀、马、熊、猴、鳌、蛇、鹰、鸡、燕、鹞。下面是十二仿生拳要领：

龙形盘根　虎形扑人　骀形栽捶　马形连环
熊形肘顶　猴形戳睛　鳌形弹打　蛇形掌塌
鹰形劈面　鸡形撺心　燕形扎肋　鹞形指脸
练形无形　学其本能　练形露形　谓之畸形

双把骀形抱拳、单把猴形指拳、单把鸡形指拳都是险手，切勿轻用。

连环马是大成拳的一个典型的手法，六力、八法都包括于其中。我的学生中有些人就认为连环马是大成拳的绝手，有的甚至说“学好连环马，走遍天下都不怕”。这种看法又失去了我的原意。大成拳的手法都是相对的，不是绝对的。任何一个手法，你把它用好了就有效，用不对就无效。连环马的确是一个很厉害的手法，但它也是相对的：用好了它就很厉害，用得不好也是没用。不要把大成拳的任何手法给绝对化了。大成拳重功不重法，讲法是为了讲力，练法也是为了试力。这是与其他拳术的根本不同之点，学此切勿忽略。

大成拳的综合试力

综合试力，就是用八法模式拳所派生出来的手法、九个型别的拳法以及十二种仿生拳，试出六力。试力时要带敌情观念，以意为主，假想假借。不要把试力弄成其他拳术的套路趟子那样，那样在心理上就不能形成条件反射了。试力的目的有两个：一是把力试出来；二是通过假想假借在心理上形成条件反射。一句话，要做到“意之所至，力即至之”。下面是综合试力的要领：

精发混元　假想假借　力虽有六　试法无穷
运依八法　动循六力　非九非八　纯度不佳
运行动作　大不如小　小不如蠕　蠕动最恰
力生于脚　渊源于腿　发于腰脊　形于手指
意之所致　力亦至之　力不随意　求于腰腿
趾抓劲绷　胯开腰松　手落劲发　其力铿锵
旧力未亡　新力已生　连绵不断　力如抽丝
六力流形　手法派生　体成一块　法法皆灵
六力流形　九型拳出　体成一块　拳拳不空
六力流形　十二形成　体成一块　形形派生

六力流形　拳已大成　体成一块　搭手即赢
学拳需理　莫被理拘　理法如桥　过河拆桥

上面的要领，我想解释很重要的一点：大成拳试力的动作讲究“大动不如小动，小动不如蠕动”（蠕动即是鼓蠕）。鼓蠕的动作虽微不可见，却是全身皆动。大成拳的要求就是要一鼓蠕就能把力发出来。此种蠕动正是功夫到了“体成一块”的整劲之动。蠕是一种爬行的软体肉虫，它的动作很微小，但一动则全身皆动。这是它特有的本能。我原意本是说“大动不如小动，小动不如蠕动”。可能是由于不理解或理解得不深，有人却把我的话说成了“大动不如小动，小动不如不动”。请问：不动怎么能打人呢？这可能是因为不理解，也可能是因为“蠕动”二字与“不动”的读音易混吧！

大成拳拳谱后记

至此，大成拳的基本内容可以说是讲完了，但也可以说没讲完。这是为什么呢？战国时代的哲学家庄子有这样一句话，“夫物，量无穷，时无止。”这句话的意思是：只要时间不停止，任何可能的事情都会出现。随着时间的流逝，从大成拳现有的内容中还可以推出很多的东西来。从这个意义讲，大成拳的发展至此还没有完。最后，我想用两句话结束这部拳谱：

见与师齐　减师半德
见过于师　方堪传授

王芗斋

一九五九年写于天津

意拳断手述要

王芗斋　遗著
王玉芳　点校
武国忠　整理

前言

技击之法，分门别派，其要皆以拳套招数为本。而拳套招数具是人之伪造，非发挥本能之学也。

意拳之断手，拳套招数一概不用，是以各门各派之所长，归纳为一，所谓“无长不汇集”“集古大成”者是也。意拳之断手，首要劲力均整；再要三角预应；三要单重发力；更要无微不法、法在无念；最后要形力须归一、神意不着象。故意拳之断手，与别门别派之技击均不相同也，盖因其所重者，在发挥人之本能活力而不在局部方法故也。

意拳断手模式，并不是多，而是极少，只有数式而已，然皆形简意繁，其应付范围皆是多方面的。其所运用之力，为一种立体之力，非仅点、面、线之力，如别门别派者然。此种立体力，非是一种片面方法，而实为一种发力方法。如能掌握此种发力方法，则技击之道思过半矣。此正是他人所无而我所独有者也。

习学意拳，不尽在年限之长短，与功夫之深浅和体质之强弱，更不在方法之多寡、动作之快慢，而主要在于有无真实笃诚之力。如有此种笃诚之力，又能运用立体发力之方法，则于拳道就不难升堂入室。然于学者，平日亦须用此种发力方法将本能活力加以训练，否则亦不成功夫。此即“后天返先天”之谓也。本文所欲阐述者，亦即如何训练人之本能活力，以期达到“不期然而然，莫知至而至”之境界也。举一反三，我希望学者不要囿于我所说者，要从我所说者之中推出我所未说者，如是才可贵也。

王芗斋

一九五九年于天津

劲力均整

意拳断手，最重劲力之均整及各项力之综合运用。要做到无动不机，己身之动，无论微著，皆须是整体机械之动，一指之指动，百骸皆动。所发一指点微之力，亦是均整之力，周身之意皆到。力不论大小，动不论微著，皆不许破体发力。发力不破体，须使浑身无任何执着点。一有执着点，发力必破体，其力亦无由均整矣，且易为人所制。故发力无执，则体不破，体不破则力必均整矣。若能均整无执不破体，则对方挨着我之何处，我便以何处击之，此即“周身光芒不断”之真义也。

是故，技击断手之际，不论主动之发力与被动之接发力，在我则意无定向，无的放矢，六面支撑圆活，突击闪战，何处触敌，何处惊炸，既圆活又直射。神意形力，似粘糕之妙，即在于此。如果力有执破、体不均整，则不能臻此意境也。然须知力生有两，两则能一，盖反者力之用也，欲吐必吞，无吞则吐无以生，吞而不吐，则吞无以成。同理，欲上兜必下坐，欲左之必右向，前去之中必有后撑。此即神圆意方、形曲意直也。

禽兽各有其特殊之本能活力，然其活力乃第一次自然力，即先天既有者，非后天自觉培养而出者也。人之本能活力，虽先天具有，但由于种种社会应力而减弱，甚至湮而不彰。然借后天之锻炼，使其恢复而增强，此乃人之第二次自然力也。人之此种自然力，即技击断手之资本。此种自然力须加以训练，使之成为人所特有的呼之即出而又出之有方的一种均整之力。因借以训练此种活力之形式可不同，断手时此种活力之表现形式亦会因人而异。形式虽不一，但劲力必须均整不破体，力则无二也。

意拳所运用之力，如炸力、旋力、惯力、杠杆力、离心力、弹簧力等，不能单独使用。若单独使用（实际上亦不可能单独使用），亦达不到均整，且成为局部片面之方法矣。各项力须综合运用，尤须借对方之力以成我之力。须知各项力都是筋肉遒放与精神假想之统一，二者缺一则力不成力矣。此种均整之力，须由桩法育之，由试力体认而得之，再由断手训练而专一之。均整之力是技击之资本，断手乃是其具体之运用。力之发，非点、线、面之力，乃立体之力也，即立劲、横劲、竖劲三者统一成体者也。故平日操练，不可偏专其一，盖立劲发必以横竖二劲为支撑，则立劲始能定向。同样，竖劲发也必以立横二劲为支撑，则竖劲始能定向。故平日必须练习三劲成体、六力错综，我身何处触敌，何处即为向敌突击之锋面。三劲成体，六力错综，锋面突击，皆是精神之集合。故断手之操练，须以意求法，而法又须存于无念，出于无意，如是才是可贵也。

三角预应

意拳之技击，非进攻性之拳术，乃自卫之术也。因此，意拳之技击专讲断手，意即“断敌所来之手”，善守即善攻也。为此，技击时周身关节与具体面积之折叠处，皆应成钝三角形，盖三角形能产生预应力故也。对方不论拳打脚踢，我出手断其来劲，周身三角所产生之预应力，能分解彼之集中应力也，况我出手即是均整之力，彼必不敌。三角不仅具有预应力，且我所发之各项力，皆是三角遒放与精神假想之分工合作，故三角力实意拳之重要法则也。浑身上下所形成任一三角，都是一项分力点，发力和接发力实际即是处处求得合力点。一旦求得合力，就可以代替无数分力。故须切记不使各关节拉力所产生之三角分力破坏整体之平衡，即均整之力，而须在各关节拉力之贯串中求得每一动作的合力点，即力之均整，此即形曲意直之义也。故平日操练时，全身关节须无微不含曲势，同时亦无关节不含放纵与开展、遒放互为者是也。因无关节不成钝三角形，且无平面积，而是斜面迎击，尤无固定三角形，而是曲中直射，故我手臂与对方手臂一接触，三角之螺旋力即轮旋不已，顺力而逆行，守中寓攻。且我周身皆为活三角，犹如一大弹簧，波动不已，柔静而惊弹，起落如水之翻浪也。三角螺旋力与三角弹簧力实自活三角出耳，故接发力时动必活三角，否则即为硬抗，硬抗必执着焉。如是操练，久之则自能有冲之不散、捶之不开之妙。

单重发力

任何一门拳术，步法实为关键。而步法之妙，在于形体重心之调配也。据我数十年练功与实搏之经验而论，三七步单重发力，实技击胜人诀窍也。此种发力形式，须沾其身始发力，抽我身劲即发，否则难得其妙。须用意支配我身全体之筋肉松和空灵，刹那间一紧，而力已运至彼身矣。如此始能松紧不滞，力断意不断，意断神犹连，枢纽稳固。此种发力方法，别门拳术得之者盖寡也，实为古代拳术之精华。我之所谓“欲复古元始”者，即此类也。非单重发力，均整之力无法囫囵递至彼身也。所谓紧，即争也；所谓松，即敛也。争敛致用，松紧互为。争敛松紧之关键，在于虚实相互为用。前进发力，两足重量前三后七，前虚后实。后退发力，则前七后三，前实后虚。实非全然占煞，实中有虚；虚非全然无力，虚中有实。两足非“丁”非“八”，其支撑范围一尺七八，大则滞，小则灵，以能坐裆开胯为度。前足大趾吃力，后足小趾吃力，要有植地生根之感。发力时，要利用呼吸之弹力，小腹充实，臀部力稳，坐裆提旋，稳定重心，增强两足力量，与地心争力，利用地面之反作用力，以加大力之爆炸。须记坐裆时要收敛臀部，使之成为上体的支座，稳定重心，以增加力之直射速度，如是所发之力才能实而透。切记两足不许站在一条直线上，前足不许直线分出，后足不许直线后坐，须以三角螺旋形迂回进退，拧摆横摇，若鲸之游旋，如浪之起伏。进则能占势，退则能避锋，此即擦拉步之妙也。

发力之际，腰与裆是调节劲度、重心和增强力之均整的关键。我力递至彼身，对方因受力而产生一种反作用力，为克服此种反作用力以控制己身之平衡，故我须使重心下降，始终下体稳固，上体虚灵。不倒翁之所以不倒，因其重心在其形体之下部故也。即使我发高拳击对方之头部，发力时亦须重心下降。

断手多用退步打法，敌方出手发招，亦多用踏重穿裆之术。如敌已向我发起踏重穿裆之势，此际我须退步断其手，发力始能适当。故退步打法较之进步打法更为重要。技击断手之目的，实际即以暴力迫使敌方丧失重心，以保持我之重心。我之重心，始终放在一条载七之实足上，以载三之虚足护卫之，其势如不倒翁也。不倒翁之所以不倒，一则因其重心下降；二则因其重心始终在一个点上。其重心点外之面积，当其受到外力作用而改变其位置时，随时可改变为其临时的重心点。故重心点外之面积上的任何一个点都能起护卫其实际重心之作用。单重发力之奥妙，此其一也；再者弹簧力，在身抱三角之情况下，非单重不能出之，只有单重发力，才能做到遍体弹簧似，使全体成为一大弹簧，此其二也；另外在我无执而彼亦无执时，所生之来回劲，非单重不能出也，此其三也；只有在单重发力之情况下，才能以同一发力动作发出二次打击，此其四也。但须记随时调整两足虚实之比例，以控制平衡，保证力之均整；尤须切记发力时两肩不许贯劲，始能源动腰脊，劲贯四肢，力随足出，三角蓄劲，直线发力。如虚实不清，则犯双重之病。双重之病，技击大忌，学者不可不察。

无法即法　法在无念

实搏不许用法，局部方法乃束缚神意之桎梏，故用法是取败挨打之道。意拳之断手，不用局部方法，不蛮用拙力。用法则无异作茧自缚，将本能活力纳入框框之中，而无由发挥；用力则己身必有执着点，犯形破体而为人所制。故断手亦是一法不立而发挥本能之学也。然后可谓无微不法，因动静皆依一定原理法则。而此种原理法则又非局部片面之方法，如别门别派之拳术者然。各项原理法则极其高明深刻，而体现此种原理法则之形式又是极平庸，形简意繁。所以，意拳之学，实为极高水平而蹈平庸之学问也。

关于意拳之原理法则，昔日我曾于其他文字中有所论述，此处不再重复。然有一点再扼要重述者，即“无法即是法”之义，亦即道家“无为无不为”，佛家“万法皆空，即为实相”之义。盖技击不用法，不用法本身亦是法。不用法之法，实质上不同于浑击蛮打，因意拳技击唯恃本能活力之自然反应，而此种活力是经过各种原理法则严格训练之触觉良能，微动亦循法。此种循法而动之本能活力，实亦成为人之条件反射生理功能矣。其动必循法，实出于无意识，实如赤子之哺乳，天趣盎然，非有意造作之行也。同一姿势，有意为之，局部方法也；操之无念，触觉良能也。

各派技击，不管其自觉或不自觉，都要遵循一项原则，即降低劲力消耗与提高技击效率。欲降低劲力消耗与提高技击效率，平日训练本能活力之方法就愈少愈好，少而精，少而全面，形简意赅。待将此种活力训练至一定火候时，须将自己之精力专注于一两项打法，操之熟练，宛如赤子之哺乳，春蚕之吐丝，“寻天籁”者是也。遇敌时自然不烦疑义，不假思索，不期然而然，莫知至而至，率然成章也。

提顿吞吐　沉托分闭

断手，从形迹上来讲，是截击对方所来之手；若从劲力来讲，是断对方所发之力。依据运动生物力学，断手所用之力与物体运动时所产生之机械力相同，亦有三个特性，即重量、方向、打击点（即作用点）。断手之目的，即断对方所来之力，实即打乱敌力之此种特性也。上兜下坐，与地心争力，利用地面之反作用力，有拔地欲飞之势，旨在截击敌力以改变其方向，此法谓之提。蓄弹惊炸，欲止先行，行而突然中止，正中寓斜，斜中寓正，斜正互争，劲由脊发，力从足出，旨在抵消敌力之重量，或震撼敌力之源，即敌之形体，此法谓之顿。提顿为一来回劲，提为顿之来，顿为提之由也。敌我交接，我无执着，令敌也无执着，引进敌力使之落空，旨在使敌力丧失作用点（即打击点），此法谓之吞。吞之同时，顺敌力而逆行之，敌力已丧失作用点，而我力已至其作用点，此法谓之吐。吞吐亦为一来回劲，吞吐无间行者是也。惊弹如抛扬，支点似滚丝，螺旋力缠卷竖涨于无形，旨在借断肢以震撼敌力之源，即其形体，此法谓之托。惊弹似粉砖，滚错叠坠，螺旋力裹拧横摇于无形，旨在令敌力改变方向，丧失作用点，此法谓之沉。敌力来势迅猛，我则不躲不闪不丢不抗，顺其力以解其力之重量，引其力以夺其力之作用点，进步占势，退步避锋，借急促之动作来牵动对方之重心，使敌拔根提气，这是突然的一蓄遒，此法谓之闭。接着趁对方重心不稳，而突然发力，全身炸力直射，随高打高，趁低打低，手无空至，意无定向，囫囵逆体，力如炸药，触点如弹，这是突然的一发一放，此法谓之分。分闭之法，须借呼吸之弹力，始能发力透达也。

八法乃断手时用力之原理法则，非局部片面之方法。故此法运用之适当，须借对方之力，敌我两方缺一不可。交接之时，切审敌意，则十分必要也。

八法之运用，非心领神悟实未易有得，然于身外求之，庶乎可矣。故在己身之外去求取，体认八法之妙，实为切要，“见性明理后，反向身外求”也。八法之妙，在于操练无念。无念即本能，有念即是法，是法则精神即被束缚矣。故习学意拳欲臻化境，实非唾手可得也。

形力须归一　神意不着象

昔日我师郭云深先生，一世之中曾以钻、裹、践三拳立于不败之地，暮午他曾总结一条经验，说道：“力不归一，形无所居，意无所居，意无所趋，神不潇逸。故此，任你千招万术，我有一定之规。”此真千古绝唱也。钻、裹、践三拳，做成一个动作，即三种力之归一也。我青年时曾随郭云深先生习学形意拳。每日晨，郭先生只站混元桩，将钻、裹、践三拳操练数十下，下下如气锤，观之大有震地欲鸣之感，功力实臻化境也。有见于此，故意拳所运用力虽多，接发力之法虽不一，但最后必须综合而归于一，定于一，纯于一，精于一，人之本能活力方能招之即来，来之能应，应则必验。平日操之纯一，遇敌时则能得心应手，手到人翻矣。

鉴定一门拳术是否高明，关键在于养生效果与技击效率。从技击角度看，拳术之高明在于精简。查中国古代之拳术，皆是形简而意繁。当初形意拳只有钻、裹、践三拳，八卦掌也只有单双换掌。故习学任何一门拳术，意拳也不例外，学者本人须根据个人情况对所学之拳术进行一番筛选工作，对每一个动作、每一个姿势、每一个方法，都要用“奥砍剃刀”削减一番，以求归一。姿势确为神意之代表，本能活力之所循，然姿势若繁多，则神意不易统一，活力不易迅速。故对于姿势应提出下列质疑：一、能不能将这姿势取消？二、能不能将这一姿势与别的姿势合并？三、能不能用更简单更合理之姿势取代这一姿势？昔日我曾用此法对中国古代拳术进行过筛选，结果创出意拳，习学意拳者同样也可用此法对意拳进行筛选，以求得形力归一也。

形力能归一，又须求神意不着象，要使归一之法出之无念，成为惰性本能之反应。身动起象外，法在无念中，其机其秘，全在于有意无意之间耳。有意为之即是法，即是局部；无意为之而为，即是本能，即是浑噩。有形在意都是假，技到无心始见真。无固定之局部打法，既有惰性之本能反应，此意拳断手之化境也。

身动起象外　法在无念中

数十年间，随我学习意拳者甚众，其中亦有佼佼者，然亦有挨打者。此何故也？凡取败挨打者，皆因其背离我平日归一之教诲焉。由此我怵然有感。我纵观中国之拳学史，发现一条规律，即任何一门拳术皆经由铁老虎演变为纸老虎之过程。如形意拳当初只有钻、裹、践三拳，后人不解其妙，遂造出五行拳、十二形拳、杂式捶等拳套；又如八卦掌当初只有单双换掌而已，其后人亦不能解其妙，遂造作六十四掌之拳套；再如太极拳，当初只有单双缠打与击地、披身二捶而已，其后人更不能深知其妙，遂演化出百八十式，更有南北之分，杨、吴、陈、武之派。习拳者被光怪陆离之畸形拳套紧紧束缚住，其本能活力窒息得奄奄一息，形意、八卦、太极，当其初创之时亦是虎虎有生气，然何故愈演愈无生气？何故习其拳者临战却用不上拳套招数？更有甚者，何故习其拳者反被不习拳之外行以浑击蛮打所击败？盖此辈习拳者皆离精华而守糟粕，不识真老虎而只识假老虎也。一代传一代，真者日湮而伪者日兴，铁老虎遂变为纸老虎矣。我倡意拳，目的之一即是复古元始。随我习拳者，亦有不解我之苦心者，遂走上取败挨打之道，非我之罪也。我恐意拳亦遭形意、八卦、太极之灾，遂不得已，写此文字，以警后生焉。

此处所欲叙述者，即训练本能之方法，亦即打法。意拳之术语谓之断手。断手又名接发力，即断对方来手之同时发力进击之谓也。接发力之训练是意拳中最实用之一部分工作。此部分工作可两人实作，亦可单人试作。本文将神、形、意、力四者，扼要述之，供学者练习参考。

学拳贵明理，参理须用逻辑思维；练拳力感实，试作须用形象思维。以形取意，以意赋形，由形揣其意，因意度其形，非运用形象思维，难得拳之妙也。故平日练习时，须富于想象，仿生拟物，想象万千，无穷假借无穷象，似有如无，如无似有。设身处地，应钻入所想象之形象中去，以体现其神形意力，大有“不知周之梦为蝴蝶与，蝴蝶之梦为周与？”之慨。果能如是，发力始能灵活透达也。

自倡意拳以来，我曾根据运动生物力学之法则与人体生理构造之特点，想象出若干打法。我本人和与我从学意拳诸同好在实践中曾将其中某些打法应用于实搏，有些奏效甚著，有些则奏效较微。奏效甚著者存之，奏效较微与未实践者，此处皆弃而不述。所述者皆实践服膺之拳术也。意拳发力制敌，手起之前不知如何起，既落之后不知如何落，莫知至而至，乃本能之反射也。故每次实搏之后，本人实难总结。然旁观者清，我此处所述各项打法，皆系实搏观摩之记录也。

断手之基本模式

断手之基本模式只有五式而已，由五式可以派生出若干具体打法，兹分别叙述如此：

（一）灵蛇惊变

此式即技击桩法也。

先谈技击桩之站式，亦即断手时之潜在预备式。内清虚而外中正，三角预应，身斜势低，重心下降，臀部力稳，两足重量前三后七，脚站六面劲，形随曲蓄，意在直射，身微摇，惯性如如也。冷眼观之，颇似西洋拳之架势，又似形意拳之虎抱颈。俱非也，此式实如儿童之玩具不倒翁。此仅就其形力而言。再言其神意，筋力空灵均整，神游于无何有之乡，既有吴汉杀妻之意，又有荆轲借头之心，然满面春风，敌纵有恶言诟骂，我亦笑容可掬也。拳出即是祸，不畏祸；缩手即是福，不求福。既欲动手，祸福置之度外矣。意拳有两个原则：第一，不动手；第二，动则不休，不将对方置于死地不罢休。故在平日练习时，不许任意活动，一举手，一投足，皆须具技击应付之能事。技击之际，既须形不倒，更须意不倒焉。

外形笨拙手藏奸，心蓄杀机亦开颜；

随遇不倒意灵巧，后其所发意抢先。

宇宙间静者恒静，动者恒动，惰性也。我身由静而动，须克服自身之恒静惰性，而使我身产生恒动之惰性。故欲动手，须先使自身进入恒动之惰性境界。处于此种境界，技击时始能得力也。察电动之机轮，其启动所耗之电流，高于其正常运转之电流，其理自明矣。故惰性如此，实即降低劲力之消耗而蓄力待发，此为技击之重要法则，亦动犹不动之妙也。

再谈技击桩法之展开式，即左右互换也，此为意拳之基本断手模式。

意力闪闪卷枯叶，惊赫天涯鸟飞绝；
裹缠横绕云龙幡，光芒无限力如铁。

运行当中，要筋络鼓荡，假想全身犹如大气球，身体犹如悬空，唯风力是应。全身像有无数绳索牵撑，左荡则右掣，前趋则后拉，上伏则下坠，纵横皆浪力，起伏带锋棱，身动似螺旋，处处皆似滚珠机轮，对方挨我何处，何处即逆体惊炸。两手运行，无论高低屈伸抱撑，一前一后，一左一右，永须惯性如如，炸力不断。弥所弥时，处处紧跟对方动作合拍，既不丢又不抗，相机发力，于错综矛盾中求统一也。双足运行无论进退刀叉分刺，一虚一实。实足不许全然煞死，虚足不许全然飘浮。进退皆走三角螺旋形，擦地拉腿而滑行。足随手运，手进三分足进七，双足之虚实比例始终应配合适当，充分利用地面之反作用力，以加强炸力之直射速度与强度。运行当中须假想假借，体认寻求。有象中求无形，虚无中求有处（“处”字读如“设身处地”之“处”），局部中求浑噩，蠕动中求迅速，柔静中求惊炸，笨拙中求灵巧，矛盾中求统一，三角中求直线。求而有得，则可进而探讨整个技击之学也。

技击桩之法则，并非局部方法，然却可以从其中演绎出局部打法，即断手也。于此即叙述几项从技击桩法派生出之打法。

1. 拂钟无声

此即劈拳也，此法可作为进击发力，亦可作为接发力。此法系利用分布力也。

设对方单手起，当其已发未至之际，我起左手，横截其中节部位，内藏裹揽吞坠之力，出左足；同时我右手自我左手臂之上出击，奔对方面部往下搂劈。手足要同起同落，做成一个动作。在此动作中，腰脊至关重要。起左手出左足之时，全身由左向右借腰脊拧摆横摇之势发出螺旋力，贯于我之左手臂，至彼周身，迫使对方拔根提气，同时我之右手臂与我之左手臂相交，别住彼之右手臂，我用炸力往下搂劈，敌必翻出。此项打法为进步接发力。如对方出右手时，向我发起穿裆踏重之势，我则退左步，其他动作与上同，此为退步接发力。

此项打法与形意拳之劈拳毫不相同也。于现实生活中，我尝观泼妇打架，常抓脸挠胸，操之如本能然，颇引我之兴趣。世人常谓“打人不打脸，骂人不揭短”，而泼妇皆逆世道而行之，打人偏打脸，此其过人之处也，由此我遂悟出劈打之法。听我言自会有人讥笑意拳，彼或谓连泼妇打架之术亦纳入意拳，实荒诞之至也。但我认为鉴定拳学高明与否之标准是实践，不论我所操之物是茶壶，还是夜壶，只要打上你，就是宝贝壶也。意拳之打法，多属此类。凡世人所谓不地道者，意拳却采用之，此即意拳手奸之处也。

平日操练此法时，要左右前后互换，进退皆能发力均整适当。要由开展，逐步练到紧小脱化，有象而无形，无形而神似，两手之锋刃，有如宝刀利剑之拂钟无声，断金如泥也。练习时还要体认力之运用。我之断敌来手之手须含蓄吞吐之意，引进彼力使之落空，丧其作用点，我之进击之手既要有的放矢，又要莫知至而至，遇高则高处即为作用点，逢低则低处即为作用点。总之，触实即发力，缠绵不断续，敌身离我手，收势劲又蓄。此分布力之妙也。

2. 蛰龙探首

此项打法，可作直拳，亦可作指拳，可用于发力，亦可用以接发力，为意拳之缠打法也。

设对方出右手击我头部，我左右手同去，同时出右足，我之左手以撑缠之旋力自其右臂内侧直击对方面部，或拳或指，与此同时，我之右手以掌形砸其右腕，并以我之左肩为垫，手足同去同至，一个动作。此项打法为进步接发力，如对方向我发出穿裆之势，我即退步接发力。

设对方仍以右手击我头部，我出左足，同时我之双手同去，我之左掌以横截沉砸之力击其右小臂，并以我右肩为垫，我之右手沿对方手臂之内侧直击其头部，或拳或指，手足同去同至，一个动作。此法可用于进步打，亦可用于退步打。退步打，须利用地面之反作用力。

以上打法之特点是将对方所来之手臂缠抱住，缠抱之同时即发力进击，或以拳击其面，或以指戳其睛。此法甚凶，对方必负伤，不可轻用；但用则心黑手狠，务使对方终生留念。

平日练习此法时，要双手左右互换，两足进退皆可发力，两手足须交替互演。此项打法之关键，在于所进之虚足和所退之虚足。虚足一着地，借助于地面所生之反作用力即刻发力进击，力必均整适当，否则难得其妙。练习时须体认力之运用，运行时我之两手臂含着沉托捉拿之意，有缠抱横截紧击之力，内藏肩打之法，意力伸长，似觉地球有助我之势，因之假想我真如蛰龙之振电直飞也，切记此法最忌双重不化之病。

神形拙笨无呆象，意力灵巧有锋棱；
横撑竖涨曲中直，两足虚实认端详。

习时，须操练拳掌，以增强其耐力。以此式之发力方法，用左拳击右掌心，用右拳击左掌心，两手交替互演，双足进退互换，于三角曲蓄之中求取直射发力之速度与强度。须记进击之拳，腕部不许外凸，不许内凹，小臂须垂直于拳之锋面，如是力至敌身始能隔皮透骨。

习时，还须操练整体肌肉之耐力，力求逐步达到紧小脱化、肌肉如一之境界，动作愈习愈微，而神意却愈习愈足；我意欲向何处，则眼神即到何处，力之作用点亦直射到何处，既注意打击之要点，又无所为而为之。久之，本能反射自然敏感也。

3. 坐地起火

此法即钻拳也，然与形意拳钻拳根本不同，盖二者力之作用点不同。形意拳之钻拳，其力作用于对方心窝高下部软点；意拳之钻拳，其力作用于对方心窝之软点，且所发之拳为鸡心指拳，并带旋力，故较形意拳为厉害，实与西洋拳之闷捶颇相似也。此种打法，轻则能使对方休克，重则能使对方致命，学者宜慎用之。

设对方起右手欲击我之胸腹部，当其手已来未至之际，我出左足，同时我双手并去，我之左手横截裹坠其右手臂，引进敌身至我身前，迫使对方失重前俯，我之右手成鸡心指拳，自我之左手臂之上，以旋力挺进击对方心窝，上体上兜，下体下坐，上下对拉拔长，周身均整之力贯于四梢，敌必被拧出。此项打法之关键在于进击右手之旋力与腰脊拧摆之旋力，借助于上兜下坐之拉力，而爆发为炸力。炸力点虽为对方之心窝，而力之延伸方向却是直指天空，意在上钻。故此项打法，实即利用“力生有两，两则能一”之法则，借上兜下坐对拉拔长，而求力之均整也。

习时，两手足须前后左右灵活互换，腰脊须有拧摆横摇之力，而上体与下肢又有对拉拔长之势，上兜寓于下坐，整体觉如大螺旋，旋拧不已，假想己身实有钻天欲飞之势，起火不点不燃，我之钻拳不借力不发，盖因其射程短故也。

上兜下坐意冲天，引到身旁发钻拳；
由己则滞从人活，心狠手黑打法奸。

查阅国内外之谍报工作者与反谍报工作者，皆精于此项打法，于此可见此项打法之实用价值。故习时，与其说培蓄均整之力，毋宁说训练心狠手黑之心理也。学者不可不明。

4. 伴窗观横雨

此项打法，即形意之裹拳也。

设对方起右手，不论其意欲击我何处，当其已起未落之际，我即以左手横截抱揽其所来手臂，彼若抗劲有执，我之左手臂即以吞吐之力裹拧对方之右前胸，我无执令彼亦无执，引进其力使之落空，与我左手去之同时，我之左足出，与我拧裹彼之右前胸之同时，我之左足利用地面反作用之弹力，俯而抽身收势，而力已递至彼身矣，此即裹拧之法也。此法能使对方失重倒地而无伤，此为技击手善之法。若欲加强力之直射强度，于左手裹拧之际可以右手加于我左手臂以助力，如是对方即有伤内咯血危矣。

习时，两手须左右互换，两足须进退互演。此法之关键，在沾身纵力，抽身劲发，不论进退，虚足一点地，借助地面反作用之弹力而发力。此法乃是利用蓄发互相为根之来回劲。我出左手，以横截抱揽之力断其所来之手，引进其力使之丧失作用点。此即是吞，即是来劲也。待对方有执抗劲，我随势以左手臂之前锋，用均整之力撞对方之右前胸，撞中带裹，裹中带拧。此即是吐，即回劲也。此法即是竖撞之法，然却是横中寓竖，由发而蓄，因蓄而发，蓄发如海水之翻浪也。己身不具备波浪弹力，则难得此法之妙用。故习时，炸力通过腰轴拧摆横摇所生之离心力而推动整体，贯注于四肢，两手左右互换，抱中有撑，撑中有抱，于撑抱互为之际体认波浪弹力之微妙。三角蓄劲，直线发力、竖撞发力之际，须假借夜深人静，雨横风狂。

雨气昏千嶂，江声撼万象；

云翻一天墨，浪蹴半空花。

而我欲推窗观望，窗开而狂风横雨劈头盖脸而来，我本能地抽身避之。此种本能抽身避害之反应，横拟之，即为此项打法也。

5. 惊蛇迂回

此项打法即横拳也。

设对方起右手，欲击我胸腹部位，当其已起未落之际，我出左足，同时我之左手以横截滚错之力，引进敌力使之落空，敌身有拔根前俯之势，顺势我将左手臂猛然向上一翻，翻中带扬，以左手掌内面与左手臂底部为锋面，用均整之力，向对方右胸部横击，彼必翻出。亦可用右手助力，以加强炸力之直射速度。

此项打法，仍是来回劲，利用波浪弹力与上法所不同处在于上法裹拧之力，其方向是自敌身往下裹拧，而本法翻扬之力，其方向是自敌身往上翻扬。两法皆是先吞后吐，因发而蓄，引进落空，力拔千斤也。

习时，须两手左右互换，进退皆须发力适当。借腰脊拧摆横摇之势，练出波浪锋棱，须于三角之中求直线，直中寓横，三角化打，直线横走，想己身犹如惊蛇之横走竖撞，迂回敌之两侧也。其要在于使己之重力位能转化为重力动能也。

操练此法，须以来回劲所形成之波浪力为主。己身能有此种波浪力，则不难得此法之妙。

6. 勒马听风

此意拳之栽捶也。

设对方出右手，欲击我之胸腹，当其来手已实，我两手同去，左足随出，我之左手掌心向下，横截对方右手臂，一接触，我之左掌即刻向内一滚，以揽坠撑裹之力，将其手臂引进，使之丧失作用点，此际我之整体自左下方向右上方作一弧形旋转；同时，我之右臂，握拳屈肘，以腰脊之弧形旋转为动力亦向右上撑提，在我腰脊旋转所生之离心力的推动下，我之左手所引进者，不止是对方之右手臂，而是敌之整体，彼不仅拔根提气，而是向前栽倒，我即刻顺势将整体往回旋转，在腰脊回旋之带动下，我之向右上撑提之手以拳往下落，击敌之胸腹部。

设对方两手同来，打法与上述亦略同，我之向上撑提之右手，于撑提之前须以叼钩之力向斜上撑提其左手，叼钩须用拳腕所生旋提之力，其他动作与上法同。

习时，须体认力之运用。此法之关键，在于腰脊来回旋转时，所产生之离心力与向心力之相争也，亦是来回劲，即争力也。

离向本囫囵，陡顿离向分；
源动在腰脊，蹬地定乾坤。

习时须左右互换，进退发力。发力不适当，须寻求于腰脊。腰脊外旋之来劲将敌身引进，使之落空，腰脊内旋之回劲复将引进之敌身击出去。外旋变内旋全靠腰脊之突然一顿，而腰脊突然一顿之妙又生于所出于虚足之利用地面反作用力，此种用力之法即为吞吐也。故习时，于腰足陡顿登地之际，犹如：

骑马临深渊，狂风袭面来；
勒马听狂风，撒手落悬崖。

发力之际，须有性命攸关之感，力力笃实。

此项打法甚是厉害，不至性命干连之际，不可轻用。故习时既须求力之笃实，还须培植肯忍狠之心理，否则难成实用之效。

7. 猛虎搜山

此法即反身旋打也。

设有敌自我背后袭来，我不知对方击我何处，亦不知所来之手是单是双，此际即须用顾我不顾敌之法。设敌方袭我时，我之左脚在前，右脚在后，我双足原地不动，以两足尖为轴，整体旋转一百八十度，原前足变后足，原后足变前足。我之整体自我左前向我右后起旋之际，我之双手并起，两臂皆曲肘作三角形，掌心皆向外，右掌不过眉，左掌之四指背靠近右肘之外侧，要紧如焊接，须有九牛拉不开之势。如是，我之两臂即如一张竖起之大弓背，借我整体旋转之势，此一大弓背即产生一种旋中带横之力。对方所来之手竖劲，而我则是直线横走之力，敌之手臂与我之手臂相遇，其力必被化走。当我手臂一感知触觉，即刻双臂化曲为直，向我之前下方发力，触敌何处击何处。此即三角蓄劲断敌手，直线发力夺敌身也。此法之妙，与其说在眼神之视觉，不如说在两耳之听觉与皮肤之触觉也。察觉有敌袭我背后，靠听觉，两臂触感一实即发力，非操练有素，具备毛发势如戟之功，则不能发力均整适当。

此法之关键，在于铆肩焊肘。两手臂不论遇到何种手法，皆须捶之不开，击之不散，如是才能将我之顶门至小腹这一范围护住。故习时不许假想假设，敌来何种方法，我又如何应付。我只练腰脊如轴，肩肘自焊接，旋力灵活而已。听到身后有敌声，我即如此动，只顾我不顾彼。虽非混击蛮打，却也无招无术，虽曰无招无术，却也训练有素。习时，须左右互换，虚实分明。

听力两耳间，触觉要敏感；
旋转身稳健，发力不靠眼。

且习时须思己身如被激怒之猛虎，有出林搜山欲崩之势。平日如此练习，遇敌时自有不可思议之妙。

8. 陆地行舟

此意拳崩打竖撞之法也。可用于主动发力，亦可用于接发力，用于主动发力更为适合。

设对方向我而立，其右足在前，我则出左足至其斜前方，随即上右足至其两足间，手并去，右手臂曲蓄斜竖，拳背向敌，左手放在右手臂之内侧以助力，以均整惊炸之力向敌之胸部撞去，敌必翻出。在我出左足进右足之际，我走一三角形，此际借腰脊之拧摆横摇，整体形成一种旋力，待此种旋力触及敌体时，即以炸力形式爆发。此法迅猛异常。

此法用于退步接发力，尤为得力。设对方起手击我胸腹，其所起之手不论单双，如彼右足在前，窥取我之中央，我则退左足，同时我之双手臂以三角蓄劲，提弓捉弧之势，用沉滚推错之力，此际敌身必失重前俯，我随势将双手臂斜竖起，拳背向敌，以崩弹之劲向敌击去，可落于其面部，可落于胸前，可落于肩头，可相体选择，又无既定目的，何处利于我，我即于何处发力进击。此法之关键在于后退之虚足，须巧妙地利用虚足着地时地面之反作用力。此法若能运用恰当，敌必被崩出数步之远。

习时需左右互换，进退交替发力，双足擦拉，两手提弓捉弧，整体借腰脊拧摆横摇之势：

进退手舞须挥浪，纵横起落带锋棱；
我无预见听敌力，好似游水泛空身。

习时须体认力之运用。此法仍以腰脊之旋力为原动力，务使力达于四肢，贯于手足。实足不许全然占煞，须令支撑全体重心之能事；虚足不许全然无力，须充分利用地面反作用之弹力。两手臂既要无定型，又要有所处，心目之中既无欲击何处之成见，又须有寻踪追迹以发力之意向，唯感己身如不系之舟，泛于游水，唯风力是应，遇坎则止，顺畅则流，意不停，力不断，神不散，形浑噩。习时若有旁观者，须给彼以一种形神意力皆是稀里糊涂之感觉，方为妙也。如是，习之恒久，自会感到奇趣横生，遇敌时自得力也。

（二）香鲸游旋

此即混元桩之展开式也。

此式之奥妙，即其三角螺旋力。整体及两臂双足皆须依本三角螺旋力之规律而运行。切记须以整体旋力，带动两臂与两足之旋力，务使局部随整体而运行，不许局部破坏整体。内劲真力通过腰脊拧摆横摇所生之旋力，推动两臂伸缩轮旋不已。两臂前伸，螺旋式前进，为卷，生离心力；两臂后缩，螺旋式后退，为裹，生向心力。利用陡顿离向分之法则，当两臂伸卷前进即将结束而其缩裹后退即将开始之际，在腰腿之配合下，两手臂应一顿，使旋力化炸力，而贯于指端。此际，试力即为发力矣。此种转化，可隐于内亦可显于外。其隐显之限，应以自己之意感为度，意不内动，力不外发。从技击效用讲两手臂螺旋式伸卷前进，支点犹如滚丝，肩肘似机轮，引进化走敌力于无形。三角蓄劲，横拧直取，顿放敌身，而留痕于其眼底胸前；然两手臂螺旋式裹缩后退力点不抗劲，肘腕皆如滚珠木棱，横截推错，曲中寓直，顿遒己身，吞噬敌力于无形，我臂已刻入敌腕之骨里矣。此即：

旋力吞吐于无形，离向沉托要留痕；
三角螺旋曲中直，滑车杠杆作动长。

此法为意拳之基本功。昔日从我习意拳之诸友好，能将此法操到好处者，千无一二。非我授之不详，实此辈未将陡顿离向分之法则参透也。于此特意指出，望后学者勉之。

习时，须时刻体认螺旋力向炸力之转化，借横走之旋力发出竖撞之炸力。三角蓄劲，直线发力，进退纵横挥浪舞，起伏不定虚实睹。整体与手足动作之螺旋形，对方触及何处，何处即能使对方失去平衡而倒地也。此法操之纯熟，自有不可思议之妙。

此法为一项发力模式，从中可派生若干具体打法，兹扼要述之如下。

9. 烈虎出洞

此法为意拳之遒放也，须利用分布力。

设对方以双掌或双拳袭我胸部，其右足向我发起穿裆窥中之势。我出右足，同时双手同去，自其两手臂之下，沿其小臂内侧猛然向上遒提，将其两腕别于我之两手肘之内侧，与此同时，我上体与下肢运用对拉拔长之争力，迫使对方拔根提气，随即用双掌以卷挺顿放之力向敌之前胸推去，敌必被放出无疑矣。

此法之关键在于遒，遒中须有引擎之意，撑肩横肘臂腕卷提以引进敌身使之就我，上兜下坐，头足对拉拔长，用兜卷抽托之力以擎起彼身，使之拔根。若能使敌拔根就我，则我由遒变放之际，敌必无隙可乘，而由我掷出矣。故遒放之法，遒为切要。然须切记放非全然直推之意，放中须有顿挫之力，故双掌至其身，不许一沾即离，双手须沿其胸而下走，直至掌心无物感而后止。同时须借腿之力，以使双放之力均整适当。故习时须体认此种用力之法，此刻留心肩肘腰脚之配合，务求力之均整。习时切记遒时臀部不许越过后足跟，又须有虎生之势；放时腰脊垂线不许弯曲，须有斜中寓直之意。沾身纵力，抽身劲发，如烈虎之出洞，欲出而又入，欲入而又出，前伸后坐，争力均整也。

10. 雷霆击地

此项打法为意拳之双把栽捶也。

设对方低身下势，出右足向我发起穿裆之攻势，同时对手向我肋腹部打来，其手法似形意之马拍子或炮捶之双挫掌，来势甚猛。设我右足在前，遂将右足后撤半步，同时双手并去，自上捶入其两小臂之内，我之掌腕即用横撑旋提之力叼钩撑提其两臂腕，向我怀中引进其身，若敌有执，叫劲后坐，我则破执，乘势松钩握拳，并将后撤之右足进半步，同时我之双拳借上体与下肢对拉拔长之争力向敌之面及前胸击去，敌必坐地弹起，伤内而挫拧腰脊。

此法之关键，在于整个动作皆须巧妙地利用地面之反弹射力。我之右足后撤半步时，须利用地面之反作用力以引进敌身，待敌后坐叫劲，我进步破执以发力进击，亦须借地面之反作用力，以增强我上下对拉拔长所生争力之直射强度。我力之方向并非平直，而是沿敌体而斜下，故我力递至敌身而达于地面，地面之反射弹力又有将敌体弹起之势，如是敌之腰脊之垂线即弯曲矣。故此法之凶猛，不仅在于击其胸腹而伤其内脏，更在于挫伤其腰脊骨焉。因此，此法所运用之力，犹如雷霆闪电，自天空达放地面，复自地面反射于天空也。习时，须时刻体认束身发力，上下对拉，拔长缩短之既矛盾又统一之争力，此种争力为集中力也。

昔日我尝谓意拳有拔地欲飞之力，更与地心争力，学者多各解其意，故意拳之某些断手之技巧也难于学到手。于此我再次提出利用地面反射弹力之妙，以克服双重不化之病，望学者努力为之。

（三）神龟出水

此法即大乘桩之展开式也。

此式之妙，即在于上下对拉、提按之演，前后拔长，形曲力直。其形象犹如大龟之游于水面欲浮而又沉，欲沉而又浮，时浮时沉而挟浪扬波于水面。操练此法之技击性目的是欲使我之周身上下按之皆有漂木运动，盖化打无执也。故习时须体认“反者力之用”这一法则，上下对拉，提按撑错，前后拔长，搂劈钻刺，左右圆撑，骨藏锋棱，利用各关节拉力所生之分力，寻求其合力点，以达到技击之效用。然仍是：

三角化打劲始蓄，直线发力带锋棱，
手握提按斜撑错，单臂杠杆克阻力。

习时须体认我之两臂所生若漂木之力，此单臂杠杆力之妙也。

习时须体认地面之反作用力，盖此式之全部精神在于“力生有两，两则能一”。力之生皆成对成双，有向前之作用力必有向后之反作用力，力与反作用力，作用于一条直线之上，大小相等，方向相反，同时出现，同时消灭，性质相同，互不抵消。技击发力时，我之前进或后退之虚足，对地面施加之作用力愈大，所发之力就愈均整。故技击时，为增强作用力，以获得大小相等，性质相同，方向相反之作用力，除在周身三角蓄劲之外，还须善于利用所进或所退之虚足蹬地时所生之集中力即反作用力。又须知我所进或所退之虚足，足尖一点地，即为单臂力杠杆也。此种单臂力杠杆所生之反作用力与我上肢单臂速度杠杆所生之作用力，既矛盾又统一以合成断手制敌之均整之力也。操练此式时，还须注意使我之整体重力作用线常保持在两足支撑面积之内，以稳定我之枢纽平衡。欲达此目的，又须顶上意空灵，盖我之头颅系一平衡杠杆也。拳家所谓“虚灵顶劲”，即指此也。故习时，头不许前低，不许后仰，以与手臂虚足之单臂杠杆相配合也。故于别处，我曾将此桩法命名为杠杆桩，实非无故也。

神龟出水之式，既为一项基础试力，又系一项断手模式，从中可派生若干具体打法，兹分别述如此。

11. 金戈铁马

设对方出左足起左手欲击我之头部或前胸，我向其左足之左侧出右足，同时起右手，以旋提撑卷之力，利用我右前臂速度杠杆之特点，动小而快猛，横截其左前臂或其肘部，我之右足利用地面反作用力配合我右臂之作用力，将对方擎起。此际敌已拔根提气，我乘势将所进之半步撤回，同时提起右拳随即下落击对方之腋肘部位，落手是点，往下延续成面，使炸力的分布力之形式递至敌身，配合此项动作所撤之右足仍须利用地面之反作用力。此法之关键在于我起手旋提敌臂肘须藏身，落手击敌时须束身，即利用对拉拔长之争力也。

习时须左右互换，进退发力，体认我单臂杠杆阻力臂之妙用，旋提敌臂时须适当缩短，切忌以拳腕旋提。其藏身而起，束手而落，前进后撤之势，实如执金戈、跨铁马，驰骋沙场之古代将军也。

12. 惊蛇入穴

此法即钻刺也。

设对方平起右手欲袭我之胸腹部，我则出左足，两手并去，左前右后，左前臂自下以惊弹之力横截其右前臂，左手以指拳击其右肋部位，同时我右手自上拍打其右手背，我之左右两臂以对拉拔长之势将敌之右臂撑住，迫使对方拔根提气，彼必被掷出。如我所出之左手为拳，击对方之肋部，并左右互换，连续使用。此即意拳之连环马，厉害无比。此法亦可用于对付对方之高路手法，我即以指拳刺对方之面部。

此法之关键，仍在上下对拉，前后拔长之争力，尤在前后之拔，用退步发力之法最为适当。故习时须体认前后拔长之势，前手进击之作用力与后退虚足蹬地之反作用力呈一直线，犹如长蛇之受惊，惧害而窜入其穴也。

13. 顿开金锁

此法为意拳之撕也，系利用逆向之平行力。

设对方出右足双手向我胸腹部袭来，或对方抓我之两肩或两大臂，如掼跤者然，我亦出右足，两手起于彼两臂之外侧，左手向我之左前方推对方之外肩头或其大臂之外侧，右手向我之右后方钩拉对方之右腕内侧或其右小臂内侧，我之一推一拉之力须大小相等，方向相反并须平行，同时生成，同时消失，尤须借助腰脊之拧摆横摇与所出虚足之蹬地力，腰脊四肢配合无间，力必均整。如是力至敌身，彼必整体转动，而拔根翻出矣。

此法之关键，在于两臂之逆向平行对拉拔长，如以拇指食指拧钥启锁之力也。习时须左右互换，进退发力，体认此种用力之法。习时还须体认推拉二力作用线之间的垂直距离，不可太小，小则无力；然亦不可太大，大则力散；须大小适当，方为妙也。

14. 老僧稽首

此项打法为意拳扣挂之法，内有撑抱，仍系利用单臂杠杆力也。

设对方用右手击我面部，来势凶猛异常。我如用横截之法，甚难断其来手，我则退右足，双手并起，左手掌心挂其右小臂内侧，两手掌一合，须有钳夹之力，随其右手之冲力，我合十之双掌夹住其右小臂内侧向我左后方掷去，敌必拔根前栽，不打而自蹶矣。此法之形象，颇似僧侣之合十稽首，实利用速度杠杆力也。

设对方以右手击我之脐腹部，来势亦凶猛异常。我如用横截之法甚难断其来手，我仍退右足，双手合十并去，以左手臂之外侧扣其右手臂之内侧，同时我之右手与左手合十并拢，以双臂之力引进其单臂之力，敌必前栽倒状。

此法之关键，在于两臂运动速度要快，速度愈大，则其动量也愈大，两臂须在最短之时间内通过其工作距离，缩短其力作用时间，故习时须体认此种猝猛均整之发力方法。

15. 狸猫追鼠

此法即双撞双推之法也，仍须利用前后对拉、上下拔长之作用力与反作用力。

设对方叼住我之双手，并向其怀中用力，欲将我之整体引进而制之，设我之右足在前，我无执令彼亦无执，我顺执就其引我之力将双拳向其胸腹撞去，此际对方必后仰以避我之双拳。如是，彼叼我之双手之劲必松，但其劲虽松而形未松，我遂将双臂之均整之力往下一抖，上下拔长，彼必松开前手而前俯就我。我再起双手击其胸部，前后对拉，以均整之力将对方击出。

此法之关键在于破其引我之力。一般情况下彼必向其两侧，即或左或右之方向引我，而在我虽不许有执，但必须将其引我之力变成逆其体之力。此法即是随中有牵之法。此法用好，其他动作则随之适当得力。故习时，须始终保持力之直射，须体认我上下拔长是为了更适于前后之对拉也。习时，其形象犹如俯身前趋彻地觅物之状，双手下落有声，而步履却似猫轻，故曰“狸猫追鼠”也。

（四）鹰戏封姨

此法即鹰桩之展开式也。昔日我曾提出“与大气相呼应”“利用宇宙之力波与地心争力”“体认空气阻力何似”等说法，学者多莫解其意，因之于试力与断手之道亦多似是而非。

察人体之所以能有机械运动，实外力为其原因。如无地面给人体一种反作用力，则人体根本不会机动，技击尤其如此。不借助地面之反作用力，根本不能达到技击目的，此即“与地心争力”之义也。如我由技击桩之站式过渡到技击桩之展开式，乃由于我之整体通过我之一足向后下方给地面一个作用力，同时地面应通过此足给我之整体以一个反作用力，在此反作用力之推动下，我之整体始获得向前之加速度。空气阻力亦是一种反作用力，以分布力之形式作用于人体，有时作用于人之某一个局部，如左手或右手等。技击时须借助于此种反作用力尤其是利用呼吸之弹力，此即“大气呼应”，体认“空气阻力”之一义也。又如人体走擦拉步时，有向心力（离心力随之）生成，此表明有向心力作用于人体。当人体之擦拉步停止时，向心力消失，此表明向心力亦不复作用于人体矣。凡此种种之合外力，即我所谓“宇宙力波”也。欲达技击之目的，不利用宇宙力波，则如无米而做炊也。诚然，意拳注重内劲真力，亦即本能活力，然唯有内劲而无由发之，亦徒然也。

人体筋肉遒放之内劲须与宇宙力波相配合，二者相反相成。所谓高超之技击家，实乃利用二者间统一矛盾之能手也。

此式之技击效用，在于依此式所设计之姿势而运行，以体认宇宙力波之妙。习之恒久，成本能反射，遇敌自能得心应手，应付有余。此势之运行，仍依三角蓄劲（形曲）、直线发力（力直）之法则。我之整体各关节皆成钝三角形，各关节之相对位置即潜蓄一种弹力势能，在意念领导、神经支配与筋肉支撑遒放之条件下，借助宇宙之力波，此种弹力势能即转化为弹力动能。此即技击之所需，所谓“遍体弹簧似”也。故习时双臂向意向之方向伸缩遒放，借助于宇宙之力波，将势能转化为动能。其势如苍鹰之翔行，俊鹘之横飞，似有我不知我乘风力耶，或风乘我力耶之慨。

习时，纵横往返，高低起伏，进退发力，我之整体重心不断变化，其与地面之相对位置即潜蓄一种重力势能。在意念领导、神经支配与腰脊拧摆横摇、虚足蹬地之条件下，借助于宇宙之力波，此种重力势能即转化为重力动能。此即技击之所需，所谓“浑噩逆体”者也。其势如神鹰之顺风捉兔也，有如游龙之逆流出水，此即直线发力之要也。

我于别处曾提出“劲潜于体内，力奋形骸外”之说，学者费解，故于此处扼要述之，望学者体认操存。久之自觉奇趣盎然。

总之，此法之妙，是一弹一撞，弹中寓撞，撞中寓弹，然仍系依形曲力直之法则。此法既是一项基础试力，又系一项断手模式，从中可以派生若干具体打法，兹分述如次。

16. 烈马奔放

此即钻裹践，仍系利用地面支撑之反作用力。

设对方起右手欲击我胸部或胸部以上之部位，对方同时出右足欲取我之中央。我亦出右足，但只半步，放于其右足之内侧，有套钩之势。我同时起右手，手掌向外，以小臂前部之外侧截击彼大臂前部之外侧，一接触我即以均整之力撞其大臂，随即我猛转我之小臂，以裹吞之力略引其身，于猛转小臂之际，我之右手已握拳，以钻挺爆炸之力向彼之面部或右侧之动脉部位击去。

此法之关键，在于开始之一撞。此一撞从我之角度亦是竖劲，从对方角度看是横劲。借此一撞，务使对方之整体来一个 45 度之转动，方始为妙。此际彼必拔根提气，顺势我裹吞以发力进击则回旋有余矣。撞之所以成功，取决于我所出虚足之蹬地与我腰脊之拧摆横摇，两个动作统一协调，使我之整体动力势能变为整体重力动能，借我小臂外侧之锋面传递到对方之整体，彼若功力较浅，彼不仅整体转动拔根，而实有翻出之可能。为增大力之直射速度，我可用左手撑助我之右小臂，同时亦可避免我右臂关节之伤。

设对方功力较深，当我以右臂撞彼时，彼却抗劲有执，我则顺势翻手裹捋其臂，吞噬其力而引进其身，在发此动作之同时，我前虚足一点地，以助上肢吞引之势。当我后撤之右足一蹬地，我裹捋之右手即变拳进击对方之面部。

此法之关键，在于我右手裹捋吞引之形力是向后，而我前足却前蹬，此是前后对拉。当我右手由裹捋吞引变为向前进击之际，而我前足变为后足却向后蹬地，此仍是前后对拉。在此前后对拉拔长之过程中，我之整体重力动能借我右拳之锋面传递至对方之整体，彼必负伤翻出。欲使我力均整适当，必须利用地面之支撑反作用力，尤须切记我进击之拳必须指向对方之面部。盖我后足蹬地时，所生反作用力之方向是斜上方，亦即我之后足及其蹬地时反作用力之合力皆与地面成一锐角。欲充分利用此反作用力之效应，须使此项力与我右拳所发之力作用在一条直线上，如是则着敌之力必均整。

习时，须左右互换，进退发力，体认各项力之运用。运动速度之快若雷霆闪电，其行形似烈马之奔放，而其神意则又如秋霜之肃草木也。

习时还须切记，若不利用呼吸之弹力，亦难得此法之妙。盖我之内劲整体真力中，除筋肉遒放之拉力外，发力之际，某些器官如利用适当则为动力，如利用不适当则为阻力。横膈膜即为此类器官。于发力之际，我之呼吸与大气相应合，气沉膈膜下，所谓“气沉丹田”，则发力适当；如膈膜发紧，气浮于胸，则发力必不能均整。发力时若呼吸能与大气应合，无论以呼气之法或醒气之法，利用声由内转之功夫，则力必均整。此仍系利用宇宙之力波也，故习时须以声辅也，用时亦应如此。

17. 俊鹘舒翅

此法与上述第二法略同。

设我裹吞对方之力并引进其身之际，由于彼身向前俯栽，身势过低，若用直拳击其面，则我发力即有不及之虑，故必顺势横击。我之右臂手心向下，以我右小臂内侧为锋面，横击对方之面部或胸部，对方亦必负伤翻出。此法只适于退步发力。若用于进步发力，则先出左足而右手进击或出右足而左手进击，习时须体认此种发力之道。

习时须左右互换，进退皆须发力适当，仍须利用宇宙之力波，要有大鸟乘气流直飞横游之势，故喻之曰“俊鹘舒翅”也。

18. 浪力三顿

此意拳之头击肩打之法也，仍须依人体重力动能之法则，亦为横走竖撞之打法。

设对方将我之双腕皆叼住，其形劲皆甚扎实，且将我之两臂向左右两侧张开，其右足在前，彼随时即有起左足欲撩我腹裆之势。此际设我右足在前，我即用右足猛然蹬地，借地面支撑反作用力，我之双臂猛然向后撑去，将对方引进就我，我随势以头之前额为锋面，借我腰脊拧摆横摇之浪力撞其面部，彼必负伤翻出。

设我右足蹬地之际，左臂后撑，而右臂即向我斜下方撑去，亦是意欲将彼引进就我。我乘势用左肩头撞彼之左肩头，对方亦必翻。设我左足在前，则左足蹬地之际，我之右臂向后撑出，引进彼身，我乘势以我之右肩头撞彼之右肩头。

此法之关键，在于我腰脊拧摆横摇之浪力，以此种浪力将我之重力势能化重力动能，而递至彼身，以头或两肩为击敌之锋面。故习时须有浪力，在浪力之带动下，使重力从我之整体之某一局部锋面而传至对方之身体某一局部，以夺其重心，此即撞打之妙也。故习时须：

身动挥浪舞，意力水面行；
两臂具之头，妙在蹬虚足。

练时也须左右互换，进退发力，发力时仍要体认宇宙力波之微妙。

19. 寒鸡立雪

此法亦是横走竖撞之法也，仍依上述法则。

设对方出左足并起左手击我胸腹部位，我出右足起右手以推错裹抱之力横截其左手，吞噬其力而引进其形，待其形略前俯，我之右手猛然自其右小臂之上向其胸肘部位翻扬横推，同时我起右足向其左小腿之臁部横踩。上下之动作须做成一个动作，对方必被撞出。

设对方来势甚为凶猛，我在横截其左手时，不出右足，而退左足，在右足蹬地之际，右手变翻扬，同时左足借蹬地之力立即起而横踩对方之左小腿，对方亦必翻出。此法之关键系利用来回劲所生之浪力将我之整体摇摆起来，以发挥重力动能，将对方撞出。

习时须左右互换，进退发力，其迂回屈伸重心移行提顿之势，犹如游龙之戏鹤、寒鸡之斗惊蛇也。此法为鸡桩之展开式也。

习时还须切记，所起之横足不是踢亦非蹬，而实是以踩之形式将我整体之重力动能传给对方，与上肢之横推配合，实为推撞之法。所起之横足不宜过高，以不过对方之膝部最为适当。

（五）腾蛟挟浪旋

此养生桩之展开式。

此式为技击断手模式之一，系利用向心力及其反作用力——离心力，仍利用“离向本囫囵，陡顿离向分”之法则。以腰脊为竖轴，两臂前伸，左手在前出左足，右手在前出右足，左右互换，整体转动不已，进退发力，力生于足，劲贯指端，其势若腾蛟之破浪前进，力波起伏，旋涡滚滚，实有横扫鲸穴之意也。

习时须体认离向二力之功，向心力作用于我之腰轴，而离心力作用于我之两手掌，特别是前手。当我双手触敌，借所进或所退之虚足蹬地力突然停止旋动，向心力停止做功，离心力同时消失，我之双掌循惯性力沿切线方向做直线运动，此种直射力始为技击断手之所需也。离心向心，同时生成，同时消失。生成之际，为蓄劲之时；消失之时，为发力之际。我之整体旋动之时，须上下拔长、前后对拉、左右圆撑，身若旋球也。整体具锋棱，盖圆中有直也。故此法所试之力，实为惯性力。此法之关键，在于突然中断离心力，此即所谓“陡顿”，技击断手所需要者正是此类“陡顿”之力也。

由此式可以派生若干具体打法，兹分述如此。

20. 榔头拷打

此法系依本惯性力顿打之法也。

设对方出左手并左足，以直拳之形式击我之胸部，我出右足，双手自下起，并挂牵以左拳截击对方之左小臂，以右拳横击其左肩部或其左大臂，以腰脊为竖轴，整体作 180 度之旋转，所出虚足一蹬地，向心力即中断，借陡顿之力，将对方击出，其势如抡榔头以击物也。

设对方来势甚猛，且有穿裆之势，我可用退步断手之法。此法之关键，在于我双臂旋转时须曲蓄，陡顿之际却须直伸，盖因离向之力同时消失之时，我所出之右拳有循惯性力沿切线做直线运动之势，在此我之右拳在接触敌之左肩或左大臂之际有一种摩擦力也。此法之妙即为吞吐，而吞吐无间行也。引进其力即为打，故习时须体认此种用力之法，不可草率从事。

习时须左右互换，进退发力，以腰脊拧摆横摇之势，带动两臂之旋转，以两臂之旋转吞噬敌力而引进其身，使用时甚为得力省事，毫无拖泥带水之病也。

此法仍是利用我整体重力势能向重力动能之转化，盖我整体之重力系一种分布力，故我用此法发力实即爆炸力之运用也。

21. 脑后发炮

此法仍为利用惯力，触敌时爆发为炸力。

设对方出右足，起右手欲击我之面部，我出左足，双手并去，右手以叼裹之力吞噬其力，而引进其身，左手旋出握拳，击对方头颅之丘脑部位。我双手之动作，应不用局部之力，须借腰部拧摆横摇之力，与所出左足蹬地时之支撑反作用力，同时吞噬其力并引进其身，务使敌就我而击之，如是方为妙也。此法若能操之适当，能使对方毙命，故学者宜慎用之。

习时须体认“离向本囫囵，陡顿离向分”之法则，须使我整体重力势能向重力动能之转化，以炸力形式递至其身，亦即我之整体于发力时必须上下拔长、前后对拉、左右圆撑也，不如是则力必不均整。

故运用此法以击敌，力如炸药拳如弹，手至敌身力分布，此即曲中寓直之炮捶也，习时仍须左右互换，进退发力。

结论

意拳之断手，共分五式廿一法，皆以力之运用为主，整体发力，锋面触敌，借宇宙之力波，发挥本能活力，非局部片面之法也。习之恒久，自不难升堂入室，而得莫知至而至之妙。应掌握之法不宜过多，多则临战时必被束缚，盖不果决故也。

此文系我暮年发病时所作，写作时常有“笔不从心”之感，然此文之要义却了然明畅：一曰劲力均整；二曰三角预应；三曰单重发力；四曰无法即法，法在无念；五曰提顿吞吐，沉托分闭；六曰形力须归一，神意不着象。学者能于此六义中有所体认，则于意拳之道盖亦思过半矣。

我常感到天地间之学问实无穷尽，而笔墨又实难表达我胸中之所蕴也。学者若能从我之所说者推出我之未说者，实我至望焉。

王芗斋

一九五九年于天津

意拳论（意拳原道：桩功与四形）[①]

前言

站桩是意拳之基本功。持桩之法有行、站、坐、卧之分。持桩之目的是培育内劲。内劲培育至何种程度始为有得，须有其检验依据。本文即拟将持桩之效果，以扼要论述，供同好参考。

内劲需能爆发为外力，始能收到练拳之真实益处。善拳者，力之奋也。四形为内劲爆发为外力之最适当的形式，故在论述持桩效果同时，文中亦将四形加以简单说明。

意拳为一种特殊拳学。既谓之学，自应有其理论根据。关于力学理论根据，我曾在别处有所论述，此处兹不赘述。欲使学者明了意拳之学术渊源，对其哲理之依据似有加以论述之必要。

此文原系《意拳论》之一部分。当时欲试从我习拳诸生是否确有

① 此文为王玉芳女士提供，该文从未发表。

真实体识，故在出示《意拳论》时将这一部分抽出，非我自私，实不愿嚼饭喂人。知我者谓我心虑，不知我者谓我何求？

王芗斋

一九五九年冬于天津寓所

论桩功之境界

持桩需经历三种境界，体认有得，方为功夫。所谓境界，即持桩时所有之心理状态与生理状态也。盖心理作用于生理，生理作用于心理，交相辉映也。

清末学者王国维先生尝谓凡成事者皆须经历三种境界。一曰："昨夜西风凋碧树。独上高楼，望尽天涯路。"二曰："衣带渐宽终不悔，为伊消得人憔悴。"三曰："众里寻他千百度，蓦然回首，那人却在，灯火阑珊处。"习拳亦应如是。

桩功之第一境界，从心理上讲谓之"不悔"。学者需坚信不疑，有百牛挽之不动之决心。从生理上讲坚持百日即有感觉。坚持三四年，即觉四肢膨胀、手足发热，有灌铅之感。四肢阴面有感觉较易且快，其阳面有感觉则较难且慢。四肢之阴阳面皆须有灌铅膨胀之感，方为有得，臻此境界始可学功。

桩功之第二境界，从心理上讲谓之"望尽天涯路"。此际须信天下拳道之妙，唯我自尔独尊，而他家所无也。从生理上讲持桩至五六年即觉两耳膨胀，眉宇鼻梁觉如有物在内鼓动，颈项挺拔犹如顶上有大绳吊引，头皮发胀、须发飞涨，觉有大石压顶之感。此即持桩时头直顶竖之功也。同时上肢之感觉渐渐蔓延至臀部及小腹。至此四肢之感有日增焉。臻此境界，即觉天趣盎然矣。然所发之力还非源自腰脊而是梢节之机械之力也。

桩功之第三境界，从心理上讲谓之"回首"。此时本能活力如蛇，

“神庄意静”，弹指挥手，无非天籁。回过头来再看，十年来所操各法，皆如敝屣，理应弃之沟壑而不惜，初步所练即为正果。从生理上讲，坚持十年左右即觉腰脊有膨胀之感。此种感觉直达各谷道臊根，却觉体整如铸、身如铅灌、肌肉如一，行走步似蹚泥，抬手锋棱起，身动如挟浪，腰脊板似牛。臻此境界，动则自有奇趣横生之感，所发之力始能均整。至此技击之资备矣。

以上所谈之年限，皆系我自身体识所得。在于学者或可略长，或可略短，均在于个人天赋与功力然耳。曾文正公曾谓：“成就事业天资仅作三分，而勤奋则占七分。”[①] 此非虚语也，学者勉之。

持桩虽日久，但见效不著，须求之于己身，或许是姿势不正确，或许是心理起副作用于生理，也或许是生理起副作用于心理，总之必有问题。当求证于高明，莫自以为是，切要！切要！

又持桩切忌死持一式，各式须交替轮流，每日如此。同时又须有站卧之分，站式与卧式尤须坚持。如是始有调配生理机能之作用。各式桩法虽皆可培育内劲，但各式之效应不同（故以桩功治病，才因人设式）。若死持一式，从技击角度看则为偏颇，学者慎之！每日之中持桩时间以一小时至一个半小时为宜。每日持桩之时间应占练功总时间的三分之二，以三分之一做试力，就我之经验而论，如此为宜。盖桩功为意拳之基本功之故也。

---

① 曾国藩晚年给好友刘蓉的信中曾提及“三分人力，七分天命”。《治心经》中有“事功则运气居其七分，人力不过三分。”

论四形

持桩而达于“体整如铸”“身如铅灌”“肌肉如一”“毛发如戟”之境界，始可言拳。拳者何？拳者，力之奋也，非局部方法之谓。昔日我曾有一首题为“舞相”的诗：

身动挥浪舞，意力水面行。
游龙白鹤戏，迂回似蛇惊。
肌肉含劲力，神存骨起棱。
风云吐华月，豪气贯长虹。

诗中所说“挥浪”“游龙”“白鹤”“惊蛇”皆拳式也。然此拳式的舞蹈，亦即所谓“健舞”或“武舞”。在隋唐时期健舞为盛行，为当时之养生术与技击法。不仅武夫操之，即使文人学士亦多习之，后多失传。近世拳学家黄慕樵先生本多年参拳之体会，并揣敦煌唐人壁画之中人物与陶俑之舞姿，始将健舞之几个姿势仿出。北伐之际，我南游至淮南，得遇黄慕樵先生，遂得其传，乃约略得其健舞之真意，我不敢私其秘，曾再传于从我习拳者，然其中能得健舞之妙者仅十余人耳。

习健舞之先决条件则须达于四如境界，即能整体如铸、身如铅灌、肌肉如一、毛发如戟，否则难出舞相。舞起来岂不是摇摆四肢而已。我过去尝谓：劲潜于体内，力奋形骸外。持桩而达于四如境界则内劲具矣。然如何将此种内劲爆发出来而成外力，以收技击之效应，四形则为最适当之形式也。

四形舞法乃系依“形曲力直”之法则。习时须永设一假想之敌，对之蓄势搏斗。手指腕拧，指弯爪摄，不论手起舞或单或双，指端永远指向对方口鼻，须用最大能力控制对方之中线，给敌造成威胁。控制对方中线亦即保持住已方之中线不受侵犯矣。不仅掌之食指、中指、无名指、小指皆指敌，而且拇指亦须弯曲蓄势与其他四指同指一方向。此种掌法与所谓内功拳如太极拳，外功拳如少林之掌法根本不相同，此即手指爪摄之意也。欲手指爪摄则腕不许上拱，不许下塌，不拱不塌，故运行时必拧腕始能圆活制敌，具有钩、错、敛、抗之妙。十指不许僵直，皆须曲蓄；指要分、掌要凹，如果运行时指端可有透电之感，此即指弯腕拧之妙也。两臂运行时永不许失去裹、卷、撑、抱之力，桩内蚊蝇不落。双足进退永不许失去刀、叉、分、刺之能，步法寸步不让。肩要撑、肘要横，两臂始有裹、卷、撑、抱之力。裆要坐，膝要纵（横），坐裆纵膝始有力，方有刀、叉、分、刺之能。与对方交接我无执令彼亦无执，其诀窍要在肩胯之扭错。而肩胯之灵活扭错又须以腰脊为动力，故习时腰脊须摇旋如轴，如是始能以无执而破有执也。双足运行觉如在泥雪中求动，两足重量三七互换。脚无定位，身无定势，或以后步作前步，或以前步作后步，前后交替，虚实互演，以步法夺敌之位置。运行起来自随意走，手底留痕觉全身如与物遇，三尖协调，四心相印。若快，快不许飘浮；若慢，慢不许呆像（相）。

力之爆发皆在一瞬间。此时如襟人，心毒为上策，力由意发之故也。手狠方克敌，或随意从之故也。故习时每一动作皆需假借，无假借之动作身体力不笃。习时周身永不许失去体整如铸、身如铅灌、肌肉如一、毛发如戟之感。所谓意不使断、灵不使散、浑噩一致、不忘不失也。如是，舞起来始有奇趣横生之境界。生理作用于心理，此即健舞之养生意义也。由此看来，意拳之真功大非自动中得来，须于不动中求之。故曰："不动之动乃生生不已之动也。"

练习四形是对内劲的一种定向训练，使之能随时随地爆发为外力以及技击应付效用，故习时只求舒适与否，不求姿势好坏美观与否。但姿势确是形之代表，故需求姿势正确，即不违反生理运动力学之规律也。若动则能循力学之规律且不失四如之境界，其大动正确小动亦正确，否则均不正确。

习时还须善于运用人体外力与内劲之间的对立统一规律。人体外力有四种：人体重力，即重力位能向重力动能之转化，此即所谓之“与地心争力”；地面支撑反作用力，此我所说“拔地欲飞”；空气阻力，此我所谓之“与大气呼应”；技击时对方之作用力，此我所谓之“假借之力”。这些力我总名之曰“宇宙争力”。人体内力即是处于四如状态之整体肌肉拉力，此即我谓之“混元争力”。膈膜动力，此我所谓之“呼吸弹力”，亦为人体内劲之一种。欲收技击之真实效用，须使混元争力与宇宙争力合拍，其作用之妙皆在于呼吸弹力也。故曰“吐纳灵源合宇宙”“喊声叱咤走风云”。因此时只要横膈膜一发紧即错误，故学者宜慎之。

现再将四形分项加以说明：

挥浪

此式仍依“形曲力直”之法则，仍须不失四如之境界。其具体则为运用伸、缩、抑、扬、沉、托、提、纵之力。盖人体站立时两足不动，而躯体与两臂同时作上下方向相反之波状运动。即双臂同时向上扬提而躯体却往下沉坐，双臂向下抑探险而躯体却向上伸长，亦即上下对拔位长，此时人体重位能即转化为重力动能，全身即有一种波浪力，谓之“重力波”。此种重力波正是技击之所需也。同时上下对拔拉长荡起纵波力，借双臂左右圆撑之势，使纵波之中夹带横波，如是始有挥浪之舞姿。运行时，以臂一前一后。若左手在前，则出左足，若右手在前则出右足。双臂与躯体配合，上下伸缩抑扬对拔拉长，双手走一椭圆形轨道。左右进退互换无穷。此式之形象犹如龟之游出水面，欲浮而又沉，时沉时而挟浪扬波于水面，故此形又名神龟出水。

游龙

此式仍须依“形曲力直”之法则，仍须不失四如之境界，然具体则系运用提、按、抚、横、分、闭、开、合之力，此式运行与挥浪同，仍需利用重力波以发提、按、抚、横、分、闭、开、合之力。双臂与躯体配合上下对拔拉长。所不同者在于双臂在躯体之两前以提按开合之势走椭圆形轨道。须以纵波出提按之力，以横波出开合之势。纵波高低进退互用。其形象若一龙游沧海，龙即是浪，浪好似龙，龙行浪动，引动龙行。

挥浪、游龙二式皆系利用重力波以收技击之效应。故用时需掌握力波之松紧。松以蓄劲，紧以发力，松紧紧松无波不浪。波浪主要需有弹力，此种弹力遇物即须爆发为炸力，此即意之蓄弹惊炸也。

习挥浪、游龙二式，又须有仰之则弥高，俯之则弥深之身，对方高来我则高以行之，使有凌空失重，高不可攀之感。对方低来我则低以行之，使有如临深渊摇摇欲坠愈陷愈深之感受，此即高则扬其身，低则缩其身之法也。

白鹤

此式仍依“形曲力直”之法则，仍须不失四如之境界。然具体则系运用搂、劈、钻、刺、翻、扬、裹、拧之力。盖我之整体任一曲蓄部位，当其作用于敌体之某一部位而受阻，或当敌体之某一部位作用于此处，即将发生变形时，我之此一曲蓄部位即产生一种阻力，阻止变形之弹性力，即爆发之为炸力。此种爆发之炸力正是技击之所需，此即我所谓之“蓄弹惊炸”。必须知在我曲蓄部位伸缩自如之限度内，弹性力与我曲蓄部位之伸展量（或回缩量）成正比。故练习此形时两臂运行之幅度应大些，以增强爆发力之直射强度。

运行时两臂交替自外向内画弧。若高，指端不过顶；若低，指端不过脐；设左臂先起则出左足，右臂先起则出右足。划弧时，两手臂须有搂、劈、钻、刺、翻、扬、拧之力，习时需根据不同之假想、假借，我手臂曲蓄部位所产生之弹性力或翻扬、或裹拧、或搂劈、或拉钻刺爆发为炸力。此式之妙还在于起脚制敌。若左臂先起的则左脚用劲横起横落。起须不高于自己实脚之膝，落时不超于敌胸，提膝、脚落劲发于手，力出应为一声。此种落脚之势并非踢、蹬、踹、踩，实为顿也。只运用爆发力两臂交替连用，双足一齐互用，其形象颇似白鹤突围、拔地欲飞也。意拳之“三拳一脚”即从此式化出。

惊蛇

此式仍依“形曲力直”之法则，仍须不失四如之境界，然具体则运用起、顿、吞、吐、撑、抱、悠、扬之力。此式之运行与白鹤同，仍需利用曲蓄部位所出之弹性力而发起、顿、吞、吐、撑、抱、悠、扬之力。运行时若出左足则起左臂，自内向外划弧，同时右臂在左臂下自外向内划弧。进右足，右臂向外划弧，同时左臂在右臂下划弧。运行时根据不同之假想、假借，我叫曲蓄之弹性力可以起、顿、吞、吐之形式爆发为炸力，亦为撑、抱、悠、扬之形式爆发为炸力。

前后左右互换无穷，其形象宛似惊蛇乍走，左右迂回刀光闪。所谓三拳（钻、裹、践）、三棍（肩头棍、胸前棍、脑后棍）皆从此式中化出，厉害无比也。

白鹤、惊蛇二式皆系利用弹性以得技击之效应。故习时需掌握回缩量与伸展量，回以蓄劲，伸以发力。将欲伸之，则必回之；将欲回之，则必伸之；回伸须致用遍体似弹簧。此种弹力遇物即须爆发为炸力。故白鹤、惊蛇二式亦系蓄弹惊炸之运用也。

习白鹤、惊蛇二式又须知白鹤能制横，惊蛇可夹纵。对方齐出，我则裹其力，使之旋转而拔根；对方独进，我则放其势，令彼力尽而前俯。此即横则裹其力，纵则放其势之法也。

论意拳之哲理根据

关于意拳之哲理根据，我不想多用笔墨，只以哲学命题之形式提出，彼此对照，自不难看出意拳之真正面貌也。

（一）庄子曰："物物者非物。"意即使物质成为物质的并非物质。意拳主张一切力量都是精神之集合。亦可谓力者非力也。换言之，使力成为力者并非力，乃精神也、意念也。此即意拳所以名为意拳之实质所在。（二）老子曰："无为而无不为。"意拳则主张"有为之为也于无为""不动之动乃生生不已之动"。所谓"无为"与"不动"，意拳则为桩功，所谓"有为"与"动"则为试力与发力。意拳重视桩功，故亦系"无为"之义。昔日有人赠意拳是"占道家之静功"，此非贬词也。（三）老子曰："反者道之动。"意拳则主张"力生有两，两则能一"，即作用力与反作用力之对立统一。所谓“矛盾错综须统一也”。（四）佛门禅宗有云：“万法皆空，即为实相”，又云：“不思善，不思恶，还我父母未生时之面目来。”父母未生时之面目即“空也、无也”。意拳则主张“各项力量都由混元扩大空洞无我产生出来”。因此教人“虚无求切实，运用在虚空”。（五）禅宗又云：“无法无执。”意拳则又主张“一法不立，无执破执”。技击时“我无执令对方亦无执”。不仅抗劲用力为有执，使用招数方法亦为有执。以无执破有执，破执而无执也。（六）明代学者王守仁提出“致良知”之说，意拳则主张“发挥良能”之论。王守仁说：“实如水流湿、火就燥。”① 其势然也。

由此看来我关于《意拳论》中所说意拳与老庄佛释一切学理名称谨似，实非欺世盗名之说也。在《意拳论》里我所以用画龙点睛之法道破意拳哲理，实欲告诉学者一个真理，习意拳而不接受其哲理，则无异按石卵而盼司晨，终无所成。学者不可不明此理。

结论

练习意拳与年限及功夫不无关系，年限不足，四如境界无以臻至，不加功力，蓄弹惊炸无从到手。天赋固是可贵，然火候不到、功夫不深，终不成器焉。练习意拳贵在明其理，拳者力之奋，亦即四如蓄弹一触惊炸之意，非温良恭俭让也。

注一：黄慕樵先生乃江南大隐，精于鹤拳并从敦煌壁画中悟出心法、健舞。芗老总共与黄先生攀谈三日，悟及“游龙、惊蛇、神龟、

① 《易·文言·乾》云：“水流湿、火就燥。”

白鹤”四形之真义。第四日先生复访黄先生，而黄先生已去，问其邻人皆云不知去向。芗老遂叹曰：“至此吾始信缘分之说矣。”当年黄慕樵嘱芗老之戒：“练成一法即挨打。”

注二：此稿之“结论”部分，系我当年疏忽，在返还给王玉芳老师原稿时不慎遗漏最末一张在文件袋中。事隔多年后，在翻检整理书稿时才发现。然其残稿已在外界流传多年，今借重新整理书稿之际补上，以卸昔日之罪。

武国忠

甲申丽月於京都听息雅室

谈谈试力和试声

试力为习拳中最重要最困难之一部分工作，盖试力为得力之由，力由试而得知；更由知之而始能得其所以用。习时须身体均正，筋肉轻灵，骨骼毛发都要支撑，遒放争敛互为，动愈微而神愈全，慢优于快，缓胜于急，欲行而又止，欲止而又行，更有行乎不得不止，止乎不得不行之意。习时须体会空气阻力之大小，我即用与阻力相等之力量与之应合，于是所用之力自然无过亦无不及。初试以手行之，逐渐以全体行之。能逐渐认识此种力，操之有恒，自有不可思议之妙，而各项力量也不难入手而得，上下左右前后不忘不失，非达到舒适得力奇趣横生之境，不足曰得拳之妙。

所试各力，名称甚繁，如蓄力、弹力、惊力、开合力、三角、螺旋等各种力量，亦自然由试力而得。表面观之形似不动而三角、螺旋实自转不定，错综不已。要知有形则力散，无形则神聚，非自身领略之后不能知也。盖螺旋力以余观之非由三角力不得产生也。而所有一切力是筋肉动荡与精神假想相互而为，皆有密切连带之关系，若分而言之则又成为片面也。至于用力之法，浑噩一贯之要，绝不在形式之好坏，尤不在姿势之繁简，而在神经支配之大义，即心意之领导，与全体内外之工作如何耳。动作时不论单出双回，齐出独进，横走竖撞，正斜互争，浑身之节点无处不有先后、轻重、松紧之别，并须形不外露，力不出尖，意无断续。不论试力或实际发力均须保持身体松和、发力含蓄，而听力以待其触。神宜内敛，骨节藏棱，毛发筋肉伸缩拨转，全身内外无处不有滚珠起棱之感。他如假借种种之力，言之太繁，姑不具论。就全体而论，要发挥上动而下自随，下动上自领，上下动中间攻，中间攻上下合，内外相进，前后左右都相应。上述试验各种力量得之后，始有学拳之可能，功力笃纯，可逐渐不加思考，不期然而然，莫知至而至，得本能触觉之活也。具体细微之点力，亦须切忌无的放矢之动作，然又非到全体无的放矢之不可，否则难得其妙。

试声为补足试力之细微所不及，要声力并发，与徒作喊声意在威吓者不同，而闻之者起猝然惊恐之感，试声口内之声不得外吐，乃运用声内转功夫。初试求有声，渐以有声变无声。故先辈云："试声如黄钟大吕之本，非笔墨毫端可以形容，须使学者观其神，度其理，闻其声，揣其意，然后以试其声之情态，方能有得。"

站桩功漫谈（养生桩）

序言

养生桩是内在锻炼的一种基本功夫，是一种养生（健身）之术，同时，因为它的姿势、动作都是和人身的生理组织相配合，一方面使高级中枢神经得到充分的休息与调整；一方面使机体得到适宜的锻炼，兼有防病和治病之效（这是经验已经证实了的）。因而也可以说它是一种医疗学术，又可以说是养生的艺术。这本小册子，原为同学们人手一篇，领略较易，不同于问世之文，故不详解。大家都知道口传心授尚不能在很短时日领会到，因此，我绝不敢认为这是完整无缺的，就算内容是对的，也还需要逐渐改进。

我幼时多病，医药无效，于是弃读投师，寻求养生之术，既长外游各地，访名师寻益友，凡有关健身养心的学术和技艺，无不用心钻研，采其精华，舍其糟粕，博采广收，以期于养生一道有所成就，平生师友最多，皆各有所长，在教益和切磋琢磨中，经过数十年的研究体会，并结合《内经·素问篇》的要义和拳学的基本功夫，参互为用，终于获得养生术的梗概，因此术的姿势，行站坐卧皆可用功，但以站桩为主，故名为养生桩（又名混元桩）。

我年逾七十，身外无他物，仅对养生一道稍有心得，深愿贡献给广大人民，作为健身治病的一种方法。但我国养生之学，没有系统的文字记载，除了片断点滴地散见于古人遗著外，仅凭口传心授流传下来。加之个人天性愚鲁，学识浅薄，用文字来详细而正确地说明养生桩的具体内容是不可能的，因此这段说明文字，不但失之于简单，有挂一漏万之处，而且缺点错误也是不可避免的，深望海内同好多加指正，并盼同学们在学习中体会改进。

养生桩的来源和变迁

我国养生之术历史悠久，但乏书籍稽考，也无文字记录，偶获片纸，也多残缺不全。根据先辈传述和多方的参考，个人认为，应是古代人类在大自然中同毒蛇猛兽竞争生存时，由争斗经验中，逐渐积累演变，不知经过多少千年多少万人的参加研究探讨中得来。相传二千余年前，既有《内经》一书，为中医宝库，对防病治病之法记载甚多，其中《素问》一篇，就是专讲养生的。原文是："提挈天地，把握阴阳，呼吸精气，独立守神，肌肉若一。"文虽简单笼统，但意义深厚。先哲把它列入《内经》，一方面，视其作防止疾病的养生术；另一方面，凡药石刀针不能奏效的多种疾病，就根据这种道理，使患者锻炼休养，作为体育医疗，并和《灵枢》互相为佐，其主要内容是养静，也就是"独立守神"。

东汉以前，很多文人武士都会静养，行站坐卧皆可用功，成为一种普通的健身术。后梁武帝时，达摩行教游汉土（此时达摩年六十七岁，是天竺国王第三子番王之子，见《高僧传》《东流小传》《梁武帝》《诏文》《祭文》)，传来洗髓易筋经等法，唐代有临济、密宗两派，相继传出插条、柔杠、三折、四肢功、八段锦、金刚十二式，罗汉十八法——印度统名之曰柔杠。后又有岔派，派别迭出，不可枚举，居士尤多，标新立异，花样繁多，方法极乱，异论杂出，遂使此术没有发展反而有分裂情况，早在五百年前，已形成抱残守缺。

宋代之后，多变为禅坐等法，也是门派迭出，互有异同，而且坐法不够自然，也不够具体，舍精华而取糟粕，不仅达摩师传湮没已尽，而我历代先哲遗产也随之俱废，大好学术无形销毁，殊为可惜。日本相近此术者不少，每在用功之前首先凝神站立以定神思，并得到各方面的提倡支持，也确有深造独专精持的功夫，但亦系支离破碎，只鳞片爪。

我生平对祖国传统的养生术、拳学特别爱好（这和幼年多病是有关系的）。由青年时代略识养生门径之后，就一方面求师访友，认真学习；一方面博览古籍，细心体会，同时按照师友的指导和《内经・素问篇》所载的道理，朝夕不辍练习，虽受个人智慧和其他条件的限制，存在着不少缺点，但五十余年的经验，证明它不仅有健身防病之效，而且对很多医药无效的慢性病，确有不可想象的治疗作用。

养生桩的意义和作用

养生桩是一种学术，也是一种医疗体育运动，参加这种运动的人，不限年龄性别，不拘身体强弱，亦无任何局限，有病者治病，无病者防病，运动时不尽在姿势方面着想，也不在式之繁简上注意，更不在姿势的前后秩序，主要使大脑得到充分休息，使肢体得到适当锻炼，即静中生动，动中求静。这种运动能调整神经系统的机能，促进血液循环，发挥体内燃烧，且能加强各种系统的新陈代谢作用，因而能调整、恢复和加强人体各个器官组织的机能，对保持健康，治疗疾病，具有显著的特效，五十年来无一人出流弊，且百分之九十以上都有效果。

这种运动能加强人体的吸收和排泄作用，古人说："提炼精华，洗净糟粕。"其意义就在于此。这是自力更生的运动，就是说，它对于人身及其部分机体，具有生生不已的效能，比如体弱的通过锻炼可使身强，人体某一系统或器官组织有毛病的，通过锻炼可使毛病消除，恢复健康，健康者更健康，且容易体会到无穷的理趣。

这种运动和一般体育运动不同，它是把锻炼和休息统一起来的一种运动，是在锻炼中休息，又在休息中锻炼的运动方法，因此它具有调整中枢神经和末梢神经的功能作用，从而使人体各部分在高级中枢神经支配下密切协作。

养生桩应注意的问题

养生桩不仅是健身治病的运动，也是一种锻炼意志的功夫，所以学习养生桩的人必须注意这种锻炼。粗暴、浮躁、气愤、忧虑、悔惧、得失之念和侥幸思想等，都是缺乏意志和品质的表现，学者切要禁忌。

对于治病的人来说，凡是学养生桩治病的大半都是久病不愈，药石刀针不易奏效者，但须要不气馁，应该积极地锻炼，积极地治疗，精神要焕发，蓄有弹力，时时做反攻斗争的准备，才能战胜病魔，恢复健康。如果悲观失望、生气着急、毫不振作、一曝十寒，时作时辍是不起作用的。医生常说病人的心情要愉快，学习养生桩的人首要心情愉快，虚心体会站桩的意义，耐心地、持久地锻炼，使精神焕发，久而久之，自可功到病除。

练养生桩必须心神安详，摒除杂念，“神不外溢，力不出尖，意不露形，形不破体”。神态要轻松自如，蓄意要深戆雄浑，力量要稳准虚灵。“无动不机，无机不趣，虚灵守默，而应万物”，虽是平易近人的道理，但初学不易理解，主要是以神意为主，不是枝节片爪形式问题，意在整体与内部，不要使局部破坏整体的统一，不要使外部动作影响内部失调，要浑身轻松自如，心旷神怡，好像沐浴在大自然之内似的。要做到这样，在运动前就必须做到心安神定，摒除杂念。

还要注意四容五要。四容是头直、目正、神庄、声静。五要是恭、慎、意、切、和。对人对事都要恭敬谨慎，意思周密切实，任何事不说硬话，不做软事，这是学者内心和外貌应具备的练功条件。从个人意念来说，应具善意，最好是以子女的行为，父母的心肠对人。在练功方面来说，就是“只要神意足，不求形骸似”，这样才是练功应有的要义。

养生桩是因病设式，因人而异的。病症不同，其有关的神经和肌肉系统自然就不相同。患者的生活条件、习惯、修养、性情以及其他各种特点，对于设式也有一定关系，必须根据这些不同的情况，考虑适当的姿势和运动与休息时间的长短，以及身体负担的轻重等。教者对此自应充分了解情况，作适当的安排。学者应注意掌握，慎重锻炼，不可忽断忽续，任意活动，只有这样才能收效快，并防止在锻炼中发生不正常的现象。

有的人，初学时多有怀疑、幻想，或任意活动，或拘泥执着等现象，须细心体验，待实验充实之后才能解决。主要是师古不泥古，谨守师法未易有得，不要浮聪明，不要笨用功，精神要愉快，肌肉常劳动。离开己身，无物可求，但执着己身，都是错误。力量在身外去求取，意念在无心中来操持，若本着以上所谈切实用功，细心体会，自不难得到万变无穷、奇趣横生之妙。

“独立守神，肌肉若一”[①] 的锻炼。关于《内经・素问篇》的“提挈天地”“把握阴阳”“呼吸精气”，大医师们早已说过。在此，我对于“独立守神，肌肉若一”的修养锻炼，稍加补充。“独立守神”在用功之前，思想先准备一下，应首先着想游于物初，静会全机之意。视同植物外形不动，内里却起着根生、发展、顺逆、横生的变化，万不可走入招式断续的方法，那就是破坏无余了。局部运动纵然有益，长久也有害，是慢性的戕生运动。

锻炼时要永远保持意力不断的虚灵挺拔，轻松均整以达到舒适得力为原则。锻炼时，要凝神定意，默对长空，内要清虚空洞，外要中正圆和，同时要脱换一个心目欢喜的状态，洗涤一切杂念，扫除一切情缘，寂静调息，内外温养，浑身毛孔放大，有如来回过堂风之感，使肌肉群不期然而然地成了一条挂在天空中的空口袋，上有绳吊系，下有木支撑，有如躺在天高地阔的草地上，又像立在悠悠荡荡的水中，如此肌肉不锻而自炼，神经不养而自养，这是锻炼的基本要义。

---

① 《黄帝内经・太素引》古本曰：“身肌宗一”，按古本之义更加贴切原意。

怎样才能凝神定意呢？要使意念如洪炉大冶，无物不在陶熔之中，并尽量吸收一切杂念，来则熔之，不久杂念自可消除，倘若故意拒绝杂念，则一念未去，万念齐来，精神分散，神意外驰，就不能做到意定神凝。

锻炼时还要有这样的意态，使肌体和大气相呼应，自然而自在地发挥整体和本能的作用。如果有丝毫的矫揉造作和局部方法，就破坏了整体和本能的作用。所谓这种运动是一种人体本能学术和“一法不立，无法不备”的意义，就在于此。

锻炼方法虽简实难，初步锻炼是大动不如小动，小动不如不动，由不动才能体认到四肢百骸的一动而无不动之动。如此神经始易稳定，热力才能保持，自然地增强新陈代谢，有了这个基础才能逐渐学动，才容易体会不动之动，动犹不动，一动一静，互相为根之动。然后才能体会到大气的压迫，松紧力的作用，也就不难控制一切平衡中的不平衡，以及动荡枢纽之动。不动而动，动而不动，同时起着刚柔、虚实、松紧错综，表里为用之动（至于假借一切之动，言之太繁，姑不叙谈），全体就自然地发挥了上动下自随，下动上自领，上下动中间攻，中间攻上下合，内外相连，前后左右都相应之动。以上是试验各种力的功能作用，盖力由试而得知，由知而得其所以用。

锻炼是在无力中求有力，在微动中求迅速，一用力身心便紧，百骸失灵，并有注血阻塞之弊。这种力量是精神的，是意念的，有形就破体，无形能神聚。先由不动中去体会，再由微动中去认识。欲动又欲止，欲止又欲动，有动中不得不止，止中不得不动之意，要注意从拙笨里求灵巧，平常中求非常，抽象中求具体。用功时浑身大小关节都是形曲力直，神松意紧，肌肉含力，骨中藏棱，神犹虎豹，气若腾蛟，而神意之放纵有如飓风卷树，拔地欲飞，其拧摆横摇之力，有撞之不开，冲之不散，湛然寂然，居其所而稳如山岳之势。外形拙笨，意力灵巧，大都平凡，反是非常，不由抽象中求根本，找不到具体，学理自通，自然明了。

“肌肉若一”是特别重要的一步功夫，这一步功夫表面好像另是一种，其实和以上所述是有密切关联的。没有这步功夫作基础，任何动作也没有耐劳持久的能力。这虽是肌肉锻炼，但仍是以形为体，以意为用，因形取意，意注全身，以精神内敛为主。这种运动，加强运动也是减少疲劳，减少疲劳正是加强运动，锻炼和休息是一件事，要在调配适当，使患者在不觉中就增强了耐劳持久的能力，并尽量减少大脑和心脏的负担，以达到舒适得力为止。

调配方法

肢体调配：不外高低、左右、单重、双重，不论头手身肩肘足膝胯各处，都有单双、松紧、虚实、轻重之别，凡体会得到的精微细小之处，也都如此。要使用骨骼支撑或力量的称合，肌肉的联系等法。

内脏调配：是神经支配，意念领导，心理影响生理，生理作用心理，互相为用。

时间调配：是以学者性情浮沉、体质强弱为基础，总要不超过负担能力，不使思想上产生烦闷或厌倦。

养生站桩歌

养生桩，极容易，深追求，头万绪，用功时，莫着急，应选个适当场地，充足阳光，流通空气，有水有树更相宜。不论行走坐卧和站立，要内外放松，身躯挺拔，腰脊骨垂线成直，浑身大小关节，都含着似曲非直意。守空洞，保清虚，凝神也静气。臂半圆，腋半虚，体会无微不舒适。不思考，不费力，心脏无负担，大脑得休息，想天空海阔，洗涤情缘和尘俗万虑。虚灵独存，悠扬相依，绵绵如醉也如迷，笑卧如在水中宿，返婴寻天籁，平凡无奇有天趣。师法当遵守，不可太拘泥，这里边包罗着无限深思和甜蜜，动转颇似水中鱼，自在自在真自在，先哲并无其他异。

再谈试验各种力，名称用途各不一，有形或无形，有意或无意。具体、局部、自动、被动及蓄力。有定位、无定位、应用和练习，大都是骨藏棱，筋伸力，沉托分闭提顿吞吐，筋络鼓荡弹簧似，毛发根根意如戟。一面要含蓄缠绵力旋绕，一面要斩铁截金，冷决脆快，刀剪斧齐，曲折路线存松紧，面积中分虚实，有忽高而忽低，高低随时任转移。精神犹怒虎，气质若灵犀，身动似山飞，力涨如海溢。这种学术并不太稀奇，都是以形取意，抽象中求具体的切实。

基本姿势

下面画几个姿势轮廓，只可供初学者参考，略补记忆之不足，不可认为就是用功的依据。（参见“意拳功法卅式”图）

运动的特征，是在运动中体会身体内外的动态变化，如何使浑身大小关节，都成钝形三角，最好是不要平面，尤不许有执着点，而是轻灵浑然，想浑身血液循环有如水钻沙之意，按之又如水中漂木之力，而全身又像湖水空舟，飘摆无定，唯风力是应，听其自然。这种神意的表现是因个人的风度、性格、独赋、特征以及年岁的老幼、体质的强弱、用功时间的长短、病情种类之不同，而有所差异，当然就不是几个姿势所能表现出来的。

因此，说明这种运动，必须根据一切不同的条件，深切体会，逐步加强，随时调配，都是根据具体情况而变通，使局部跟着起作用，经过锻炼大都有效，如某处有病就治某处，非但无效，且恐有损失。（按：调配方法，一有形，一无形。有形的是姿势、骨骼、肌肉，无形的可就无穷了——精神、意念、假想、力量，也就不是几个姿势所能范围，但姿势确为神意的代表，按照轮廓来说明神意，所以姿势也是需要的，不过要把这种运动完整地用图表现出来，目前因客观条件和能力的限制，还做不到。）

练习站桩的体会和常见的现象

随着各人身体强弱和病情之不同，在练习过程中的感觉及表现亦各不同，一般的情况是，练习十日左右就能体会到站桩的好处，感到练功之后轻松愉快，而且这种感觉是随着练功的进程逐日增长的。有的练习几天之后，就发生肌肉震颤、疼、酸、麻、胀等现象，多半是肌肉运动障碍、气血欠通，或疲劳过度，或生理上有其他缺点所致，只要防止疲劳过度，注意舒适得力，力求放松，避免紧僵，渐渐地就会气血畅通，肌肉灵活，使以上现象逐渐消除。至于不觉疲劳的有规律的颤动，是经络和气血闭塞已经消除的好现象，只要顺其自然，不可故意地抑制，也不要有意识地扩大。另外还有流眼泪、打哈欠、饱嗝、虚恭、腹鸣、蚁走等现象，都是练功过程中的好现象，病愈之后自可消除。

站桩对各种疾病的疗效

站桩能够调节神经机能，调整呼吸，增强血液循环和新陈代谢，因而对神经系统、肌肉系统等，以及新陈代谢方面的病症，特别是急性转为慢性的病症，都有良好的疗效。

经过四五十年的实践发现，其效果虽因人因病而异，有大小快慢之别，但除去随学随止之外，没有疗效的很少，而且有很多人病愈之后继续锻炼，大多收到转弱为强，老而益壮之效。

由于缺乏文字记录，对于过去的经验不但未能总结，就是学者的人数姓名也无法统计，现在为了供大家参考，只好将最近一两年来对于站桩治疗各种病患的一点体会，分类略述于下。

高血压——神经性的收效较快，官能发生变化的如血管硬化或冠状动脉硬化收效较慢。

神经衰弱——一般的头昏脑涨、头痛等症较易治疗，收效的快慢主要在于能否稳定神经，已经引起消化不良或便秘者收效较慢。

关节炎——一般的风湿性和多发性关节炎都易于治疗，属于后遗症或先天性的关节炎比较难治。

气管炎——气管炎的种类很多，大多有肺气肿和哮喘的症候，得病不久者，收效较快。先天性的不易治疗，但和年龄、体质、性情及生活条件有密切关系，只要耐心持久地练功，饮食起居多加注意，也是可以治愈或减轻的。

肝脏病——肝肿和肝硬化病人只要耐心地适当地练功，再注意调整饮食和改善环境，病情就可以逐渐减轻以至治愈。

胆囊炎——我遇到的胆囊炎患者，大多已做过胆囊切除的手术，有的已经转为肝脾病或神经衰弱病，根据过去几个患者的情况来看，在练功过程中其病状是逐步减轻的，效果都很好，将来能否有把握，尚难预测。

肺病——只要按照步骤适当地耐心练功，再多加注意饮食保养，一般都可治愈。

半身不遂——要耐心练功，持之以恒，一般是可以治好或减轻的。但此病最易复发，必须一面练功，一面避免生气、着凉、劳累，如舌头手脚都坏，就不能治疗。

胃肠病——疗效良好，但比较迟缓，病情较轻者三四月可好，病情较重者八九个月、三五年不等。

精神分裂症、筋肉失和等症——比较容易治疗。

心脏病——我接触过的患者，大都效果良好。但这种病是否能治好主要在于个人性情和生活环境，如性情和生活条件不好，就见效不显著。

养生桩简介①

养生之术历史悠久，方法繁多，锻炼方式虽各有不同，但总的目的都是祛病延年，防止早衰。回忆数十年来我对养生术的学习和练习，自觉简而易行，受益较大的是站桩（养生桩）。

站桩的姿势大体可分站式、坐式、卧式、行走式、半卧式等类型，每个类型可分为几种，甚至数十种不同姿势，虽然姿势种类繁多，但除行走以外，都有个共同特点，就是开始练功时要做到闭目、凝神、静气，然后慢慢地把姿势摆好，使躯干四肢一直保持不动，直到锻炼结束。初练站桩的人，可以先练站式，站式练功开始时，要两脚八字形分开，宽度与肩齐，两腿保持一定的弯曲度，臀部似坐，再把双手抬起，抬手的位置要求是高不过眉，位于脐下，近不贴身，远不过尺，臂半圆，腋半虚，左手不往身右来，右手不往身左去，动作变化在这些范围内。站桩每天可站两三次，开始每次做十分钟左右，以后逐渐延长到四十分钟，下面谈我练习站桩的几个体会。

---

① 此文原刊于 1963 年 6 月 26 日《健康报》。

养生桩的起源和作用

养生桩是由我国形意拳的站桩演变而来。所谓形意者，即以形取意，以意象形，意自形生，形随意转，也就是形体、精神同时锻炼的一种基本运动。它的基本作用，一方面，能使中枢神经得到休息；另一方面，能促进血液循环，增强个人系统的新陈代谢。中枢神经得到充分休息，调节功能就会加强，血液循环加速和新陈代谢增强，使五脏六腑、四肢百骸得到充分的灌溉。如果全身润泽，生机旺盛，就能达到祛病延年的目的。

养生桩的特点

健身之术虽繁多，但总的不外乎两大类，即动、静两种。一般说来，运动是强身健体的体育活动，静功多是锻炼内在的真气，充实三宝（神、气、精）。站桩是精神、形体同时锻炼的一种方法，它的主要特点是：在练功的时候，不一定要注意呼吸和意守丹田，一般通过姿势、动静、虚实调配与适宜的意念活动，就可达到腹式呼吸的要求和入静的目的；锻炼中虽然讲究形式，但不必拘泥，虽言意念，但不必执着；它不仅能锻炼体力，而且简便易行，无论行坐卧立，随时随地都可以练功。

姿势和时间的掌握

养生桩是一种静中求动、动中求静的功夫，初学者虽然要按照一定的姿势做下去，但也不宜固定姿势和时间，可以根据体质的强弱和病情的不同给以适当的安排，不要超过学者本身的负担能力。一般说来，姿势不宜多变，因为在神静气平和姿势安定后，血液循环开始加速，当内部正在运动变化时，姿势突然一变就会将内在的运动打乱。所以，先师一再提醒我们："大动不如小动，小动不如不动，不动之动才是生生不已之动。"但是，若真正掌握了内在的运动规律，能在形体的变动中毫不减少内在的运动时，则可随意变更，不受姿势限制。先师所谓"神意足，不求形骸似"就是这个意思。练功时间最好让学者自己掌握，如觉轻松愉快，全身舒适，则可多站些时间，如感疲倦不适或神思烦乱，则必须停止练习，不要勉强支持。

松紧问题

站桩是一种无力中求有力，不动中求微动，微动中求速动的运动。形体愈松，血液循环愈快，气力增长愈快。如用力，则身必发紧，全身失灵，甚至有血气阻塞之弊。这种力量主要是精神的、无形的，如有形着力则失去运动本质。故先师一再告诉我们："有形则破体，无形则神聚。"也就是说，形体尽量放松，精神尽量收敛，虽外形拙笨，但神意灵巧，功作久者自有体会。

肌肉锻炼

肌肉若一是锻炼中进一步的功夫，这与上述有密切的联系，就是姿势改变一点，使肌肉的运动进一步增强。若没有这步功夫做基础，任何动作也没有耐劳和持久的能力。但是，在肌肉锻炼的同时，不应该放弃精神的修养，仍是以形为体，以意为用。如此加强运动，即可减轻疲劳，减轻疲劳正是为了加强运动。所以，应把锻炼和休息看作是一件事。但是应调配适当，使学者在不知不觉中增强持久耐劳能力，并注意在加强锻炼的同时，要尽量减少大脑和心脏的负担，以舒适得力为原则。

调配原则

姿势调配：姿势的变化建立在意识的基础上，反过来说，形式也可以改变意识，所谓“意自形生，形随意转”的基本道理就在这里。在调配方面，根据学者的具体情况，不外乎高低左右，单重双重。不论头、手、身、肩、肘、膝、髋等都要有单双、松紧、虚实、轻重之别。凡是轻微细小之处，都要如此。

内脏调配：内脏调配的关键是意念领导，心理影响生理，生理作用心理，互相作用。这种调配，必须通过学者的主观后，从意念上给以暗示，必要时也可以通过机体的局部调配而直接影响某一脏器。以上所说的调配，仅是一般要领，也是针对初学者提出的。如果功行已久，有了深刻体会后，这些方法就无关紧要了。

克制杂念问题

因为这种运动是一种双重锻炼，不仅锻炼机体，而且能驯服意念，所以克制杂念也是比较重要的。但是人的思维内容是广泛的，尤其成年人杂念更多，一般说来排除杂念是不容易的。因此，多数学习养生者，都把排除杂念看成一个困难问题，注意追求入静，但却不知追求愈急，精神负担愈大，以贼攻贼，贼去贼入，前念未消，后念又起。为此，历来养生学家设有许多方法，如外寄、内托、固守一处等，对初学者有许多帮助。但以本人体验，唯有采用任其自然，不加克制，来者不拒，去者不留的方法，才能稳定情绪和达到入静的境界。在杂念干扰得厉害的时候，本身应像烘炉大冶一样，宇宙间万事万物尽在我的陶熔中，这样，往往在不期却而却，不期制而制的情况下达到入静。

以上介绍，只能参考，不可执以为法，必须亲自锻炼体验。

站桩功（初稿）

简介

站桩是我国古代养生术的一种，早在两千多年前的《黄帝内经》中，就有“……上古有真人者，提挈天地，把握阴阳，呼吸精气，独立守神，肌肉若一，故能寿敝天地……”的记载。但千百年来，这种方法只是被人们当作习拳过程中的基本功。我根据站桩中刚柔、虚实、动静、松紧错综为用的原理和阴阳相交、水火既济的功用，结合自己几十年的练功体验，创造了一种动静相兼，内外温养，用于防病治病、健身延年的功法——站桩功。通过北京医学院、北京铁路医院、河北省中医研究院附属医院及本人多年为人治病的实践证明，这种功法适用于肠胃病、肝脏病、心脏病、肺病、神经病、关节炎、高血压、半身不遂和妇科、眼科等多种疾病的治疗。而站桩功之所以能够治病是因为它既能保养心神，又能锻炼形骸；既能健强脑力，又能增长体力。现代医学认为这种功法不仅可以使人体血液循环畅通，新陈代谢旺盛，加强各脏器、器官以至细胞的功能，也可以使肌肉得到惰力性的体育锻炼，产生一种内向的冲动，从而给大脑以良性刺激。再则人未入静前，体会轻松舒适之感，对大脑也是良性刺激；入静后，进而产生抑制性保护作用。我国医学认为这种功法既能疏通经络，调和气血，使阴阳相交，水火相济，又能助长精神，锻炼形骸，增加力气。但站桩功又不同于一般的练功方法，它的特点主要有以下几点：（一）练功时嘴微张，自然呼吸，不守窍，不讲周天循环，因此，绝不会产生任何副作用。（二）实践证明，初学练功的患者，只要坚持锻炼，即使没有达到入静要求，也可收到较好的疗效。（三）不拘时间、地点、条件，不论行、站、坐、卧，随时随地都可以练功。因此这种简单易行、完全可以和生活打成一片的功法，就很容易被广大群众所接受与掌握。（四）根据不同的体质、病情、年龄、性格、禀赋、生活习惯等，给予调配不同的姿势和意念活动，因此这种辨证论治——因人制宜、因病设式的方法，既可加速疗效，又易于提高疗效。（五）由于这是一种形、意、气、力互相关联、互相制约、调整阴阳平衡的整体活动，所以它又是一种动静相兼、内外温养的练功方法。既可休养心神，又能锻炼形骸（特别是站式），因此不仅适用于医疗方面，更重要的是坚持不懈的锻炼可以使原来体质较弱的人逐渐强壮，使强者更强，延缓衰老，祛病延年，从而轻松愉快地担负起社会主义建设中复杂而艰巨的重大任务。

操作方法

站桩功是形、意、气、力互相联系、互相制约、调整阴阳平衡的整体活动。形（姿势）和意（意念活动）又是这一功法的根本，二者互相作用，不可偏废。“以形取意，以意象形，意自形生，形随意转。”只要练功时形和意得到了灵活适宜的配合，则力不练自生，气不运自行。可见站桩功的治疗作用，绝不单纯在于姿势的繁简和次序先后，更不在于所摆的姿势是否美观，也不是某个意念活动机械地套在某个姿势上就能治某种病，而是要通过教功者较全面地了解了患者的情况后，把适应其本身姿势的动静、虚实、松紧和意念活动方法安排得当，使患者在较短的时间内，感到全身舒适得力，轻松愉快，借以达到祛病健身的目的。因此，要求教功者本身必须亲自练功，切实体验，熟练地掌握调配方法。只有这样，治病时才会收到满意的效果。若不从这方面深钻精研，单纯计较某个姿势的作用，就容易形成呆板僵硬的状况，只注意某个意念活动而忽略姿势的适当配合，必然会气力不足，收效不大。

姿势

站桩功的姿势既繁又简。繁者，姿势种类繁多，调配灵活，辨证论治，因人而异；简者，姿势虽多，但有共性，即练功开始，先将姿势设好，使躯干四肢保持相对均衡，心胸开阔，筋肉舒展，全身放松，但松而不懈。调配虽活，但有原则，即强弱、动静、虚实、松紧的调配，应以患者感到舒适得力，不超本人身体负担为度。

站桩功的姿势大体可分为站式、坐式、卧式、行走式、半伏式等几个人类。在一类中，又可分为几种甚至几十种姿势，现概要介绍如下：

（一）站式

站式练功的方法较多，治疗应用范围也比较广。初学练功的人，只要身体没有严重疾患或特殊情况（如肢体残缺等），都可做些站式。

1. 提抱式：两脚八字形分开，广度与肩宽，两脚着地平均用力，全身力量放于脚掌稍后处。两膝微曲，最大限度不过脚尖（少曲或不曲应视病情而定）。上体保持正直，臂半圆，腋半虚，肩稍后张，使心胸开阔，呈虚灵挺拔之势。双手手指相对，相隔三拳左右，位于脐下，掌心向上，有如抱一大气球，头正或稍后仰，目闭或自然睁开（多用于练功开始阶段），嘴微张。全身放松，但松而不懈，保持似笑非笑、似尿非尿的状态。

2. 扶按式：两臂稍起，手指分开稍弯曲向斜前方，双手位于脐际，手心向下偏外方，有如扶按在漂浮水中的大气球上。其他要求与提抱式同。

3. 撑抱式：两臂抬至胸前，松肩，肘关节稍下垂，双手与胸相隔一尺，手指分开，手心向内做抱物状或手心向外做撑物状。其他要求与提抱式同。

4. 分水式：两臂稍弯曲并向左右侧自然伸展，双手保持在脐横线以下，手指分开，手心朝前有如分水。其他要求与提抱式同。

5. 休息式：

第一式：双手反背贴于腰部，或将双手插入上衣袋内，大拇指露出，其他要求与提抱式同。第二式：两臂抬起，两肘弯曲，搭扶在相当于胸高的栏杆上，两脚前后相距约四横指。前脚满掌着地，后脚脚尖自然着地，两脚可不定时地轮换。第三式：臀部轻靠桌边，作休息式中第一式或提抱式。或双足并立，脚跟提起。双手插入上衣袋内，大拇指露出。第四式：左手扶桌或椅背，右手反背贴腰。左脚在前，全掌着地，左腿直立或微曲。右脚在后，右腿自然微曲，足跟微提，有似走未走之意，或以足尖为轴，缓慢、自然地转动，头微左歪（最多不超过一拳头），全身重量主要放于左侧，使右侧处于松懈、舒展状态。如是，左右（手）前后（脚）做不定时轮换。

（二）坐式

一般适用于虽然病情较重，但身体又有一定负担能力（如暂时不适于作站式的重关节炎患者），以及肢体残缺的患者。另外它也可作为以站式练功为主的一种辅助功法。

1. 端坐椅边，身躯直立，闭目，嘴微张。两脚平行或八字分开（相距约四拳头），脚掌与脚跟均着地，两膝弯曲约九十度，双手放于大腿根部，手指向斜前方，臂半圆，腋半虚，全身放松。

2. 两脚向后收，脚跟离地，呈里八字状。两膝弯曲四十度至五十度，双手放于大腿根部或两臂抬至胸前约一尺，手指分开，指尖向斜前方，掌心向内做抱物状或掌心向外作撑物状。其他要求与一式同。

3. 两腿前伸，膝微曲，足尖回勾，足跟着地或稍离地面，双手放于大腿根部，或两臂抬至胸前约一尺，做抱物状。其他要求与一式同。

（三）卧式

一般适用于重病，或不适宜起床的患者，另外，也可作为以站式或坐式练功为主的一种辅助功法。

1. 身体仰卧，闭目，嘴微张，两腿平直分开（不超过肩宽），或两膝微曲，足跟着床，双手放于小腹部位，肘着床，腋微虚。全身放松。

2. 双手放于身体两侧，手心向下或向上，肘着床，腋微虚。其他要求与一式同。

3. 两臂抬至胸前作抱物状，肘着床，两膝微曲。其他要求与一式同。

4. 双手放于身体两侧，或两臂抬至胸前做抱物状，两腿平直微分，足尖前伸（即脚面下压）或两膝微曲，足尖回勾。其他要求与一式同。

（四）行走式

对一般患者多作为一种辅助功法，但对肝病患者，练功初期多与站式等并重使用。

1. 两手插上衣袋内，拇指露出，两腿微曲，双肩向后舒张，腋半虚，上体呈懒洋洋后倚状，闭目凝神，待全身有了轻松舒适的感觉时，一只脚开始做欲动欲止、欲止欲动的懒状前移（一拳左右），迈出左腿时，头自然右歪，使上下呈一斜式的舒展。如是左右脚交替前进，有如蹚泥。

2. 双手反背贴腰或自然伸向身体两侧，其他要求与一式同。

（五）半伏式

一般对于消化系统有病的患者疗效好，可作为单纯或辅助功法。

1. 双手扶按在椅背上，或双肘搭扶在桌面上，闭目，左腿在前稍弯曲，右腿在后自然直立，臀部后倚，腹部放松，头部可轮换向左右偏侧，两腿可交替使用。

2. 两脚平行分开，两膝微曲或直立，其他要求与一式同。

3. 将棉被垛于床沿，两脚平行分开，或一脚微向前立于床沿，两臂半圆撑开扶于被上，手半握拳，下额自然着于拳上，其他要求与一式同。

意念活动

意念活动的目的主要在于凝神定志，诱导入静。所以意念活动的过程，也就是克制杂念、万念归一的入静过程。意念活动的原则，设想的事物或情景，应是轻松舒适、心旷神怡、悠然自得的，避免紧张的或不愉快的，一般应用有以下几种：

1. 放松活动：一是以似笑非笑、似尿非尿的方法体会整体放松；二是从头部体会向下放松，继而颈项、两肩、两臂、两腕、两手、胸背、腰腹、胯、腿、脚一直到脚趾，如是上下循环不已地反复进行。但是这些整体的上下全体放松，初学者还不易做到，必须先从逐段放松开始，熟练后，再按上述方法，进行整体放松活动。

逐段放松法：先后部，再前部，即先从头顶开始，从后头、颈项、双肩、双臂、双手（开始时如果不能左右同时放松，就先松一边，后松一边，熟练后再同时放松）、背、腰、臀、胯、大腿后面、脚跟、脚掌、脚趾，反复进行三五次，再从头顶、眼皮、颜面、口、颈以及从天突左右向两肩的前面、两臂的前面、两腕、两手、胸、腹、大腿的前面、脚面、脚趾，反复进行三五次。熟练后，再上下左右一起进行。这种放松活动，可作为站桩功的基本意念活动。初学练功者，无论采取何种姿势，都必须先学会放松，然后再做其他意念活动。

2. 远听活动：一般先从近处听起，越听越远，直到细听极远方微弱的声音。听远时切忌急躁，也不应死听某一个声音，而应漫无边际由近及远地细听微弱的声音。

3. 逆水浴活动：设想自己笑卧于适宜本身舒适温度、上下流通的浴池中，水自头部缓缓下流，永不间断。

4. 淋浴活动：设想自己在浴室中进行适宜本身舒适温度的淋浴，水不间断地从头部缓缓流到脚下，然后用耳注意听冲到脚下的水流声音。

5. 半身浴活动：设想自己的下半身泡在适宜本身舒适温度的水中，体会其感觉。

6. 直立水中活动：设想自己直立在适宜本身舒适温度、将要没胸的水中，水从四面八方缓缓向身体冲撞，任其自由摇摆。

7. 生根活动：设想自己如千年松柏之挺立，两足稳如生根，不为飓风吹动。

8. 蹚泥活动：设想自己在深没脚腕、适宜本身舒适温度的泥水中行走，虽有阻力，但仍可缓缓前进。

9. 踩棉活动：设想自己脚踩在松软舒适的大棉花包上，并不时地使用身体左右微摆。

10. 依靠活动：设想自己背、臀、小腿部位，都倚靠在柔软舒适的东西上休息，全身轻松，没有任何负担。

11. 悬发活动：设想自己有几根头发系悬于矮树枝上，既要保持头发的直立状态，又要使其不断，如是，则全神贯注于头顶之上。

12. 搭扶活动：设想自己的两臂搭扶在栏杆上，或双手扶于漂浮在水中的气球上，使全身始终处于轻松舒适的状态。

13. 返观内视活动：练功时，如万念纷至，不易排除，则可返观内视，体察身体各个部位是否轻松舒适，如发现某部不松不适，即有意识地将其放松。如是，精神意念完全寄于体内，反复体会身体轻松舒适的感觉，万念不排自除。

14. 听之任之活动：练功时，如杂念很多，不易克制，则听之任之，顺其自然，来者不拒，去者不留，认为我身如海，杂念似波，风浪虽大，无损于我，风平浪静，水自无波。如是，杂念则不期克而克，不期制而制。

15. 吸收活动：练功时，如杂念难于克制，即可尽量吸收，认为我心如烘炉，杂念似枯叶，四面八方，来者即熔。如是，能使心胸开阔，胆气壮大，正气一胜，邪念自负。

16. 集散活动：当练功有了一定基础，完全体会到全身轻松舒适的感觉后，即可在练功过程中，不时地将这种感觉，由全身集中于身体某部，然后再放散于全身，如是，将这种集中与放散反复进行，不但可以收到整体锻炼的效果，而且对局部病变很有好处。

17. 静观活动：设想自己站、坐或卧在优美舒适的地方，若即若离地静观沧海、明月或优美的景物，心旷神怡，逐渐达到迷离忘我的境地。

18. 天人合一活动：设想自己站、坐、卧在优美舒适的地方，体会我身为大气所包裹，逐渐感到我身与大气融合为一体，极为舒适，悠然自得，逐渐达到忘我的境地。

举例

为了举例说明姿势与意念活动的具体配合，这里只原则性地介绍几种疾病的部分治疗方法。一般高血压和神经衰弱、关节炎患者，只要有负担自己身体的能力，没有特殊情况，开始都适于站式功。譬如，高血压患者，可做站式中休息式的第四式，并配合淋浴的意念活动；神经衰弱的患者，可做站式中的休息式第一式或提抱式，并配合踩棉式的意念活动；关节炎患者，可做站式中的提抱式或分水式，并配合悬发等意念活动。这里需要再次提醒的是，教功者必须认真体察患者的一切，熟练掌握姿势与意念活动的配合原则，辨证论治，因人而异，万不可生搬硬套或执着于一法一式。

注意事项

（一）练功前，应排除大小便，并把衣扣腰带松开。练功开始，可将头微向后仰。两臂上举，两脚跟随着身体的左右微摆或微转轮换着地或离地，使身躯呈挺拔状（与伸懒腰颇类似），然后使身体逐渐复原，沉静片刻，即按着准备锻炼的姿势，全身放松，正式练功。练功结束时，可双手扶膝顺向或逆向转动数次，然后两臂做数次斜前后的摆动，或按照医生所教的简单按摩方法按摩。

（二）饭前、饭后一小时不宜练功。

（三）练功时应注意循序渐进，不可急于求成，过犹不及。

（四）练功时间的安排因人而异，一般身体较好的，可从十分钟开始，身体较差的，可从五分钟开始，然后逐渐延长。时间的延长，可以是渐进的（如从五分钟延长到六七分钟），也可以是跳跃的（如从十分钟延长到二十分钟）。练功次数每天可进行两次到三次，多不过五次。练功时间长短及次数多少，以有余力、有余兴、舒适得力、不超过身体的负担（不疲劳）为原则。如是，才能达到周身舒适、气血流通、心神得养、筋骨健壮的目的。

芗师日语随笔

何镜平　笔录

总则

以形为体、以意为用、以静为和。

以形取意、以意象形、形随意转、意自形生、力由意发、式随意从。

松即是紧、紧即是松、松紧紧松勿过正。

实即是虚、虚即是实、实虚虚实得中平。

动即是静、静即是动、动静静动互根用。

顾即是打、打即是顾、出手即是处。

静中求动、动中求静、动中不动动有静、静中不静静有动、动中之静是真静、静中之动是真动、动静互根，错综为用。

神不外溢、意不露形，形不破体，力不出尖。

内空虚、外脱化，随时注意遍体轻灵。

桩法

站立摆好姿势，意念放大，先由头部开始，逐渐使毛孔放松，全身毛孔有过堂风吹拂之感，然后左右伸展，挺拔项部肌肉使之起变化，要求达到虚灵守默，具体悠扬，毛发如戟之感。初练时宜达看，静观宇宙、默会全机，觉得有懒惰心情，再将全身舒放，身形中正，腹内空虚，悠然荡然如浮太空之中。绵绵若存，似有若无，身在烘炉大冶中，无物不包容。

练功时不可有执着心，从虚无中求实际，不可着象，着象即非真。

神动、意动、力量动。劲断意不断、意断神犹连。

形虽不动、意念不停，使精神气血有如巨海汪洋之水，波浪横流，回旋不已之势。

比我心如烘炉大冶，杂念如枯叶飞雪，四面八方来者即熔，如此使心胸开阔，胆气壮大，正气一胜，邪念自负，烈日高悬，雾露自散。

舒适从缓中，以应万无穷，运动时保持浑圆，浑圆为一，动作为一，不可拘于形式执着，一法不立，无法不备。

在松静中求挺拔，在运动中求舒放，寂静调息，内外温养，内轻松而外脱化，由动静而接近神明，使气血肌肉处于氤氲太和之中，生生不息，蕴灵虽动，仍须保持静中原状。

神动得自有象外，意存妙在无念中。只求神意足，不求形骸似。

站桩的单双重不偏不倚的调配方法，使浑身血行曲折路线适当，要使曲折面积得力，无处不有单双重松紧虚实轻重之别。调配分三步即休息的调配、治疗的调配、锻炼的调配。因病设式，因人而异。加强锻炼是为了减少疲劳，减少疲劳也是为了加强锻炼。留有余力，留有余兴，以不超过身体负担能力为适当。

用功时，莫发急，先找个适宜场地，凝神静气去站立。身躯直立，两足分开与肩齐，浑身关节都含有似曲非直意。内空灵清虚。两手慢慢轻松提起，高不过眉，位于脐下，臂半圆，腋半虚，左手不往鼻右来，右手不往鼻左去，往怀抱不沾身，向外推不逾尺，双手变化在范围里。不计较姿势好坏、繁简和次序，须察全身内外得力不得力。守平庸，莫好奇，非常都是极平易，这种运动也算真稀奇，不用脑，不费力，行站坐卧都可练习，里边蕴藏无限神思、精金和美玉。钻研起来生天趣，有谁能知这种自娱能支配空虚宇宙力，锻炼的愉快难比喻，飘飘荡荡随他去，精力充满神意自不疲。注意顶心如线系，遍体松净力如泥，慧眼默察细胞细，如疯如癫如醉如迷，蓄灵独存悠扬相依，海阔天空涤万虑，哪管他日月星球的转移，只要有恒心去站立，就有想不到的舒适，此即前人不传之绝密。

技击

一、提纲

头直、目正、神庄、声静。

静、敬、虚、切、恭、慎、意、和。

全身关节形曲力直、神松意紧，肌肉含力，骨中藏棱。神犹雾豹，气若腾蛟。神意之放纵，如巨风卷树，拔地欲飞，拧摆横摇之力，有撞之不开，冲之不散，湛然寂然居其所而稳如山岳之势，外形笨拙意力灵巧。平凡中求非常，抽象中求具体。

筋藏劲，骨藏棱，悠扬相依，虚灵独存，浑身毛发直竖如戟，齿欲断筋，爪欲透骨，发欲冲冠。

鹰目、猿神、猫行、马奔，齿欲断筋，爪欲透骨，发欲冲冠；起如弄鼎，落如分砖；动静虚实，快慢松紧；进退反侧，纵横高低；争敛遒放，鼓荡开合；伸缩抑扬，提顿吞吐；阴阳邪正，长短、大小、刚柔等都是矛盾的矛盾，错综而为，做到圆融之圆融，返回头来学初步。

高则扬其身，若有增长收敛之意；低则缩其身，若有钻捉放纵之形；纵则放其势，勇往搜索而不返；横则裹其力，开合分闭侧顾左右，无敢抵挡者。

足占七分手占三，身如弓弩拳如弹。

肩撑，肘横，指弯，爪拧，头项更多增强顶缩力。腰胯如轮，扭锉提旋，交叉互换。膝纵足提，全身力如抽丝状。

熊蹲，虎坐，鹰目，猿神，猫行，马奔，鸡腿，蛇身。

静如潮涨，动似风云。

态似书生若女郎，伟大犹比楚项王。一声叱咤风云响，神情豪放雄且壮，遇敌接触似虎狼。举步轻重如履沟壑深万丈，一面鼓一面荡，周身无点不弹簧。齿扣足抓似金枪，一经触觉立时即紧张，如同火药爆发状，炸力发出意不亡，无形机变却又深深暗中藏。闪展进退谨提防，打顾正侧丝毫不虚让，势均力敌须看对手方。犹如鹰鹘下鸡场，翻江倒海不须忙，单凤朝阳势占强，拨攒拧挫断飞蝗，勾错刀叉同互上，腿足提缩似螳螂。揣敌力量有方向，察来势之机会，度己身之短长，势如龙驹扭丝缰，谷应山摇一齐撞。

二、拳式（拳学十二式）

蛰龙探首、进退卷臂、沧海龙吟、波浪三顿首、半窗观夜雨、兔起鹘落、澈地追鼠、勒马听风、惊蛇遇敌、怒虎搜山、提弓捉狐、白猿斗鹤。

三、试力

由不动中去体会，再由微动中求认识，欲动又欲止，欲止又欲动，有动中不得不止，止中不得不动之意。

站桩与试力是一件事。站桩是试力的缩小，试力是站桩的放大，二者互为因果。

体动为作用，动则静，守静则是发动，动静互根颠倒变化无定，动则有奇趣横生之感，四肢百骸终归一贯，行动如蹚泥，运力如抽丝。

动时不要散了不动时力量之均整，不动时不要减低了动时力量，其作用之巧妙，从体会而得之。

欲上则下，欲下则上，欲前则后，欲后则前，欲左则右，欲右则左，上下前后左右浑然一体。

下欲动上自随，上欲动下自领，上下动中间攻，中间攻上下合，内外相连，前后左右都相应之动，此为试验力之功能，力由试而得知，由知而得其所用。

四、发力

本身发动力量，是否有前后左右上下的平衡均整，具体螺旋的错综力量和无往不浪的力量，轻松准确，慢中快的惰性力量，是否为本能发动的、不期然而然、莫知至而至的力量。

注意单双重的松紧，单双重不单指手足而言，头身，手足，肩肘，膝胯，大小关节，四肢百骸，即些微的点力，都含有单双重，松紧、虚实、轻重之别，撑三抱七，前四后六，颠倒互用。

发力有形无形，有意无意，有定位，无定位，自动，被动，具体，局部，应用时当别论，各种基础完备，再学轻松准确、具体而微的力量。两足重量永无定准，发力无论进步发，退步发，顺步发，横步发，及前后、左右、上下、百般的发力，都要以前步作后步，以后步作前步，更以前步作后步之前步，以后步作前步之后步，颠倒互相，虚实为用，前后力量交叉使人不可捉摸（撑抱力、开合力）。

五、实作

拳技一道尚精神，内要提，外要随，手脚齐到法为真。意要远，气要催，拳似炮，蛇蜷身，应敌犹如火烧身。充华必强骨，饰貌须表真，计谋须运划，精神似霹雷，心毒称上策，手狠方胜人。何为闪，何为进，进即闪，闪即进，不必远求尚美观。何为打，何为顾，顾即打，打即顾，发手即是处。力如火药拳如弹，灵机一动，鸟难飞。

敌不动，我沉静，敌微动，我先发。

不动如书生，动之如龙虎，发动似迅雷，不及掩耳。

手要灵，足要轻，进退旋转若猫轻。身要正，目敛精，手足齐到定要赢。手到步不到，打人不为妙，手到步亦到，打人如拔草。上打咽喉下打阴，左右两肋在中心，拳打丈外不为远，近者只在一寸中。手出如巨炮响，足落似树栽根。眼要毒，手要奸，步踏中门钻入重心夺敌位，即是神仙亦难防。

鹞子入林燕抄水，虎捉群羊抖威风，取胜四梢均整齐，不胜必有怀疑心。声东击西指南打北，上虚下实，灵机自揣摩，左拳出右拳至，单手出，双手来，拳由心窝去，发向鼻尖前，鼻为中央之土，万物产生之源，冲开中央则全体皆糜。两手结合迎面出，自然把定五道关。身如弩弓拳如弹，弦响鸟落见奇鲜，遇敌犹如身着火，打破硬进无遮拦。

推手时必定保持自己中线位置不受侵犯，还须用最大能力控制对方中线，双手永不离对方鼻口部位，意如牵牛，任我所为。

推手时更须注意步法夺位，往往进半步或退半步，即足以将对方击出，而并不在于手臂的动作大小。

力量发作都是在一刹那间，在有形无形，有意无意，有定位和无定位，具体局部，自动被动，具体而微，使力时多半是举、抗、推、旋、搂、劈、攒、刺。

力

一、总纲

劈搂搬拨撑，展抗横抖顺；提镗（蹚）扒缩，滚错兜拧，沉托分闭，提顿吞吐。

二、分布

头：撑、拧、顶、缩。

肩肘：横撑（肩撑肘横）。

手腕：勾、错、敛、抗。

腰：摇、旋。

胯：坐、锉、旋、提。

膝：撑、纵。

足腕：刀、叉、分、刺。

力的运行：其根在脚，发于腿，主于腰，行于手臂。

三、运用（共四十四种）

1. 混元争力——争力是无所不争，四肢百骸，大小关节无处不争。所谓虚虚实实，松松紧紧，实际上也就是争力。不争就使不出力来，宇宙间无处不争，人身之四肢百骸，无时不争，总之即混元一争。

2. 大气呼应——使大气与人体有了呼应关联的关系，一动一静都能利用它，使它有所反应。站桩日久，内部逐渐膨胀，有与大气发生联系的感觉，这时就易入门了。

3. 浑噩逆体——全身任何地方都像没有空隙，处处都有逆力，从任何地方来打都不怕，没有很顺当的力量，但又极顺当，这也是从矛盾中统一出来的力量。

4. 动静互根——动静是一个整体，互为其根，所谓动即是静，静即是动，一动一静互为其根；松即是紧，紧即是松，松紧紧松勿过正；虚即是实，实即是虚，虚实实虚得中平，也就是此意。天地间没有中平，哪一个地方都没有绝对平衡，能够控制暂时的平衡即是正。也就都是单双、松紧、虚实、轻重、作用力和反作用力，起错综复杂的作用。

5. 遒放本同——力量不遒紧，放的力量也就不大，必须是遒得紧，放的力量才能大，欲放先遒，欲遒先放。

6. 有无统一——有无是一件事，有了这件东西，才预见到它的没有，从有形的东西中才可预见到没有的东西，如果没有就不会知道还会出来什么东西，总之，有了就有没有的一天，应当活用。这与人情道理皆同，自高自大的人，别人一定讨厌他，越谦虚的人就越受人尊敬，心目中也就有了他，学术、物质、事情、人情都是如此。

7. 顺力逆行——手往后拉，力量就出去得远，手往前指，力量则往后来。

8. 勾错刀叉——也是包括有形无形两方面，就形象来说，出手如钢锉，回手如勾竿（实际上却还未动）。全身如起了大波浪（谁也看不见），全身力量毛发如戟，胳膊上好像处处都有刀叉一样。这方面有时不易形容，其中还有精神力量的存在，无形就完全是一种意念的假设，不应该真的做出来，在有意无意之间，不很露形。

9. 不动之动——外形不动，内部就动得越快，外形动得很多，内部反而动得慢了，其原因是不会动。所谓会动也就是一动一静时，能掌握住动即是静、静即是动的原则。不会动的人，初练功时更不应动，不动才是生生不已之动，一动就破坏了真动。如果会动的人，内部是否就更快了呢？这须看怎样来动，假如能假借地动，头、手、身、足、肩、肘，都能假借，神动、意动、力量动，但形式上不做出来，那力量就最大，不应从形式上看，这也是动静互根之意。动静两字研究起来没完，因而做起来就更复杂了。

10. 斜正互参——斜面就是正面，而正面也是斜面，由于支撑面的不同，全身关节力量互有影响，但要做到力圆为止。一动是横，横即是正面，作用是斜面，但作用时使人看不见，只是紧错了一下正面与斜面的位置。

11. 多面螺旋——全身各部位稍一动作都有螺旋力。这种力的形成原因是，在随便动作时，全身各大小关节都要有支撑力，所有部位形成钝形三角。此时，力欲膨胀，又欲收敛，因而全身各地方都起了螺旋力，连腿下也应如此。这种力如同电力一样，人一碰上就被弹打出很远。在用这种力时，全身一定先成钝形三角，然后突然变换方向，如同爆炸，“嘭”地一下子就发出了螺旋力。

12. 面积虚实——用“没有平面面积”及“不是固定的”等词句来解释面积虚实是不够的，主要的是使身体各部肌肉保持住如“盘内之珠”的状态，永远滚动，无停留的时候。

13. 形曲力直——形不曲则力不直，无法将力量真正运用出来，研究艺术也是如此。在成了直面时，前后左右就没有了呼应，形曲则前后左右都有力量，想用到哪里都行，形不曲则必破体，力量也自然出尖，这种力就没有什么用处，甚至不等用上，就被人瓦解了。形曲则力没有方向，四面都能用上。如美术家画一块石头，若画出是圆的就没有意思，而一定要曲曲折折不许有平面。总之有平面就没力量，因之作用也就不大。起伏升降，进退吞吐，把虚实大意表达出来。力直则不易形容，力直就可以说各方面都有力，也可以说是力圆，虽然直去，其中也含有旋绕螺旋，形成波浪式的向前，而表面则不易看出，也可以说是旋绕一条直的力量。旋绕与直是矛盾的统一，做时也要具体而为，但是没有力量也不行。

14. 神松意紧——神松易懂，意紧是从锻炼中寻求出来的。具体地说，神与意的区别，神为第一信号系统，突然受惊是神动。意是第二信号系统，也就是在受惊之后考虑怎么办。可以说神是本能反应，而意就包含了主观能动作用。神松就是使全身放松，无处不松，而使筋肉毛发气血运行无阻，意紧也就是以意领气，正由于意紧，才能使气血运行得更快些。

15. 刚柔相济——刚不是硬，柔不是软，百炼成钢，是绕指之柔才算是刚，柔是真钢百炼之刚，真入骨之柔，刚经磨炼才算是刚。表面上硬，一碰脆了就不是真刚，也只是硬而已。经过锻炼出来的才能是刚，百折不回，令人不可捉摸，才是刚柔相济。

16. 无形神似——形不动而神意足，与空气游泳相近似。

17. 进退反侧——退时步步为营，含蓄待发。进时，一言其进，必定是统全体而具无抽撤游移之形。横则裹其力开合而莫敢挡。反侧与斜角是一个意思，同样具有左右防备的作用。

18. 旋绕撑拧——看着是旋绕，实际是撑拧，后拉回缩，前后左右撑拧力全是如此。

19. 滚错双叠——用滚错破开对方之力，然后用手挤腕部附近，而被挤之胳臂力量旋转而向斜方向。这种力是身动，力动，精神动，如果手一动就破体，面目全非了。

20. 半让半随——是技击的力量，是让又是随，在半让半随之一刹那，本身力量就发作了。

21. 随让牵随——当对方手按在身上时随着手，就牵动对方跟随走，而重心却放在自己身上，然后只要撑一下就可把对方撑出，这个力要大胆真做，才能做好。

22. 迎随紧随——这个力的作用不大，在实作或发力时都可以用，也就是迎着对方的力又随着，所以要“紧”，松了就不是这种力了。

23. 截让截迎——随让当中有截的作用在内。

24. 空气游泳——是全身四面八方都有阻力的意思，运用时增加或减少阻力的动作，如在水中游泳一样。减少阻力的方法全是肩胯的扭错，一个人的巧妙灵活全在肩胯上，肩胯动，腰才能随着动。空气游泳也包含有悠扬相依，蓄灵独存以听其触之意在内，同时也必须是如与物遇，这样力之发作、收敛才能运用自如。

25. 榔头拷打——身如榔头，力如机轮似的连珠发出，其发动是拧着出去，而不是直的，有直线也很短促，不能做出来，做出来力量就不对了。用出之力，不是继续动，一定要达到意断神连。

26. 推拉互用——推拉互用，没有绝对的力量。

27. 控制平衡——对控制力的把握，有如拈鸟，用力拈不行，而不用力，鸟就飞走了，所以既不能拈死，也不能使之逃跑，这就是控制平衡。所以说力如火药拳如弹，灵机一动鸟难飞，也就像把鸟吸住一样，这就是控制，使不平衡的得到平衡。天地间的大气压力，地心吸力，人体动力，没有绝对平衡的，一般称这种力为蛇动之力或蟒动之力。兔起鹘落，龙潜、鹰瞻、虎视，静中有动，动中有静，一羽不能加，蚊蝇不能落。

28. 单双轻重——与控制平衡近似，控制平衡是把没有平衡的通过控制使之平衡。因此，与单双、松紧、虚实、轻重，部分有连带关系，控制平衡也是根据单双轻重而来的。

以上共二十八种力，尚有十六种力未做解说。

伸缩抑扬　起顿吞吐　纵横高低　远近长短

分闭开合　提按抗衡　悠扬撑抱　翻扣裹拧

沉托提纵　钻提搜索　拧卷惰涨　举抗推旋

搂劈钻刺　斜面三角　杠杆滑车　蓄弹惊炸

诗词

其一

脱肩松臂懒束腰，神情意力似粘糕；
一切知感全不要，静室长须赤条条。

其二

站桩从来不喜平，养生自古贵平庸；
神动得自有象外，意存妙在无念中。

其三

浑身肌肉挂青霄，毛发根根暖风摇；
慧眼默察三千客，凝耳息听二八娇。
沧海飞波游龙戏，流云吐月紫兔嚎；
无穷假借无穷象，早欲蓬壶踏六鳌。

其四

神如雾豹容窥管，气似灵犀可辟尘。

其五

养生别开面目新，筋舍劲力骨存神；
静如伏豹横空立，动似腾蛟挟浪奔；
吐纳灵源合宇宙，喊声叱咤走风云；
不知索问千年后，打破樊篱更多人。
（此诗系芗斋先生的生日期间为笔录者而写。）

其六

不动如山岳，南指如阴阳（月阴）；

不（无）穷如天地，充实如太仓。

其七

养生不喜平，岂知贵平庸，身动超象外，法在无念中，

深究术精造，利用虚无空，意力似猿猴，脚步似猫轻，

神意自内变，力由远处听，不即亦不离，日久便成功。

其八

大法别开生面新，筋含劲力骨存神；

静如伏豹横空立，动似腾蛟挟浪奔；

吐纳灵源合宇宙，陶镕万象浑乾坤；

承党栽培千年后，打破樊篱有多人。

其九

眼底于（手）腕都留痕，直取旋绕力横撑。

矛盾错综须统一，精神杠杆要伸长（长伸）。

其十

拳学理至精，运用在虚空，灵机自内变，力由远定听，

身动似猿捷，踏步如猫轻，勿忘勿助长，久久自登峰。

其十一

身动挥浪舞，意力水面行，游龙白鹤戏，含笑（迂回）似蛇惊，

肌肉舍动力，神存骨起棱，风云吐华月，豪气贯日虹。

其十二

力光闪，卷枯叶，惊吓天涯鸟飞绝。
裹缠横绕云龙蛇，光芒无限力如铁。
手握提按斜撑错，足踏泥泞半尺雪。
雷电交加轻也重，眼底心头扫鲸穴。

词一首

精贫出豪举，得闻慷慨声，大气包寰宇，
挥浪卷朔风。吴句（gōu）运起吞长虹，发声喊，
海洋谷应。舞龙象，飞似梨花影；赋长歌，
整备山河定；七尺躯，任纵横，浑一似山崩潮涌，
顿开金锁走蛟龙，打破藩篱舞。

杂谈

一、论养生

我国养生学，历史悠久，惜多失传散佚，门派迭出，多至不可名状，而各有专家独造之功，以致深奥精妙老手，都各有其特长。所有理论大都歧正相生，参互为用；而结果多自矛盾，错综，辩证再辩证，发挥出人体及多种生物独赋、特有之精神。盖人飞不如禽，走不如兽，故将鸟兽之长，补人身之短，都是在以形取意，以意象形，颠倒互用，体会操存，逐渐得来些掣电轰雷惊神泣鬼之术，而是学它的精神特能所在。如果学它的形体，则丰度、禀赋、性格特有的良能，就完全销毁。这种方法是在求神意足，不求形骸似，永远保持有毛发如戟之感。大

凡鸟兽的头项都是灵活坚锐，肩撑，肘横，指弯，爪拧，而头项更多增强顶缩力量。腰胯如轮，扭锉提旋，交叉互换，膝纵足提，浑身力量，含有抽丝之状。察其形大致有熊蹲、虎坐、鹰目、猿神、猫行、马奔、鸡腿、蛇身，会其意，静如潮涨，动似风云。先师云：“神如雾豹容窥管，气似灵犀可辟尘。”这种练功方法，肌肉里总含有活变动力，骨中存着横撑拧转动荡精神力量。力的发作，有形无形，有意无意，有定位无定位，被动，自动，具体局部，可具体而微。练功时不在于姿势如何，也不在于势之繁简，更不在于次序之先后，要在于精神中支配之虚实大意，以达舒适得力为止。有人问：“力量如何以为之活动？”上至头顶，下至足底都是牵一发而全身动，上欲动下自随，下欲动上自领，上下动中间攻，中间攻上下合，前后左右都相连，四肢百骸大小关节，手足膝胯都是不期然而然，莫知至而至，五脏之内，亦都有所配合，此之所谓“活力如蛇，游泳相似”。又有人问：“既云养生，又何以为动力？”按养生与锻炼是一回事，养生基础已定，就要学习锻炼肌肉和力学。养生和锻炼虽出一气之源，然而虚实动静，有形无形之别，可就相距悬殊。养生原理是神经稳定，内在舒适，虚灵守默，而应万变。大致是神好静而意纷扰，意性本定，而欲来乱，实际都是虚象。应当是对境忘境，不堕于庸俗愚昧；居尘出尘免沉于得失忧惧万念之中。有动之动出于不动，有为之为出于无为，无为则神息，神息则万念俱寂，耳目心意俱忘，即诸妙之圆，与所谓的“耳目生意”颇相近似。

二、论舞

运动是平易近人的学术，然而理趣无穷。古人大都以射御（礼、乐、射、御、书、数）尽求为基础，到清初就破坏无余。从前不论文人武士无不精心研讨，文人善拳技，武士多能文。自清初以来，拳学虽被湮灭殆尽，而舞道更是久湮不闻，殊不知舞道是启发人类天赋良能活力的一种学术，也是抒发感情、振奋精神的最高艺术，并且可以祛病养生，陶冶性情，更可使爱好者延年益寿。舞道分四项，游龙、惊蛇、白鹤、挥浪（又称大气），初练时浑身肌肉伸展、骨节起棱，头直，目正，神庄，意静，手指腕拧，有勾、搂、扭、错、裹、卷、横、撑之力，两足如在泥雪中求动，双膝提纵，力若抽丝，目光远望，手底留痕，掌握这些基本动作以后，方可进而学较复杂舞法。

（编者注：此篇前称《意拳要点》，乃根据香港同门抄录于何镜平先生手稿合以北京同门油印本为底本，均称《意拳要点》，而传抄错讹处甚多。何镜平先生于数年前重刊此文于《武魂》杂志，更正为《芗师日语随笔》，成书于一九六〇年三月十六日。并经芗斋先生阅后，予以肯定云。）

附：

意拳谱附条

1. 模式拳（模式歌要）

劲潜于体内，力奋形骸外。力奋生矛盾，无处不弹簧。
力发混元身，弥所既弥时。弥所藏惊炸，弥时不断续。
多面出螺旋，蠕动本无形。身抱钝三角，其力生于根。
浑噩机动力，逆体力轻盈。起落须合一，落步六面争。
离心本囫囵，陡顿离向分。机关消息灵，全凭后脚蹬。
六争蕴弹力，短缩起落惊。急凿混沌开，发力如泥拽。
滑车力长伸，直竖攻守能。一指拔千斤，刚捷不露形。
杠杆作用三，技击其事旋。万力用于臂，杠橇能移山。
长伸不过尺，短缩不沾身。扬抗不过眉，抑捺不过脐。
四不乃诀要，可为试力模。其中微妙意，言语不可追。
活句莫参死，死句要活参。死拳要活用，活拳莫死用。

2. 模式拳的名称

（1）混元争力 （2）多面螺旋 （3）浑噩逆体
（4）囫囵离向 （5）混沌惊开 （6）滑车长伸
（7）杠杆三用 （8）起顿吞吐 （9）举抗提旋
（10）沉托提纵 （11）提按抗衡 （12）钻提搜索
（13）分闭开合 （14）推抱互为 （15）搂劈钻刺
（16）滚错双叠 （17）截让截迎 （18）旋绕拧撑
（19）悠扬撑抱 （20）翻扬裹拧 （21）遒放本同

（22）蓄弹惊炸 （23）榔头拷打 （24）拧卷随（惰）涨
（25）空气游泳 （26）控制平衡 （27）顺力逆行
（28）大气呼应 （29）伸缩抑扬 （30）半让半随
（31）随让牵随 （32）逆随紧随 （33）不动之动
（34）斜面三角 （35）面积要实 （36）斜正互参
（37）进退反侧 （38）单双轻重 （39）形曲意直
（40）意动形奋 （41）桎梏发力 （42）神松意紧
（43）无形神似 （44）有无统一 （45）动静互根
（46）恢复平衡 （47）重心移一 （48）勾错刀叉
（49）刚柔相济 （50）远近长短 （51）纵横高低
（52）钻裹踏打 （53）死中反活 （54）左右互换
（55）抑扬顿挫 （56）伎照阳秋

3. 模式拳说明

形体活力，应扬斯感。感物发力，莫不自然。
形不破体，体不破象。形体相宜，无往非适。
形体两乖，其力必塞。体实形拔，体虚形散。
感物发力，必始乎体。逆物击放，莫先于形。
力无虚靶，虚中有实。靶无空的，实中有虚。
形行拙笨，力力相因。妙达此旨，始可言拳。

4. 模式拳诀要

（1）单双轻重

起单落双，起双落单。单去双至，双去单至。
双去单至，重量归一。单去双至，力均两把。

（2）斜面三角

五弓提起，处处弹簧。身抱钝角，圆背圆裆。

随遇不倒，预应抵抗。斜身钻坐，横撑直取。

（3）榔头拷打

遒不失节，单手钻身。放不拔根，双手纵力。

以地为身，以身为拳。力递彼身，抽身处前。

（4）推抱互为

正抱斜推，双去单至。斜抱正推，单去双至。

沾身即推，抽身即抱。抱不沾身，推不过尺。

（5）遒放本同

双起两遒，双落而放。起落是一，遒放本同。

手如立轮，逆曳彼身。遒夺其节，放拔其根。

[第二部分]

意拳散论及其他

王芗斋谈拳学要义（答记者问）

大成拳宗师王芗斋名重南北，素为全国武术家所推许，最近卜居京门，为观摩拳术起见，特定每星期日下午一时至六时，在大羊宜宾胡同一号招待各界，借以与拳学名家交换意见，使我国尚武精神日益发扬光大，意至善也。昨日记者走访王氏，与作下列之问答。

问：王先生拳术高超，素所钦仰，敢问先生对于拳学之抱负如何？

答：承一般友好以大成拳之代表者相推许，真使我羞愧交集。鄙人自清光绪卅三年离师后，即奔走四方，借广交游，足迹遍大江南北，所遇名家老手甚多，饱尝风霜，卅余年所得代价，就是良师益友，相互切磋，故于拳学自信老马尚能识途。日前张玉衡先生于报章先后评述，唯恐各界人士不明内容，致生误会，故极愿将本人真意掬诚奉告。余年渐衰，生活尚可自了，名利之念更无所萦心，所急急于此者，愿趁此躯尚不十分颓唐之际，与海内贤达，负起艰巨，将人生固有之“本能”“武德”提倡而光大之，并革除误己误人之旁门左道，绝非博人虚誉，以图欺世盗名者比也。

问：拳学以何作基本？

答：拳学之基本原则究为何物，虽言人人殊，但习拳套，讲招法，练拍打，皆属于表面者，套路流行既久，实属误人太甚。

问：“形意”“太极”“八卦”“通臂”俗称为拳术之内家，未知其派别如何？

答：社会常云“形意”“太极”“八卦”“通臂”为内家，余不知内外之名由何而起，似不值一论。姑就前辈名家论之，以见一斑。

“形意”嫡派与河南“心意把”“六合步”为一家，查河南李岱东（乡称老岱）为李致和先生之曾孙，致和先生乃戴龙邦太夫子之业师也。济源阮氏，命名虽异而实宗于李。戴先生虽以“心意”变“形意”，然也不背原意，故以拳拳服膺之意名之曰拳。要知“形意”嫡传并无十二形练法，然周身十二形之意当尽有之。亦无五行生克之论，不过指五行为五种力之代名词，非手法与拳套也。曾记先师箦语：五行相某某，谓金者如筋骨含力，意如铁石之坚，有斩钉截铁之意；木者，谓曲折面积而言，若树木支撑形势；水者，势如汪洋游动，活当选若龙蛇，用之无孔不入；火者，力如火药，手如弹发，有一触即烧身之力；土者，用力敦厚，阔大沉实，浑昂气壮，有与天地相接合为一体之势；此之为五行合一。非若今人动辄某拳克某拳也。若以目之所见，一再思之，然后出手以迎敌，鲜有不败者。

“八卦”原名叫“川掌”。余幼年时曾与程廷华先生晤，回忆其神情类若神龙游空，百折千回，令人难追其功劲。遥想董师海川先生，更不知入法海，博道要，深邃何似。刘凤春先生与余交善，功极深，而造诣稍逊，然亦非习八八六十四掌及七十二腿者所能望其项背。希望习“八卦”者，专研双单“川掌”，在一举一动上加意体会，深造力求，而于理论上亦当切实研讨，行之有素，庶乎近之。

“太极拳”嫡传宗匠，当推少侯、澄甫杨氏昆仲。此亦余之老友也。故知该拳确有几种力学含义，得其要者百不得一，即或能之，亦非具体，因基础体认功夫早经消亡，故身之下部无理力之可言。该拳原为三拳，又名“老三刀”，王宗岳先生改为“十三式”，又一变而为百四五十式之多，此失真之一大原因也。若以养生而论，徒使精神气质被拘而不舒；若论技击，专为制裁肢体之用，而使有用之身成为机械呆板之物，亦不过徒使学者神经扰乱、消耗时日而已。至于练法，这一拳，那一掌，左一腿，右一脚，说来可怜亦可笑。对于应敌，如遇高手则勿论，倘对方是不紧滞呆板者，纵令该拳名手则也无所施其技矣，流弊所及大有成为棋谱势之“太极拳”。近二十年来，习此拳者多是非莫辨，即或能辨亦不能行。至于一般学者，大都以耳代目。故将该拳葬送而破产，是为可惜耳。愿该门有力分子，迅速严格整理，以图进益于将来。他日有成，以作拳好知音之良友。余对“太极拳”敢云知之深，不觉论之切，知我罪我，唯高明者有以谅之。同时想“太极拳”学之有得者，观吾所论，恐将颔首默认，哑然失笑矣。

“通臂拳”通行华北，都门尤盛，余所遇者大都不成形，然亦有持理论而近是者。考其功能，相去甚远。想前辈当不如是，抑后人之失传也。虽偶有局部深邃之绝大功力者，然终不易走上拳学轨道。

“梅花拳”又名“五式桩”，其嫡派至今仍有辈行流传，河南、四川最盛，与福州、兴化、泉州、汕头等处操“五技散手”者有异曲同工之妙。对于应敌亦多有深造独专之长，惜片面多具体少。

“八翻”“绵掌”“劈挂”“八极”“大功力”“三皇炮”“粘腿”“连拳”，互有长短，大都偏于刚多柔少，缺乏精神内敛功夫。至于“大小红拳”“弹腿”“戳脚”，具知各拳长短及其他各家，余不欲论之矣。

问： 先生对保存国术有何高见?

答： 我国拳术杂乱无章，有令人无所适从之叹，一言以蔽之，遗弃精髓，仅守糟粕而已。东洋之武士道，西欧之拳斗虽非具体，然均有独到之处，若与我国一般拳家相较，相去真不可以道里计矣，令人羞愧欲死。然则整理旧学发扬而光大之，舍吾人其谁与归，区区不揣浅陋，故振臂高呼倡之，其唯一宗旨，则在于斯。

问： 先生此次定期招待各界，足证虚怀若谷，热心武道，未知对此有何意见?

答： 学问之道籍比较而增进，拳术亦然，比较有胜负而于人格无损，且人格道德赖此而增高。倘观摩日久，既可免门户之争，更可塞雌黄之口，愿我同道勿河汉斯言，海内贤达都会高隐，如肯屈驾赐教，无任欢迎。若不欲轻移玉趾，即请一纸见示，定竭诚造访，籍聆一切。总之，但求拳术之精进，其他非所计也。

问： 先生为大成拳宗师，对于本门拳术，必有卓识，请赐其详。

答： 拳学一道，万头千绪，繁难已极，择其大要亦极简单。然吾人学拳，应先研究为何学拳？始易于认识，而有所得。大都学拳，一为卫生；二为自卫。身体健康为人类一切事业之基础，故养生保身之道，实不可忽。夫锻炼之法，学之得当受益匪浅，学之不当乃能致死。凡剧烈运动者，绝少享寿高年。至拳术家因锻炼之不当而殒命残身者，更不知凡几。诚可怜亦可笑之拳术也。既知学拳之利弊，应在用功时，动静之间加意体察，非仅使身体外形上为多种情形之运动也，应用神意，观察全身内外，一举一动是否符合卫生、自卫之条件，动为什么？静为什么？结果是什么？中间过程的现象是什么？如此体认操存，庶乎近矣！至于精微道要，方可继续研求，否则未易有得。兹简述大成拳之要义，并质诸同道，而为拳学上之探讨。前言学拳阶段，以上所谈卫生、自卫二者有互为之不可分离性，失一则流弊生而入于歧途。应首先使气质本能加以精神的训练、培养，而后始谈到发挥神经肢体的本能性。学拳第一步就是锻炼神经为基础练法，体认四肢百骸蠕动的工作。第二步为试力、试声的练习。第三步为自卫。分述于后：

（一）基础训练：吾人在日常生活中，欲使行、站、坐、卧随时随地可以得到适宜训练，须先从桩法做起。将全身间架安排得当，使身体端正，意念空洞，从静的状态中去整饬神经，调整呼吸，温养肌肉，使各细胞自然地发动，力由内而达外，通畅全身。如此，筋骨不锻而自锻，神经不养而自养、尤须体察其细微动静。功夫一到，当知如此一站，大有无穷的妙趣。欲尽拳功之妙用，应先致力桩法。

（二）试力与试声：学拳已有基础训练，其本能当日益增强。对于运用须严防人欲的支配，引起幻象之误用。往往本能力量因人欲支配，而反为不合本能需要之运动。故子舆有勿助长之戒。如何运用方能适于需要，须先认识力之动的情态，可以继习第二阶段。试力为拳功入门最重要事，试力为得力之由，力由试而得知，由知而得其所以用。初试须使浑身气力均整，筋肉灵活，骨骼支撑，故能筋肉收、放、松、敛而互用。力应于内而外发。动作时，慢优于快、缓胜于急，动愈微而神愈全。欲动又止，欲止而又行，更有动乎不得不止，止乎不得不动之意。试力不许有偏面力，更不许有绝对力。首先要体认全身之气力圆满否？力量能否随时发出？自身能否和空气发生应合作用？更须意不使断、神不使散，轻重操持而待发，动一处牵全身。气力一致，归于虚灵沉实而圆整，上下左右前后不忘不失。总之，非达到舒畅有趣而得劲者不足曰拳。

试声为辅助试力之不足。盖人之生理构造因先天关系各有不同，故人生亦各有难通之点，所以试声即用身内呼吸之功夫以辅之，又名内呼吸，亦名脑（腹）背呼吸者是矣。

（三）自卫：即技击之谓也。须知大动不如小动，小动不如不动，要知不动才是生生不已动。如有形之动，正是不动无力的表现，所谓不动之动，动犹不动，一动一静互为其根。其运用之妙，多在神经支配，意念领导，及大小关节韧带伸缩之互根作用，和支点坚强，螺旋的争力，与枢纽之转移，重心路线之稳固，及运用呼吸所发之弹力，能用之得机适当，则技击之基础备矣。以上所言多系抽象之语，然其中有许多意义非言语所能形容者，若能习行不辍，自不难领悟也。所谓大动小动之别，实在乎个人之基础功夫，对各种力量身得意领否。如能抬手动足浑身处处都含有力学的本领，大动亦可，小动亦可。不大不小均可。若根本无力学的能力，任凭怎么都不可。至于用力与不用力之分亦如是矣。夫常人之动，非注血不得有力，凡注血之力皆板滞失和而不卫生。不注血而有力，即不用力而有力，用时得力，乃为本能之力也。他如虚无假借而求实当之种种微妙，则尤非简易笔端所能写于万一。总之，大成拳不在外表形式之优劣，实在一意应付。一言以蔽之，有形有质都是幻，技到无心始见奇，意即此也。

问：自前次报纸发表谈话后，轰动一时，度必不乏来访者，其中有无同道？

答：承社会之不弃，相顾者确不乏人，而来访者多系就学之士，同道中仅丰台庐志杰、邵泽邠二君欲作推手，内行所谓“听听劲”而已。余无其他，更无一人肯做实地之研讨。盖推手一法，仅拳道之一局部，非余所欢迎者也。至于北京之名手专家，并无一人肯来见教，实出余意料之外，未悉我同仁何以吝教若是也。抑余从来所重者，为武德，故以礼让为先，然亦有限制，即年老者让，谦和者让，技弱者让，若以余言为欺，请询曾经来访者便知。如庐君初来访时，略作推手以为技仅如斯，故不肯降心服气，继而屡次驾临，始知相差甚远，今则一变而为忠实信徒矣。

问：武术先辈，先生所服膺者有几人？

答：察拳术先辈近百年来，舍董海川、车毅斋、郭云深诸师尊外，余皆旁枝末节而已，但我国地广人众，道中人余未结识者尚多，不敢妄加评论。

问：世人常云有杨露蝉者，其学如何？

答：露蝉先生亦为拳学先辈，工太极，今多学之。余据各方面观察而论，露翁仅得此道之一部分，即明王宗岳先生亦非通家。不过宗岳先生得岳武穆双推手之局部，以三拳而变为十三式，至于命名太极，以为张三丰所传，实无从考证，抑世人之一种附会耳。如百四五十式之多则更不知其所以由来。就该拳之做法论，于肢体上仅仅不生流弊，而精神上却受无限损失，距实作之学相尚远，不足道也。

问：报端屡次发表拳论，同道中对之有何表示，曾有所闻否？

答：同道中明哲之士无不接受，至其甘抱残守缺及是非莫辨者，只好听之而已。即使能知都不易行，况根本是非难明者乎？然一般拳家既以锻炼身体为口号，技击二字绝口不谈，就此点看来，亦可知同仁现在亦渐有觉悟，不过以拳套工作之法，认为拳学之原则，实谬误极矣！余最注意至者盖即此也。于技击之道，与之相较，则分量轻微多矣。夫养生之道，是在凝神养性，思与虚灵成一体，所谓身心性命之学也。如这么一招，那么一式，前蹿后跳，实难梦见养生之门。盖养生实为简易，人之本性是爱天然无拘自由之运动，一切本能亦俱因是而发。如每晨于新鲜空气中，不用一切方法，仅使浑身关节似曲非直，着想天空，任意慢慢运用，一面体察内部气血之流行，一面体会身外虚灵之争力，所谓神似游泳者是也。而精神体质舒适自然，非但不受限制，而大自然之呼应也渐有认识，久之本能发而灵光见，技击之基础不期自备矣。如总拘泥机械之运动，弄杖舞枪求美观，以为能武之荣耀，殊不知识者一见，可作十日呕，诚冤哉极矣，且终身不能领悟也。

问：先生意在研究真理，发扬武术，何以访者如此之少，其故安在？

答：此事甚难索解，据敝人揣想，吾国武术界中，贤者固多而不肖者尤夥，凡习某一派者，苦练多年，自以为造诣独深堪称某派传人，挟此足可以与社会往来，且可得以解决生活问题，一旦使之尽弃其所学从头学起，情实难堪，而生活问题恐亦受其影响，关系个人前途利害，既如此之大，亦无怪访者之稀少也。所最不幸者竟有一般无识之徒，既不敢较长论短，乃妄造蜚语信口雌黄，以自掩其短，社会人士不加细察，受其愚蒙者实在不少，是为可惜耳。此层障碍不去，吾国武术绝难望有长足进步。

问：先生为武术先进，既抱有决心，更望持以毅力，武术自不难有精进之日。

答：此言甚可感，余自当尽个人最大之努力，成败毁誉，不敢计较，而唯一目的，即在如何可以使拳学得以进步。于此敬告同仁，技击本系末技，然世人多以技击之高下，为拳术之定评，故拟有两种研究方法，如愿研究一举一动究竟如何为适当，则余无任欢迎，若愿作技击及推手，亦无不可，以此范围宽广，访者或可增多，不致进退维谷矣。果来者如有微长，余定极力为之宣扬解说，倘无可取，余决缄口不谈，盖谈亦不能使之领悟也。甚望来友尽量问难，以期互相切磋，谋拳学之进步。凡我同道，皆负有光大拳学之责，万不可以个人之关系，误此重大前程，果于大体有益，个人纵受任何牺牲，亦应舍小以成大。敝人抱此决心，倘有高明之士，技能品德皆为所钦，余愿附尾以佐文，更望同仁不以菲材见弃，移尊赐教，彼此观摩，拳学借此而精进，岂个人之幸，而天下后世，得其赐多矣。

记者与王君倾谈至此，为时已晏，乃互道珍重而别。

问：前次报端发表谈话，想近日来访者必不在少，其中有无高明奇士？

答：承诸位关心提倡，鄙人甚慰，京师方面之同仁仍无一人肯来赐教。惟各地来函表示同情者尚多。并有数处来人商讨，愿聘任教授，更有一事堪为知己者告，近今京中真研拳学就教者甚夥，多系自动请求，经人介绍者亦有之。盖提倡之唯一宗旨，即在此点，并非与人有所争，而更不屑以竞，愿使国人对于拳学都有相当认识，亦希望拳学之立法根本改善，莫以胜负为荣辱，愿拳术同仁勿以妄掺胡练为自是，尤盼同仁都为卫生之拳学家，不愿尽流为江湖之把式匠，但今之习拳者，百无一是，大有面目全非之感，至赖此谋生之拳师，只要不以任教后，复从人学为可耻，而精神中能不自苦，应以优于我者当力从之，须时刻存莫误人子弟之良心，今之拳师既不知拳学精神之所在，只得以此谋生活，但万不可以神秘及刚暴语人，则庶不致天渊大谬。不过此中人识见薄弱者太多，一时不易悉数感化，唯希望渐渐使其觉悟，自省而已。

问：武道起于何时？门派之多，各言其是而学者终有茫无所从之感，究竟如何为合法？

答：世界一切学术都是借比较而后可以分优劣，否则各云其是，门外人难辨也。然拳不能就以胜负之一点即为定是非之准则，要以合理与否，与人之需要适合与否。所谓合理者，非达到舒适得力而有趣者不足曰拳，至拳术的历史知道与不知道无甚关系，只看学术方面有无研究价值与合乎人生的需要与否。不过说到我国拳学，虽说有很悠久的历史，而战国时始露头角，逐渐推进与演变，直到唐宋时始汇成斯技而有流派，元、明、清初为最盛，习者甚多，只因功力造诣之不一，识鉴智愚之不同，故随之分家别派各言其是，即所谓今之各家者也。清康雍时代火器尚未盛行，恐此道将于国不利，欲使斯道崩溃永堕而不拔，以倡重文而轻武，一方面提倡飞仙剑客，故示神秘；一方面倡导拳套招法以走歧途，中庸大道无以问得。复利用戏剧和小说为宣传工具，更以使习此者，为士大夫所不齿，始有而今每况愈下，丑态百出之日矣。诚可惜而复可痛之事也。幸我拳学前辈，秘有传人，遂留一线光明。近二十年来各地虽设立专科提倡，而提倡越快破产越速，永不得走上拳学的轨道。其实学本不难，因世人仍是小说荼毒的头脑，更有今之拳师，大都以此为生，对于拳学根本茫然，既有觉悟再加羞从人学，亦就无可如何。近半载以来，同仁常有来我处作零星之身手之试，余不顾指明其人，以留谋生之道。现在大家亦多知自己错误，然为何不肯做公开讨论之举，而更不肯作身手之较，以求学术之增强而竟良心扭转，反谪他人之非，只知暗地妄造蜚语，而表面却装聋作哑，是何理欤？至无职业的以为能武，欲假此以作神秘之拳阀者，如研戏剧欠通之票友只会妄加指摘以炫其能，诚不齿之至。倘以余言为谬，敢请无职业之研拳者能肯赐教一谈乎？更希做友谊的小试身手，于人格饭碗，一切都无问题，如不堪屈驾赐教，请示知地点、时间，我当遵时往谒，倘有微长，定当竭力为之宣传，如无可取，亦绝口不谈，若总闭门称帝，此真不值一文也。

问：与闻先生之论，道破国术之要道，别开生面另辟一新途径为同人谋幸福，但亦有云指谪太极拳仍有过当之处。

答：鄙人识道尚浅，非敢云别开生面，不过遵前辈传统推广而已。在太极门中，余之好友极多，而尚有好多不好意思之处，亦因该拳较之其他流弊少，明理者较多之故，尚不吝指教，否则亦早不屑论矣。谈到实在批评的话，吾恐太极门中，从未认识拳学者颇多，至通家更谈不到。余总角时曾闻有丹士张三丰先生之名，及长外游，得识各家同仁亦惟习太极者夥，故对该拳怀疑已久。闻该拳为张三丰先生所传，故余早有卑视三丰之意，后来读三丰先生全集，始知先生乃为一贯大道之先进，已深入法海，博得要道，可是余更深信该拳绝非先生之传。其实是与不是没有一些关系，就即便是三丰后裔未得其要亦无足论。三丰先生之传人不知为谁，想当不及三丰有道又何用假借其他，要在个人得传之真伪与否。况今习该拳者，各人各样，理论不一，任意伪造者乎！曾记三丰先生云：离开己身不是道，执着己身事更糟。太极拳百四五十式之多，有没有一式一法不被执着？用这些姿势做什么？而精神方面牢牢绑定不可解，实为妨害神经肢体之自由。遥想三丰先生高明若是，当不致传有如此欠通之太极拳。就以该拳谱文字方面论，单双重不偏不倚种种尽善尽美的意义亦只不过拳学一部分的初步。就以拳谱论，请问太极名手扪心自问，能否有一式一法，合谱之所论者？既是自以为无上拳学，为什么实际上不生效果？更闻该拳有机坛扶乩而学技者，此更荒天下之唐矣。纵使该拳一切法则优于其他，技能亦高出一般，然在精神方面而言之亦是错误，无他疑义，况皆不如是矣。太极拳不过人多势众，擅广宣传，其实明理人早知不攻自破。余言或有不当，甚愿同仁不留丝毫客气的质问，如有见教，我更当扫径欢迎也。

问：先生批评太极拳之错误，自当承认，然友中习拳而得健康亦尚多，恐先生之所批评似有失当。

答：拳学之价值，不仅轻松而微末。要知拳学乃人之需要，不可须臾离一贯之学也。故庄子说：技也，进乎道矣。诚文化艺术之基础，禅学哲理之命脉，若仅以此微效而可以代表拳术，则拳学当无考究之必要矣。习拳之拘泥若此而能生效？更应知道，若能将习拳时间，不用一切方法，任意慢慢地体会操存，而收效之大，吾敢深信更有胜于此者。

问：拳术的门派太繁，理论不一，知友中习者尚多，亦有照书练习者，然皆不生效，未知何书可采？

答：拳学无所谓哪一家，拳理亦无中外新旧之别，只查其是与不是，和当与不当可耳。社会普遍各家，大都以拳套手法为习拳途径，要知此种做法都是后人的伪造，不是原来拳学精神，虽稍有偶知讲些枝节的力学及技术的片面，然而总未离开方法和套子，所以终是无用。至于著作者，亦不出此范围。此道虽是学习很易，但亦非如此盲从之简单，往往经名师之口传心授，尚有数十年而是非莫辨者，岂刻板文章所能济事。凡一件学问应先明理，由基础体认功夫渐渐做起，再加以慎思明辨及多方实验的证明，然后方可进研其技。且锻炼时有忌对镜操作之戒，恐流于形似而神不真，况照书本练习者乎？此真盲人骑瞎马也。不过看书是博采各项理论之结晶，非注意其姿态如何耳。余据卅年教学的观察，这件学问是极难亦极易，倘遇天才的学生，不满百日之工，则有成通家大器之望，然于百中未有一二，大凡天资聪敏者，多欠忠厚，且虚伪而欺诈。故中道多为业师弃之，此亦可惜乎！如社会之一般学者，其困难诚可怜之至矣。多人总是以耳代目，岂知名实二字根本不能并论，且世之拳师多若牛毛，得要者如麟角，凡得其要者，个性多异于常人，不为名诱不为利招，当然不愿与伪君子为伍矣！甚矣哉，得师之难也。即遇名师何以能辨，即或能辨，则未必肯如所请，如肯应请亦未必有教学的良法，假使得法而学者亦未必能领略，种种困难，非过来人不能知也。不过现在比较以前则易于学习者，因值科学昌明的时代，对理解拳学原理当得帮助不少，然尚不能以此范围拳学，若以科学之层次及局部剖析之解释，则当推为求学之阶梯不二法门。惟我拳学中尚有许多原理，而不可以解者，但若干年后或可得证明。夫学术本无止境，或永无以名之，亦未可知。总之，在此时而论，应以拳学之精神加以科学的方法，则当不难解决矣。

问：屡闻读者多对先生之理论都不否认，惟闻学时无拳套感觉不易，初学者尤甚！

答：人身百骸诸般功能，任何聪明者一生练之不尽，哪有舍精华而习糟粕之理，且拳套方法愈学愈远如妇女缠足无异，功夫愈深愈不易使其舒放，故初学者进步反速而胜老手者多矣。此论有多人作比拟之铁证。后世之所谓某式生某力之说及某法可以克某拳之功，此真大言欺人，恐云此者，对于拳学认识尚远。

问：先生所言极是，技击茫然若是，能否示大家一简便要诀，易使有效乎？

答：前者已略述养生大意，能肯如此，则养生之道思过半矣，如欲学习高深技击则亦由此经过，但非极愚之士及称之大智慧者不肯如此。若天才而性近者，则应习一切法则。盖技击之法则亦需由站桩试力学起，前已述其大概。夫试力之法太繁，况各项力量身得之后，莫以为技击之道已毕，乃始有学技击之可能性，如得“松紧紧松勿过正，虚实实虚得中平”的支配，则又一问题也。总之，得师之后，而造诣深浅，实在个人天资功力如何，若能出手而得已发未发时机之扼要，则非久经实作之惯手难能得也。

问：闻拳家云：不用力如何使力之增长？勿论古今名手总不脱丹田气之充实方能奏效。

答：用力之说为门外汉之论，而亦有一般似是而非持不用力之方者，而不知其不用力究为何意。要知不用力则可，不用意则不可。盖用力则器官死，百骸不灵，板滞呆痴易为人所乘。换言之，即抵抗之变象，盖抵抗之意，乃畏对方之击动而起，殊不知精神已接受被击，安得不为人击中乎？故用力为拳学之大忌。至论丹田气者，在原理方面及实地之验和鄙人体察之感觉，此论似有不妥。腹内乃肠胃肝脏之宿舍，并无盛气之所，至于动力之功能都是争力、弹力与宇宙力之接触和运用呼吸鼓荡开合的作用，及精神假想天空浑然之大气也，非世人所谓功之气也。总以下腹充实大肚子即以为丹田气者，则错误极矣。要知运用时，力宜均整，尤尚空灵以达舒畅得力方为合理。今之学者不明斯理，费数十年之纯工，反将灵活之身心练成机械，岂不惜哉！

问：先生如此批评是则是矣，但无异永久之擂台，长期之挑战，倘有失足，可当如何？

答：摆擂之事余岂敢当，更不敢为挑战祸首，不过愿同仁苟肯人人如此地提倡和讨究，则拳学前途自不难发扬光大，倘大家都不如此，终愿自欺欺人，亦唯有苦口婆心，常给我国同仁多打几次强心针和兴奋剂，以渐渐疗其麻痹之症也，至个人成败得失，非敢计也。缘为抛砖引玉，但愿体无完肤而此道倡，则鄙人希望已臻其极矣。

问：世人对先生之论多很接受，而亦有一般仍加厚非？

答：知我者明理之士也，罪我者应于夜深人静独坐观心，总之笑骂由他，余亦不辨，倘拳学真髓复见光明，个人之毁誉何敢惜哉？

问：君之学问道德，世所公认，唯研道之士，理应含蓄？

答：所言是矣，殊堪羞愧。唯含蓄二字已为国人之社会性，夫含蓄者诚学术道德修养之基础，换言之即内实而外虚，或外坚而内灵，正如老氏常无观其妙，常有观其窍一理也。然不知又为一般人所利用，已成为混事误人者之护身符，社会之伪亦为此辈所造成。自外涉交游几近四十年，每感社会中仅有“戏法”之一术不许丝毫将就，戏剧亦不许门外汉任之，但其间之伸缩应有别论，余者不识。至所谓对人含蓄，以为应视对方而施，似不应无理之客气，如先贤之敬事而信，节用爱人深所乐从，若善交久敬之篇不顾闻也。学问道德则不敢当，研究道德顾附其骥尾矣。所谓道者乃混元错综不二之真理也，亦即合理与否，合理即为道，不合理非道也。非玄奇之事，亦非世之俗酸文人动辄引经据典故事神奇之为道也。尤非性情怪僻，假作疯狂伪佛老之学以求貌异者，所能梦见大道之门墙也。如对社会认识不足，只好不谈其他。

问：前云戏剧中尚有不少有本之处，较一般拳学高一头地，但不知君有何本出此言，愚以为此点批评未免失当。

答：戏剧原为补助教育之不足，武功都本拳道而来。拳中原有“起拔”锻炼，为试力功夫之一。夫“起拔”者为求头顶两足重心之枢纽力，使身体均整放大与宇宙合为一体，故名“起拔”之锻炼，戏剧误名“起霸”，然观其姿态与理论之取意，虽不中亦不远，所以知其有本。至求美观博人爱悦之种种姿势，皆伪造也。今之拳家所有姿势未见一式而能得其均衡者，且多老马少驹，反效伪幼，尚有不可能者矣，更何能窥见武道深邃哉？

问：近访道者料不乏人，不知先生感想如何？

答：日来承各界见访者虽不少，然都是好奇之士，所论于拳学多不相干，至同道来访者而都不是余之所希望者。

问：先生所希望为何？

答：余虽不才，甚愿访者尽量问难，研讨拳学究竟如何合理与人生之重要关系及注意武道之真正精神之所在，技击虽系末技之事，然结果非由此不足以为证，故亦愿做友谊的比较身手。日来琐事较繁，故来宾未能一一亲自接见，余有愧，故拟今后在星期三、五两日下午一时至六时亦为接待时间。

问：先生此举，同仁对之如何？

答：余已抱定不顾笑骂不示神奇的倡导，以究拳学之真正要义，永持利他主义，不患无人不来赐教或就教者。所患者，名家高手不肯前来观摩研讨，恐难博拳学成功之希望矣。总之，但愿拳学之进展，改善社会武道之目标，一洗积习，则其他非所计也。

问：先生有无著作？敢请见示。

答：拟著《大成拳提要》一书。现在起草中，或不日即可问世也。

按：以上访问作答，均录自1940年6月北京《实报》之《大成拳宗师王芗斋谈拳学要义》及《新民报》之《大成拳宗师访问记》。内容略有雷同，可作互相参证。

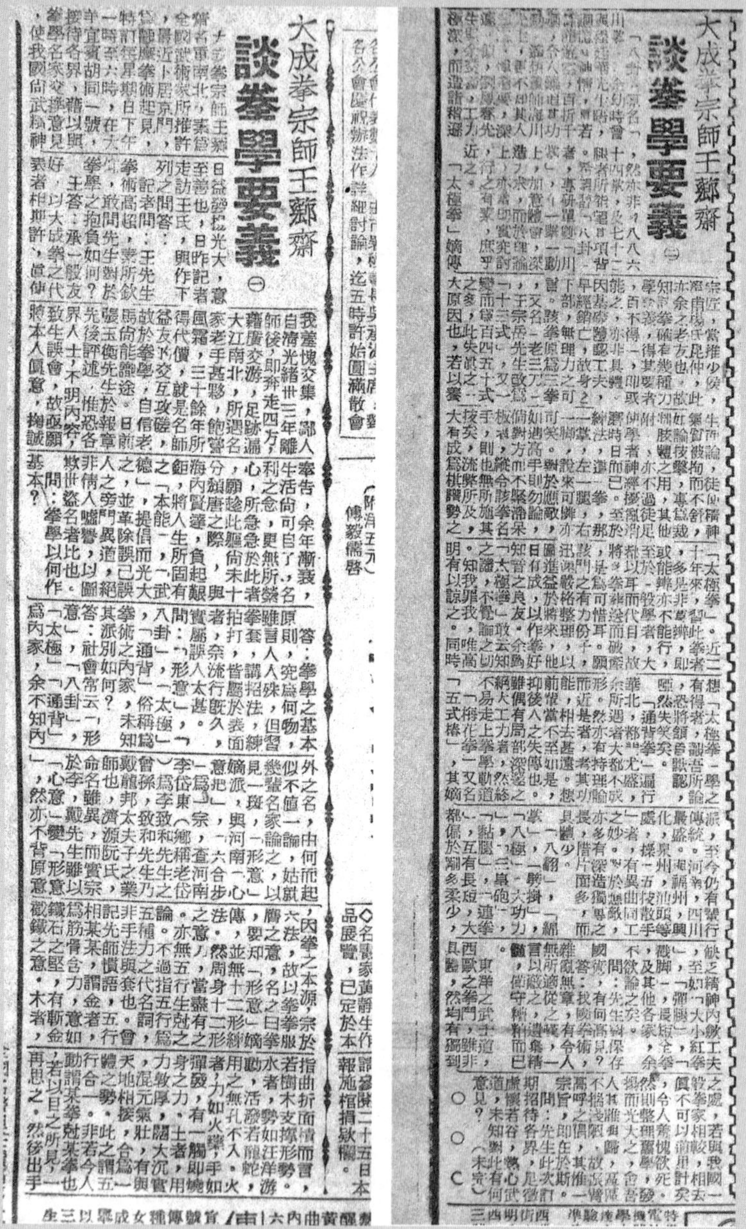

大成拳宗師王薌齋

談拳學要義 (一)

大成拳宗師王薌齋

談拳學要義 (二)

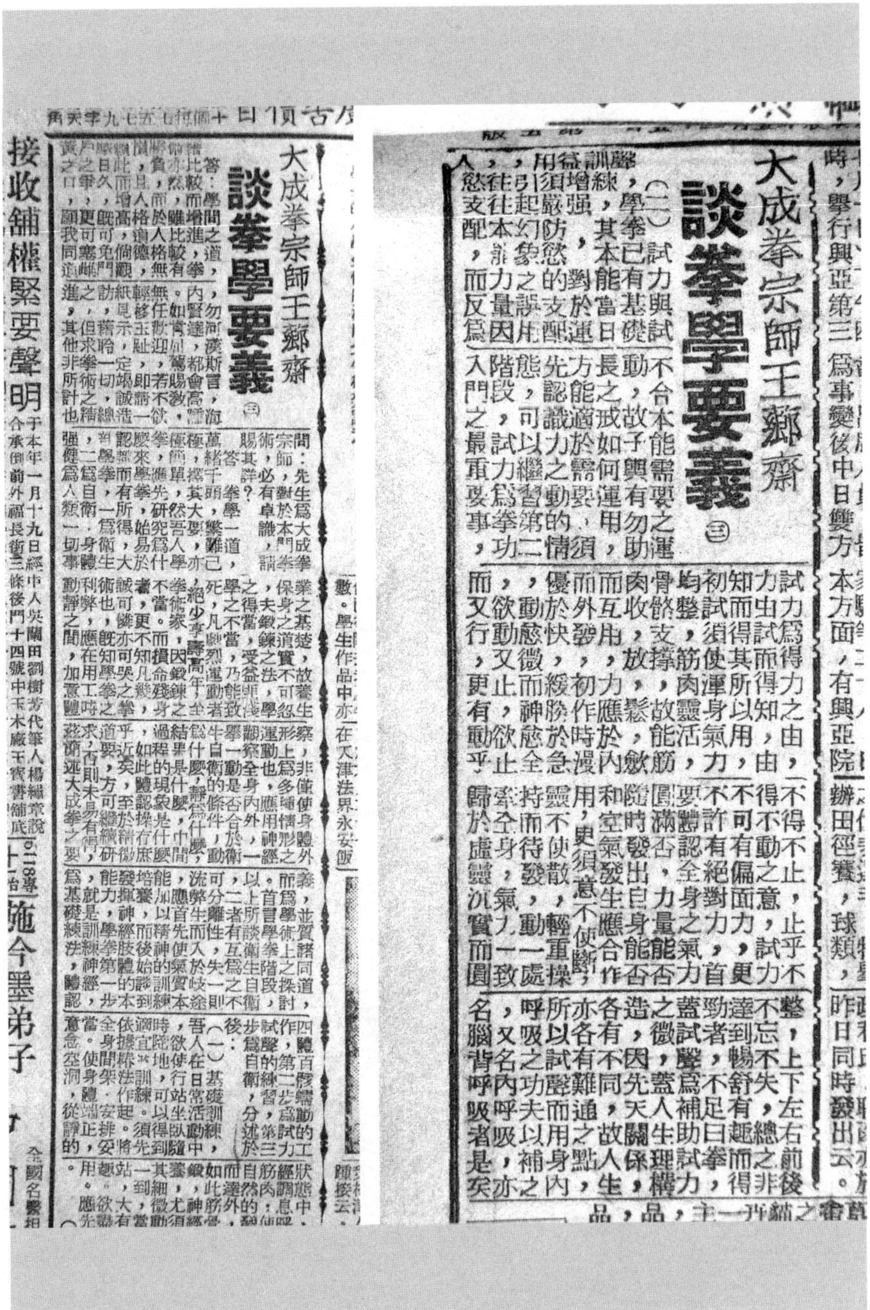
大成拳宗師王薌齋
談拳學要義 (三)
接收舖權緊要聲明
大成拳宗師王薌齋
談拳學要義 (三)

談拳學要義（四）

大成拳宗師王薌齋

（三）自衛。即技擊之謂也，須知大動不如小動，小動不如不動，要知不動才是生生不已之動，譬如機械的輪子，快到極點，像是不動，如有形之動，正是不動無力的表現，所謂不動之動動猶不動，一動一靜互竄其根，其運用之妙，多在神經支配，意義領導，及大小關節，軔帶伸縮之互根作用，和支點堅強，螺旋的爭力與樞紐之轉移重心路線之穩，及運用呼吸所發之彈力，能用之得機適當，則技擊之基礎備矣，以上所言多係抽象之語，然尚有許多意義非言語所能形容者，若能習行不輟，自不難領悟也，所謂大動小動之別，實在乎個人之基礎，功夫，對於各種力量，身得意領否，如能拾手動手，混身處處都含有力學的本領，大動亦可小動亦可，不大不小均可，若根本無力學的能力，任憑怎樣都不可，至於用力與不用力之分亦如是矣，夫常人之力，非注血不得有力，凡注血之力，皆板滯失和而不衛生，不注血而有力，即不用力之有力，用時得力，乃爲本能之力也，他如虛無假借而求實當之種種徵妙，則尤非簡易筆端，所能寫於萬一。總之，大成拳不在外表形勢之靈劣，實在一意之應付，一言以蔽之，有形有意都是幻，技到無心始見奇，意即此也。

（完）

拳学新论

齐执度

第一章　总论（拳学述要）

我国拳学兴自战国时代，后以达摩洗髓易筋两法参之于华佗之五禽戏，始汇成斯技。虽今门派繁多，其渊源一也。不论如何分派，总不出以拳为名。夫拳者乃拳拳服膺之谓拳。动静处中，能守能用，此尽吾人气质本能之道，非纯工套数专论招法之所谓拳也。

拳学一道，不可认为奇难事也，须知非常功夫多得自平易，勿论行站坐卧以随时随地均能用功。首要端正其身体，使意念空洞，凝神静气，扫尽情缘，寂静调息（乃养气之功夫，非做到孟子所谓“勿忘”之境界不能真有所得，《尔雅》云：“勿念，勿忘也。”），以温养内外，涤除邪秽，筋骨气血不练自练，不养而自养，人之本能逐渐发达矣。初作时不论姿势之优劣或繁简，只看全体大小关节能否上下前后左右相互为用，以及神经支配之大意和气血之流行与调息所发之弹力如何。总以达到得力舒畅为止。察其神情，身如凌云宝树，须假众木之撑持，又如在气浪中作游泳之动荡，毛发悠扬相依，大有长伸之意，气血如巨海汪洋之水，有波浪横流回旋不已之势，精神如大冶洪炉，无物不可陶熔，而身心好似渡海之浮囊，不容一针罅漏，此身心气血修炼之要旨也。若是者，非涤尽妄念，动静不失于自然，未易有得。然无论如何去做，最忌身心用力，用力则气泄，气泄则意停，意停则神断，全身皆非矣。他如试力之均整，肩架之配备，发力之自乘（争力之作用），三角力之螺旋，种种之构造不一之力，又如混元假借之一切法则，均不可忽，尤应注意全身枢纽之松紧，面积之曲折和遇敌时相接时间之利用，此皆非言语笔墨所能形容，愿学者以恒心毅力，研究探讨，自不难入法海而博道要矣。

第二章　释拳

近世拳术分宗别派，做法各异，命名无不以拳，而对拳之意义，实少研究，论者多就拳之字义而为之解释，或指握手为拳，或指练习勇力能徒手敌人者为拳，皆属泛论，未得拳之真义者是也。

芗斋先生解释拳义曰："拳者乃拳拳服膺谓之拳，动静处中，能守能用，此即尽吾人气质本能之道，非纯工套数专论招法之所谓拳也。""动静处中，能守能用"言即得拳理，静守动用（静即动，动即静，其守用一也），"拳拳服膺"，永保不失也，尽吾人气质本能之道也，即言拳理之所在。非纯工套数招法，则辨歧途纳学者于正轨也。

芗斋先生复申明拳意曰："拳之为拳，实不在于身体运动之形式如何，而在于筋骨气力松紧之作用，精神之指挥以及心意之领导如何耳。"习拳专重形式，是本末错认，攻其末而忘其本，终无是处，非得其本者，不能言其践形致用之实学。故应机而发，因势而变，动无有误，其神妙莫测者，当非所谓专习套数招法者所能得也。

第三章 意拳

第一节 意拳倡导之意义

人身内外一体，意动一致，拳功拳理，只有是非，而不能分以内外，所以芗斋先生反对内家外家之拳名，并反对讲求不合实用之拳理招法套数。复为阐明拳理发扬拳学计，于一九二六年倡导意拳，拳以“意”名乃示拳理之所在，其练习方法重在站桩，以求实用，不讲求形式演变之套数，无论动静，皆以意领导，使意、气、力合一，以尽拳功争力之妙用。由此可知先生正拳名曰“意拳”。意在泯宗派内外之纷争，以存拳学之真义也。

第二节 意拳桩法

芗斋先生论意拳桩法曰：“拳学桩法，阴阳动静，虚实开合，胸腹呼吸与鼓荡皆不得分开而论，都是互为根用，不在外感之交乘，而在一意之应付，此谓之意拳也。”

第三节 意动之解释

意存乎吾人之自身，为心之动，其作用厥为自我，确实存在，不得疑之，习拳应先明此意，然后动静始能合于理，而有益于身。西谚云：“身体之发达，可促内心之发达。身体之损害，多为内心之损害。”如何使身体与内心得以发达而无损害？当求之于身心动用之合一。身心合一之动用，为健全之动用，应有之动用也。如何使身心合一？须知心之动用为合意，身体动用，即身心合一之动用，自是发达身体而有益无损之动用，此乃顺自然之需要，应机合理之动用也。

意为心之动，而欲达此意，司命全身者为脑，脑为身心之关键，故知脑之于身，如军中之主帅，所以习拳先讲头直，意之发动属之于自由之决定，不附带强迫之感情者也。吾人之动作顺乎自然，合乎需要，方为合意之动用，为自由之决定，乃本能之作用。此种决定和作用，从属于个人，能感得而身受之者，亦惟其个人，不待言也。

人身动用可分两种，合意之动用为有益之运动，不合意之动用为无益之运动。不合意之运动，心理学者谓之冲动运动，乃发于欲望之运动，非正规之运动，因受到冲动后，由此冲动一变而为欲望，一变而为执意，由执意而引起之实际运动也。故谓冲动运动，反乎自然之运动，非出于自主（自由之决意）之运动，是为妄动。此种运动，动必吃力，吃力则血注，血注则血流失其自然，而神经为之伤害，故运动结果，心由此发生一种反射之冲动。神经梢端受到冲动，发生抵抗，同时生出反射运动，此种反射力量最为强烈，神经中枢感到刺激而受损伤。此种运动，不但无益反而有害，所以习拳切忌妄动和吃力，即不许有冲动运动也。

第四节 合意运动

合意之运动，心理学家谓之本能运动，是由意（运动神经觉察能力）来考察全身之需要，顺意之支配而为运动，系出于自主而顺于自然。所以本能运动是身心一致，合于需要之运动，有益无损之运动也。本能运动分有意与自动运动。有意运动，是基于心意支配之运动，做到妙处，则成为自动运动，不感觉受意之支配，而其运动无有不合意者。习拳原为发达本能运动之工作，非臻于自动运动之境，不能得力、得气、得神，而入化境。

第四章　习拳六要

第一节　要知拳益

芗斋先生曰："不学拳是不要性命的呆子。"乃言拳功对人身关系之极切要，能健身体养性命，人人应知此理，应习此拳，普劝吾人练习之理由，一语道尽。若使吾人知习拳之乐，习拳之益，致力于练习功夫，定有欲罢不能之概。误入歧途吃力努气伤及身体，是学习错误，非拳不可习也。

拳功如做到妙境，真得窍要时，在他人看来反认为不精熟、不好看者有之。故要知习拳为己，非为他人也，此防身养身贴骨之事也，更须平时一心存之于拳，蓄养气血，无论何时何地何事俱无不拳拳皆在操练，有时限之功夫，不如无时限之功夫纯正确切。所以有固定时间，而非广场不能练习者未必尽是也。

第二节　要明拳理

拳有拳之理、拳之法、拳之意，得其法、理、意，方得谓之能拳。故有拳法，而无拳理者非也，有拳理而无拳意者亦非也。法者，规矩也，非套路招法等固定方法也。拳之动其法不一，而有原理在焉；动静变化，神机无方，出之自然，臻于神妙，盖由于一意之支配，得理尽法而成其用。所以习拳，理字最为紧要，理字须从规矩得来，能于规矩中将理字参透，方能有成。妙悟在己，学须自成也。习拳者得其理，然后方可与言气力；有气有力，而不合于理，非有用之气力；知其理而不能用于气，用于力，亦非真理。理与气合，气与力谋，动静合于理，则气力为之用，而气力之神妙自见；然神其用者，还权之于意，故习拳之初，对其法、理、意，均须彻底认识，方有所遵循也。

第三节 要重桩法粗迹

世人多以拳为技，不值一习，岂根本之论哉？拳为吾人动之始基，其理简而明，其迹粗而显，其妙用在几微。故论拳理，言之深者，根于几微，言之浅者，本其粗迹。须知粗迹亡，其几微之理无以存，几微之理亡，其粗迹则非。夫粗迹者，极简极易之动作方法也。得此粗迹，即能变化无穷。但非今之拳套招法也。拳之粗迹为何？乃桩法是也，岂可因其平易而忽之耶？观乎拳之功用至神者，无不由此一站生出也。习拳须先求下手及着实功夫之门，习拳下手处，站桩是也。久站乃为着实功夫之门也。舍此恐无真实下手处。故学者应以此教，必以此习，认定在此，志向亦在此，终日乾乾奥蕴自得，教习之道不过如此，微乎！微乎！

第四节 要做体认功夫

习拳须知“心传意领”四字，是得力关头，此四字于“体认”二字中求之，体认是一种实行功夫，运用意之支配，发挥自身之智能体能之作用，将脑所接受者，使身体实行出来，以身验知，并以求其所不知者是也。要知心传口授，非真学真知；须得自己实行，方是实学实知。故习拳重体认功夫，乃易空想为实用之实功夫也。且精神气力之运化，非由体认不足自知自发自成也。

体认功夫有内省、外观、实验三要点，缺一不可。内省者直察自己之意象如何也；外观者内省自己，外观他人，以他人之表现，参证其内容，作内省之助；实验系合内省外观之所得，行之己身，而得有实效之事也。

习拳有得于师者，有得于己者；得于师者为规矩，得于己者乃循规矩，经体认，实得于身之妙用也。学拳不得于身，则规矩无益于己。

论及体认，原有力、气、神三步功夫。力、气、神皆体认功夫，分言之，则为拳功深浅之界限，合言之，心气齐万力并足。力气神原有不可分离之性，三者实统基于一气，气调则神经之训练、血气之调理、筋骨之锻炼，均得体认之实功，故曰三步功夫也。桩法所示要点，皆为养此气而培人生之基也。

第五节　要去三病

习拳有三病：一曰努气；二曰吃力（即用拙力）；三曰挺胸提腹是也。染得三病，则动静不合于理，拳功定难得力、得气，而神失之于用，慎乎！慎乎！习拳吃力，是一大病。近之授拳者专以快、用力教导初学者，误矣；教以快、用力，是欲其手足用力也。要知四肢用力，心身真劲力必淤结，久之为害甚大。于今学拳者应明此害，避之远之，庶几近之，而免入歧途也。

芗斋先生曰："今之习拳者，多急急于拳套，用暴力以求迅速和美观，全身气孔为之闭塞，而于自身气血之流通，实大有阻碍。所有拳家凡用暴力者，无不努目皱眉，顿足有声。"是先闭其气而后用其力，至练毕则长吁短叹，急喘不止，伤及元气。所以往往有数十年功夫终为门外汉者，岂非用此拙力之所致哉？

第六节　要做实功

习拳忌好高求速，恐不达也。余某岁请示发力，芗斋先生告曰：

“汝已能得环中味道，当能自信，对发力要领，恐尚未能领略，因发力种类甚多，无应用经验，敢断言不易知也，望加意用功，届时必将详告，现在即告亦不能懂，既懂亦不能行，虑有务高反低之病也。”又曰：“功夫宜恒久，朝夕操练，无时或已，得有新成绩，方是进步真消息。”语云：非有百折不回之真心，哪能有万变无穷之妙用。芗斋先生曰：“用功觉得全身气血川流（身外有物），养神敛性，通体无滞，是初步功夫；若听得全身嘶嘶有声，无论行坐一触即跌入丈外，是中乘功夫；身外生气，光芒四射，如用目视人，其人如失知觉，然后渐入神化之境矣。”

第五章　习拳阶段

第一节　基础功夫

人之力生于气血，自然发动，由内达外，故通畅气血，以锻炼筋骨为习拳基础，其法为站桩。站时须间架安排妥当，再从静止状态去整饬神经，调整呼吸，温养气血，锻炼筋骨之各项体认功夫，而使内外合一，以达拙者化灵、弱者转强之目的。

第二节　试力

前项基础功夫做到妙处，应继习气力之妙用，试力是其初步。试力为得力之由，力由试而得知其所自发，更由知而得其所以用，故试力为习拳之最大关键。

第三节　实用功夫

拳功做到全身舒畅得力，运用变化始能随机发动。至于快慢、虚实、精神时机之运用，闭合松紧、动静之互根，以及力量和假借之分析等，尚须实地研究，故习拳功夫，未可稍松懈也。又论习拳各段功夫曰："练习桩法时，形虽不动，而浑身之筋肉气血与神经以及各种细胞，无不同时工作，若轮盘之旋转，快到极点，正是不动之动，所谓生生不已之动也。此学拳当注意之要点，一念之差，舍此正轨则终身难入门墙矣。"

应敌时，势如猿兔如龙蛇，而身心意力，都要含蓄，暗中分析对手究竟，须全神遒敛，随机而动，以待发之机，虽动用极速，亦有高低、左右、纵横之转移。而身心气血之悠扬飘荡，实动犹不动也。

以上为基础实作两部功夫与动静区别之原则，其中间一段试力方法则太繁矣，兹简述一二：试力既不许有偏面力，更不许有绝对力，首要体认全身之气力圆满否？光线锋棱与毛发接触否？气力能随时随地发出否？自身之神与气，能否和空气发生应合作用？抬手动足，全身各处都如有敌欲相比较，外形尚无动作，而精神早已与之周旋。非如是，其力不能试得也，学者于此岂可忽哉！

第六章 桩法前论

第一节 桩法为操练全身之功夫

吾人一身，虽分身、手、头、足、五官、百骸，内外原是整个一体。习拳操练者为人之全身一体，内外表里，身手头足、五官百骸，既不得分开讲论，更不得分别操练，拳理是非之分在此，而习拳能否入道亦在此。

意拳桩法是统一意志，统一动作，统一力、气、神之基础功夫也，乃统一全身发达，增强力、气、神之法也。

拳为全身动作，五官百骸、十指四肢以及毛发各有轻重缓急之用，少一件即非完人，有一不动不足为万全之动。全身一致受命者，意之所使，心之所系，气之所运，神明之感，自然之应也。所以练习时，自习身、习心、习手、习足，须全身同时一致练习，不可分开，又不可偏重，尽其本能，统于一命。若各不受命，自为动作，是自为肢解，拳无能日矣。

第二节　应知自身之位置

习拳应先知自身之位置，吾人一立，戴天履地，而于上下、左右、前后、中，其所处之境，则天地四表而身居空气之中，此人人所晓，不待言也。习拳者，须首先求得自身之位置，其法当从本身以外四面八方回向自身看来，乃得中心，立基乃圆，得中、用中，妙用无穷。

第三节　须明动静曲直

习拳应知人之能生，在于能动。其动原出于静，静直动曲，一动一静，一曲一直（形曲而力直），拳理尽之于是。故习拳静以理其气，动以致其用，借此气活吾血，强吾力，运动全身，事其所事。而其动静，互因互生，习拳者乃习此动静也。习此动静，须慎之于始，其始则由直而曲，由静而动。形曲力直，动而还静之时也。静中有动，动中有静，求得之法则站桩矣。

第四节　习拳基础功夫为桩法

习拳站桩用意体察全身动静，功夫一到，当知如此一站，大有无妙不臻、无法不备之滋味。欲尽拳功之妙用，应先致力站桩之法。凡百运动皆基于此，此论实不我欺，故古人躬行实践，乃寻此滋味之唯一法门，学者宜致力焉。拳以站桩为基，以行动为用，基不固行无根，故习拳不可以站不如行。反是，即为自误，一身功夫须从根本做来，方属真实耳。

第七章　混元桩（一）

混元桩一为整饬立容（一名立势），立为拳功之基本间架，立时垂足尖外分，角度约六十度，要安安稳稳，气静神怡，应有戴天履地与天地合而为一之意，站时应注意以下各点：

头：居人体最高处，为一身之主宰，不宜倾斜，须用意上顶（领较确切），收颏挺颈而欲其直，似顶非顶，似被绳系提，要有领率全身之意。

足：两足放平，大趾外蹬，小趾内扒，脚心涵虚，脚跟微起，两膝微曲而上缩，使筋络舒展，不可吃力，足一吃力，立便不稳，要知吃力于足，必顶力于头，身体不舒，气力被阻，全身关节即不能灵活，又焉能求其站之稳定？故曰修容足重者，非吃力于足之谓也。

间骨：为脊神经之谷，居人体之中部，为支配上下肢体之中枢。间骨要正直，平肩下臀，收颏挺颈，心窝微收，使胸宽而腹圆松，自无扬头折腰、努胸挤背之病。

手：两手下垂，指欲插入地内，但须向上微提，使肘稍曲，以舒筋络，并有外撑内裹之意，平肩正臂腋下筋松，虚灵守默如能容球。

齿：齿轮上下衔接，不宜用力扣合，咬牙瞪眼乃最大毛病。

舌：舌尖微卷，接触上颚，似顶非顶，要领悟其有接引之意。

鼻：为气官，呼吸要匀而无声，气不可提，尤不可沉，匀静自然，为其要诀，气能至肃，调息方恰得其妙，切忌用口呼吸，犯之则气失其道，鼻失其职，易致疾病，不可不慎。

目：两目视贵平直，能不为物引（不他顾，不转睛流视左右），心意自然不乱。

耳：耳听八方，要用神凝。

第八章　混元桩（二）

起以立势，立势站稳，使足向左右展开（横步），曲膝蹲身成骑马式，两手高提，使骨肉筋络平行舒展，气血川流，此桩功用在于通气增力，以及温养筋肉，训练神经，使各细胞无不工作，站时应注意下列各点。

步：横步展开时，两足尖向前平行站齐，不可前后参差，其距离按个人之足长短计算，以两足尖相距约一尺七八为宜，开胯曲膝，静站片刻使身心安稳再举两手。

膝：开胯曲膝，骑马裆欲其低，不欲其高。腰向下坐，胯往回抽，臀前裹而胯外张（横撑要平），两膝扣合，有外撑之意。膝盖骨处力之生发动用最堪体认，由膝骨至脚面，有由脚面至膝上撑之力，又有欲直立却被绳索将脚面与膝相连不得撑开之意。而膝盖骨以上部分，复有向上总提之力，同时更具有下坐之力，同时膝内曲，大小腿筋络有相聚之力，同时又具有相反之支撑力，此等力量生之自然，相等相乘，名曰争力。习拳功夫一到，力动情形自然领悟而知，甚难于讲述也。

腰：为人身上下四肢运动之枢纽，全身中线之所在，乃重心之所系，最忌腰背弯曲。头直肩松胯坐（臀勿前掀），则腰直而上下灵通一气。

手：两手高举，意在使筋肉伸展，而顺左右肩之方向，向左右伸张，两手要向前微抱，肘曲腕按五指离开向上伸张，此手势乃站桩基本姿势，两手姿势不论如何，筋肉与骨骸均系平行舒展，无拧裹力者，皆属于此桩所求。

托式：两手高提与心窝处相平，掌心朝天，指尖相对，两臂环垂。

按式：提两手于脐前，大指朝脐，掌心向地，指尖相对，两臂环垂。（以上两式，托式小指，按式大指，离身四寸，两手指尖距离三寸，不可靠近。）

推式：两手高举，向前平伸后再使两手指尖相对，掌心向外，肘腕平行，形曲如弓。

抱式：两手平伸，使掌心向内，指尖相对，腕肘平行，形如抱鼓。

提式：两手下垂，使肘微曲，并微卷各指如提物状。

举式：两手高举过头，使肘微曲（不可紧靠头部）指尖相对，掌心朝天。手出五指不可紧靠，应行离开，求其活而得力也。各指卷曲，如抓如钩，虎口撑圆，而指尖抽敛，掌心内吸，有持物欲坠之意。掌心吐力，手指向外扩张，又如柔丝束缚，有不得伸展之意。而此种神情（亦是争力妙用）同时并具，出之自然，方得其妙（凡是任何桩法，形式皆是如此）。

第九章　混元桩（三）

学习以上两桩后，继习此桩，仍起以立势，站稳再行开步，左右两足，前后展开（是为进退步），曲膝蹲身，两手环抱，横撑拧裹向前伸开，使筋肉束裹，骨骼无节不屈，是为钝形三角（即90度以上之角，不可有锐角），全身无有平面部分，更无绝对力。曲折玲珑，混元一体，兼有以上二桩之功用。遇机施巧，应变无穷，便于实搏，精于打顾。

站时应注意混元桩一、二，腰膝两节所示要点及下列各点。

步：步大不灵，为步法要诀。开步时，前足进，后足随，两足最大距离约一尺二三寸。言及动作，回旋不过七八寸耳。若两足站于一直线上，不易稳固，须左右稍为展开，其宽度应以两肩宽度为准。

手：出手时，两手向左右伸张，均不过鼻，以保中线，高不过眉，下不过脐，前伸不过足尖，回撤不许靠腹，此乃最重要而不可违犯之规律也。又不许有平面处，无处不曲，曲处无不相乘。体认“八面出锋”一语，便得其奥妙。变掌为拳，五指相次如拧麻花，各指力一如婴儿之持物，要有紧捻密持之意（此握法击时易于发力），切忌死握，能不吃力于手，两臂圆活而气力畅达，手足相应矣。两肘曲如抱鼓，无论如何，变换手式，两肘要永久保持横撑力，勿使两肘忽而接近，忽而远离，失去其活动之空间（所应占之面积），与人以进击之机会。

肩：步法改变，而两臂能否得力，全系于两肩。其要诀为松肩，肩松则下垂，左右腋肋支撑其空间，如能容球，两臂得此空间，活动方能自如。再使心窝微收，胸虚背圆，肩得其平，浑身气力直贯于掌矣。

筋骨：力生于骨，而达于筋，筋长力大，骨重筋灵，筋伸则骨节缩，骨灵则力实，伸筋腕挺（手足四腕与脖颈），则浑身之筋络开展。两肱横撑要平，有挽抱、开合、伸缩之力，两腿有提、挟、扒、缩、趟、崩、拧、裹之力，肩撑胯坠，尾闾中正，均不可忽。骨重如弓背，筋伸似弓弦，运劲如弓满，发手似放箭，用力如抽丝，两手如撕棉。站此桩时，全身上下前后左右八方，并头与足，头与手，手与肩，手与胯，肩与膝，肘与胯等处处相应，如有交互反向之绳索牵曳，或有人互为推移，不为所动之意。实际并无绳索或人之牵曳推移，不过存意如是。若真作出好似有被牵曳及推移之状，则又误矣。是被欲望之支配，其动作不觉而已吃力，失于自然。站时从此体认，全身易于完整。久之当能做到八面之意，气力乃得中之意、气、力也。人身动用既有其运动之空间，而其运动头、足、身、手各处所占之面积，因头、足、身、手各处作用之不同，而亦各不相同。至其争力作用与各处因应之关系，复因之而各异，欲明乎此，于混元桩三桩中求之，自能得其奥妙，凡百运动皆由此基生出，岂可忽哉？

第十章 桩法后论

习拳站桩，时间越久越妙，站时身体所生现象，依功夫深浅而有所不同。初学站桩，初站不过数分钟，汗即涔涔而下，再站过数分钟，则觉腹中蠕动，甚至牵及全身。及习练已久，自觉渐身嘶嘶作响，气血之动荡，有如源泉之滚滚。初站气血尚未通畅，两腿感有酸楚，疲倦时可以稍憩再站，以免因劳强行而致吃力。拳功本在日积月累，以行之不间为要（站的时间要逐渐增加）。站桩毕，气舒神清，周身松快，妙不可言。李恕谷有云："涤荡邪秽，动荡血脉，流通精神，养其中和之法，而救其气质之偏。"夫站桩之功用，尽于是矣。

初站桩时，气血流行未能通畅，遇有阻碍时，发生震动现象，要知此种震动，并非错误，亦非病态。用功日久，若仍有此现象，气血流行不能平静，恐无良好成效。若遇震动时，可以神经（精神）起变化分解之，经此分解，如仍抖动，可再以姿势起变化、神经姿势同时起变化，亦无不可，务必使其平静，至要至要。

习拳动静殊操，喧寂异趣之现象，最难免去，此皆站桩功夫未到，心神混淆所使然。平时练功应将心情放下，不使浮动，气肃则胆壮，心静则神清，守之不失，自然动无不合。倘习拳不以此做法，为之旁求，是枉费心力，定难寻得处一化齐之妙。

初习站桩，必觉浑身酸软，反如无力之人，及气血渐渐通畅，真力（即筋骨气血受心意之支配，自然生发这力）生发，则不分动静，气力周身一贯，而力之强大则当不可思议，功到自知，学者应求诸己者也。

芗斋先生曰："习拳平时用功，常使神气聚而不离，如站桩之时，自神不外驰，意不外想，精不妄动，气不轻浮，神不乱游，无站桩之形，而收其实效，则有不可思议之妙。"

或曰："细思站桩之益，学者何以不觉，则其心意注于手，而不注于腰，不注于周身之故。"斯言颇堪玩味领会。又曰："习拳时心动身不动则枉然，身动心不动亦枉然，身心一致加功，除站桩外，无第二法门。"心动系心意之动用，身动系筋骨关节之动用，气血应合所生澈诸身之动用也。故习拳应从站桩下功夫，不然是以有用之精神付无用之地也。

站桩功夫是使吾人生机内动，纯任自然，毫无戕害生理之虞。故真善拳者，其人必气力充，精神足，皮肤润柔，筋骨强健，绝非皮糙肉厚结如铁石者。

练习桩法，乃习拳攻本之学，有一势可变千百势，有千百势归于一势之基也。须着实勤学（知其理、习其事）践迹是要，岂独拳学哉？

第十一章 养气

习拳者多言气功，言论分歧，莫衷一是。芗斋先生授拳时尝以意、气、力三字同用，或气力并称，极重气字。而所授养气之理在于不为害，其法至简至易，本乎自然。以鼻呼吸，要细匀而无声，而以匀静自然为要诀。今言气者，须知此气乃指呼吸碳氧二气而言，并须先讲明，人身动作与呼吸运用之原理。习拳养气，调息呼吸，乃运用呼吸所生之弹力，以尽拳之妙用，非如世人练成大肚子，即是气功名手之谓也。

气充力强，为习拳之结果，气之顺逆虚实，关系人之壮老勇怯，而身体四肢筋骨之运使变化，因之赖之。所以无气无以养其用，气之于人为无量供应，此人生原动力之所由生也，欲力之强大，须从养气入手，自不待言也。

养气功夫，亦可谓之理气功夫，气系呼吸碳氧二气而言，前已言之。用呼吸方法，使身体内外之气川流不息，此种功能，能使全身血脉被催动。由此可知，气在体内，或在体外；养之、用之变化，神乎至于无形，微乎至于无声，引自体外，充于体内。操拳动也灵妙，莫可推测，静也严肃，莫可撼移，无不基于此气，非养之有素，何能臻此？养气之道，岂可忽哉？

讲养气者多矣，或胸内努力以鼓荡两肺，或沉气腹内以求充实；而气结不通者，皆不明养气之理也。养气之理在于呼吸自然，既不许用力鼓荡，亦不许故用我意之支配，不急不迫，徐徐为之，顺其自然。能于不觉呼吸而为呼吸，全身血脉动荡，方能与呼吸相合，方得气肃之真实功夫，而后得古人所说浩然之气，而明至人至刚之奥蕴矣。

芗斋先生曰：“士大夫常以坐功为禅学之秘。自认已得且极是矣，其实不过口云自然，岂不知盘腿一坐便不自然矣。即练之无害，亦必无所得。只知一时之精神清呼吸静而已，不能明此非整体功夫也。气贯全身为养气要诀，气非通畅关节不能敏活也。盖因呼吸使血液为之鼓荡，而浑身各种细胞（毛发气孔）均同时鼓动，而生吸引之动作。此种呼吸动作乃拳之基本动点，从此基点发生之操作，乃合理自如之动，动能自如，然后方得天然生生不已之气，而知其真滋味矣。”

全身毛发同司呼吸，与鼻息互为应合。毛孔呼吸，对于人身之功能，大于鼻息，而人不自觉。故言气功者，多论鼻息，而鲜及于毛孔。要知调息，以匀静自然为要诀。使呼吸免去急迫短促，使肺活量增加，与毛孔呼吸互为应合。故曰鼻息调而毛孔呼吸细匀（一致），若但知鼻息，而不知毛孔呼吸者，对于气力运用恐难入妙境，以其不明了身内外气之运养而失之也。

肺活量增大，在于垂肩虚胸（心窝微收），努胸挤背者误也，一试自知。拳要“虚中取气”，气为虚中之实。芗斋先生曰：“动时要于身外留‘有余’‘不尽’之力与气。而浑身毛发直竖如戟（气达梢端方谓之气足），不见力处正是有力处，不觉呼吸时正在呼吸。应于此处去下功夫。”

或有问曰：芗斋先生曾云，“用神用意勿用力，能养气调息，川流不止，使神意与气合，便得此道之真主宰和其奥妙机运矣。”而前言养气不许故用我意之支配，而用神用意勿用力一语，又重在用意，岂非矛盾耶？答曰：“实则未也。不许故用我意支配者，乃不许故意使气如何动用，以防滞其气而失于自然也。所谓用意，是以意念体察，使气归自然，全身周到而保其匀静也。”语虽不同，而其用意则一。前者用则助，助则暴而乱其气，后者用则勿忘，得于自然而气肃，不可不知也。

养气专在调息，反不如求之身外，使气不去调而自调。其法以目注视远方，假定一标点，使自身处处与所定标点，神合、意合、光线合。我动时使标点随之俱动。标点放大，其光如轮，缩小则光不可破。起始作时，须令标点离身在十丈左右，与目光相平成一直线，练习日久，可使此标点，由远缩近或由近推远，或上或下，由此去做，气不练而自练，不养而自养矣。

气沉丹田，气贯小腹，为近代拳家所乐道。要知提气固非，沉气亦属非是，求沉其气则气不能自然，实不如听其自然，不加注意为妙。所以拳家讲运使以练其气者，不足尚也。先哲有云："气不养则馁，何以充体，充体者气遍全身也。"非如拳家只言丹田也。既得养气之道，功夫一到，自然充实全身，无不贯到。惟腹部因发力运用上之不同，而有松圆、实圆之别。

松圆：气极静之时也，其气至平，贯然全身，浑噩一致，此乃常态也。

实圆：气由静而动之时也，胸宽腹实为发力时瞬间之动用现象也。头顶，足蹬，手张，腰坐，气注于腹，用以足力，此乃变态也。

第十二章　论意

芗斋先生解释拳义，说明精神气质之运使，至为详尽。运用肢体，使筋骨伸缩，气血川流，以强健身体，则属之于气质方面，至筋骨因何运动，则属之于精神方面。身体之动用，原由于一意之支配，意为之所计虑，乃精神现象之总称，意之所向，神即前往，全身因之运动而行发力，顺乎自然，出露体外，由此可知吾人之运动原之于意，而意之于身有全体统一之性。知虑之、觉察之、应付之，虚实动静互为根用，均一意之所为。欲达此妙用，须要领会芗斋先生“争力之生发”和“一意之支配”二语。意气力运用于自身之外，尚须有其运用之空间，意气力之守中处一，舍此空间不能成其妙用。所以习拳有以身外空间为运使，方能尽其运化之妙。芗斋先生尝言：“练拳如在空气中游泳，意在身外，守中身内，自然匀整。”又言：“习拳存意，使离开己身，不合道理，执着己身更有不妥。”即此之谓也。

习拳须具精神合气质，养练合一之要，方成其为拳。欲达此境，须求之于存意；欲言存意，须先知学者习拳之通病，在欲求速效；求速效，乃是贪念；此念一生，身心定然吃力，能阻气血之运行，使真力不能外发，过于助长，欲速不达，故制止身心用力是第一要事。制止之法，厥为存意；存意检身，稍觉吃力，便要挽回，一动便觉，一觉便转，久之归于自然，全身舒适如无力之人。其气力方能畅达周身，应运外发，无往不利。此即用力不可反为力所害之谓也。学者宜熟思之。“意存动之先”为习拳要诀，觉古人千言万语，尽于此矣。要知力随动生，基于争力，而以取势为主，系由静而动，由动而静，动静所生之势也。运力得势则随意动作；无不得力，此则存意勿吃力之实功，所谓“得心应手，意到便成者是也”。势欲左行者，意先顾于右；势欲右行者，意先顾于左，或上者势欲下垂，或下者势欲上耸，俱不可从本位经情一往。古拳谱云：“用力如春蚕吐丝。”又曰：“起势如挑担，进步如槐虫。”虚中取实，以势为之，变化得宜。先以顺掩，继以逆送，即详示“势”字之运用也。顺掩逆送，互根互用，同时并具。

芗斋先生曰：“习拳须知来势去势，”“来”字“去”字，颇堪玩味，存意在此来去二字则得之矣。若先如何用力，而后如何用力，此样讲求则非矣。意存动之先，其动已止，而意仍在，乃指示初学之语，亦求知、求得，求存这途径也。

芗斋先生曰："操拳能做到不用心处方好。"又曰："写意。"两语最为微妙，意非外面来至身内，而是由身内达于外面。芗斋先生复尝言："身外须有意，此意不定期存于身。"学者宜善领悟也。

习拳须知拳理、拳意、拳形。将意存于周身之外，使意在身外领取身上法度，神理自然得之。专习拳之外形，而不知拳理拳意者，劳心乱意，不但终无获益，恐身心反为之伤。

芗斋先生曰："意足不求形骸似，意足者神足，动则合意而得力，不求合而自合也。"习拳要时时刻刻想着芗斋先生所谓"为什么有此一动，此一动作的目的是什么？"二语去体认，去努力，无有不成者矣。

习拳讲求存意，须知得意者为其前一步功夫，不能得，何以言存？何谓之得意？须先知何谓之意，意字之解前已言之，毋庸再赘。知字功夫要在动静变化中求之。无论如何，一动便要先问为什么有此一动，又要问此一动是否合乎需要，大小关节，曲折面积及点力，有何作用？更要问此动恰应时机否？尤要检查动后全身各处是否完整舒适，一如不动之时？习拳如此用功，无不得意者矣。存意做到无有不至，身之动静完整舒适，非知意之存在者弗能。以意检身，以身知意，意自能存，意存不出于虑求，则拳功臻于几微。故口脑中想存意者，不能存意者也。因此一想，便将此一点意用错，所以习拳者，能自知意，做到得意，由得意做到存意，再臻于不知存意而意存，方能达到知意、得意、存意之境界。"有形有意都是假，意到无心始见奇"，即此之谓也。

先哲论拳，常言“守神专一”，以说明得到存意真境界后之情形和作用也。功夫不到如此境界，何能言及自然，身动与意相忘，方得勿忘，而免助长之害矣。

讲到存意，学者最易误解，认定存意乃是一种欲望作用，须知助长之病，多生于欲望。芗斋先生尝教以求放心，讲求勿忘，以免助长；并尝以《尔雅》云“勿怠勿忘”用来解释“勿”之真义。如此看来，欲望必须根除，拳功方臻神化，此理当不谬也。芗斋先生论养气，尝言：“气调则妄念平，能无念而神自清，神清方能心意定。”心意定，动则神归气足，而如不动之时。如斯方谓之能动，故心不外驰，意不外想，神不外游，精不妄动，乃从存意养气中入手得来之功夫也。

第十三章　试力

站桩基础，做到妙处，应习气力之运用，其初步为试力。试力为得力之由，力由试而得知其所自发，更由知而得其所以用，故试力为习拳最大之关键。

初试须使浑身气力匀整，关节灵活，骨骼支撑，筋骨收敛而舒放，然后所有力气自然应运外发；动时，慢优于快，缓胜于急，更须意不使断，灵不使散，动一处牵全身，所谓动无不动，动犹不动也。习拳若能达此地步，全身力一，自然动静守中，试力功夫方得其奥妙矣。

前言气力匀整，关节灵活，骨骼支撑，筋肉收敛而舒放，冠以“浑身”二字系说明四种作用，同时并具于一身互为关系，是整个作用不得分开，作拳时从此体认自能得到。动静基于一意之支配，须使全身任其自然，不可稍有滞处。最妙连试力二字，亦勿存于意中，徐徐运动肢体，动一处即作全体想，以意领导，神经支配全身，动时大动不如小动，快动不如慢动，动越微而神越全，如能做到不动之动，方得生生不已之真动。心意照顾周到，气力一致，归于圆整，上下左右不忘不失，如此则全身力一，力一则力止于圆（中），动静处中，自无妄动矣（滑力、暴力、硬力、滞力、溷力以及从杂乱发出种种不善之力，自不生矣）。

力止于中者，永是而不变为静之至也，力一者乃形变之始、形变之终，始终为一动一守静，定心在中，所以无妄动，动则适宜也。此静为本体，动为作用之真理也。

芗斋先生曰：“不觉力之力，莫大于变化，顺生于自然，不觉其力也，故谓之浑圆。”试力要从“徐徐”二字中作体认功夫，不如是，不能试得本身气力之如何，以及运使之所以用。

习时，如出于急迫，势必先行吃力，吃力则不自然，必偏重一方，失之于滑于暴。全身原有之混元力（一贯力）不能畅达于体外矣。力之为用，莫大于变化。阴阳虚实，开合顺逆，互为根用，顺生自然，滔滔不绝，用之不竭，变化虽有不同，其力则处一不变。而力之外发，手、肩、肘、胯、全身关节，骨缩筋伸，气血鼓荡，面面有力出锋棱，生生不已，共争一中也；力出共争一中者，乃言相乘之力也。其力名曰争力，又曰混元力，全身处处均具有上下左右前后四隅之相乘之力。初步试习，应求二争力，如手伸出，同时有前伸后撤，上托下压，外撑里裹相乘之力，从一中心异向发出，相等相乘。悟得二争力，再求全身各部分，均同时面面生力，无不相乘，互为应合，混元一致，共争一心，气力贯通，全身无空隙，习拳得此争力，方能使神气意力真实之合一，然后可谓之得中，可谓之得力矣。

力不从一心生出，失此意则无八面玲珑之巧，而失分合虚实互用之基。“一动全身转”，此“身”字正宜领会，于有意无意间，悟得自然神机之妙，方是试力功夫之妙境。

芗斋先生曰：“初学试力，使手腕及指尖可稍加力，腕以后则不可有力。”如此做法，容易入门。又曰：“不论怎样做法，总要勿忘勿助长，以动静互为枢纽，全身无不混元一争，始得象外之妙，身外之意，拳外之拳。能否得之在于一试，经此一试得之者，可与言拳道矣。”

芗斋先生教拳申明争力作用，以求气力自然发动，乃拳学不传之秘。今揭以示人，其言颇详，其法易，能得与否则系于学者，视学者志向与体认功夫如何耳。

第十四章　运力

习拳得力后，才能进言运用，运力之妙，固在于周身力一，运之于内，灵之于外，而神之于用。力静为动之基，动为静之效，习拳致力于静，正是求动。气充力足，然后方能静不滞其机，动不见其迹。能静者方能动。静者乃万有变化无穷之源，桩法各章已有论矣。身、手、足之运动，须要用意，使之灵通一气，其用则腰为之主。语云“身化”，此之谓也。手为全身力、气、神之前锋，其发出撤回，非玩耍两手往来之谓，实根于腰之运转，及两臂之伸缩而成。发出收回之动作，实际上两手不使之局部运转也。所以习拳忌两手空发、空回，用时变换或拳或掌或指，翻转变化运用灵活，但举忌过高，按忌过低，总以高不过眉，位于脐下，左右不出肩窝为常度。至于步法，应知步大不灵，所以进前足，须跟后足。两足虚实互相为用，前足尚虚，后足尚实，虚为灵活，实则山安。前后虽分虚实，其力并无二致。而肩脐之间，为身手幻变之地，又神经中枢之所在，上达于手，下贯于足，成一神经线，名曰中线，全身贯注在此，可免有失矣。手之变换或拳或掌或指，切忌死握紧靠，能不吃力于两手，两臂方活，气力畅达而手足相应矣。拳学要诀“步轻似猫行”一语，颇堪玩味。若吃力于足，或使力顿足，进退变转不得灵活，甚至戕害神经，易致脑病。神经末梢受到刺激，因反应作用，致使神经中枢为之而受伤也。

习拳对于声势二字，应加以领会，声字今姑不论，先言势字。运力得其势，则得其力，而妙其用。势生于气，为意所使，因形体静动变化，表露于外，势之虽有不同，而其气则一也。

拳家言“合”，有内外之分。心与意合，意与气合，气与力合，为内三合；手与足合，肘与膝合，肩与胯合，为外三合。复有筋与骨，皮与肉，肝与肾为内三合；头与手，手与身，身与足为外三合，皆未得习拳之至要也。须以力、气、神及光线声势，统一于一意，方得谓之合也，但求形象对，岂得谓之合哉？

或曰：“意拳在十字当中求生活也。”妙哉斯言也。拳学真谛，一语道破。所谓十字者，乃明争力之作用，环中之奥理也。拳家皆言：“得其环中，以应无穷。”然所谓中者何在呢？所谓环者何为呢？环即俗称之圆圈也。其结心即中之所在。有环则有中，环中之力，同一心结，而有若干相等相乘之十字也。人身上肢掌、腕、肘、臂，下肢趾、踵、膝、胯。全身各部，无不有其环中，然须统为一体。所以操拳非各处皆应，不能得其环中。中属之于静，环属之于动。能静者方能动，待时赴机，静动运用之妙也。习拳如何能得其环中呢？总之须由中以求其环，并由环以求其中，两者化一乃得其环中，练习之法，应求之于站桩，别无旁求。

敌我两力相接，即分强弱，运力之妙见矣。两力相接之时，应知有所谓“点力”者，乃存乎其间。点力者何？即全身气力出露体外与对方相接部分之梢端力量也。其力根源于周身之气力，彼此克化，各求其中，妙在一转。彼力经我一转，即化为乌有，手、腕、腰、臂、头等外之转皆然。浑身所觉松紧矛盾回旋者是也。有时现于形，有时藏于肤中，一点转动，全身一致，各处动则俱应。各处俱应，对于点力之作用，为足力之作用。其实非各处俱应，乃同时俱动也。更有时无转动之形变，而其默化之妙用，须细心体会。俗谓某式为拳打，某式为肘打者，实未明运力之妙也，不许部分推进或转动，岂得谓之是耶？

芗斋先生曰：“力不可由内向外张，须由外向内引，其力方能外发。”所以，又曰：“应敌出手前进时不许向敌发，方能应机应时。”故运力须存意勿努力，并且要意中不可有敌人。意中若有敌，则己之力、己之气，不免受气力之阻。我之行动要正正堂堂，如入无人之境，气力不为敌夺，方能得莫可当锋之效，然后始得运力之妙也。芗斋先生曰：“运力外发，因其用之不同，运力可分为三种，曰虚中、实中、化中。”又曰：“应敌周旋，顺应来势，形变不测，全体齐动，敏捷异常。而力之为用，其变化不外刚柔方圆，斜面螺旋以及蓄力、弹力、惊力等等。”变化虽有不同，总要不外乎得其环中以应无穷耳。兹分述之于后。

刚力直竖（刚者力方，便于转顿），如撞针然，浑身毛发直竖如戟，其力尖锐，出露体外，利于攻守。

柔力短缩而力长（柔者力圆，便于抽提），灵活如弹簧然，毛发动荡，锐力内“含”。

斜面力以偏击正，机灵异常，易于进攻。

螺旋力出于拧转，不论刚柔应接运用，乘隙而入，最易得力，有引导抛掷与缠绕拧拨之用。

蓄力即全身气力，波涌于内，未荡发于外者。外刚而内柔，静以待动，转变利用，能生挺力及黏着、摄引之力，其妙在于虚灵守中，易于变化，故曰“虚中”。

弹力又名挺力，如弹簧所发之力，此力生于振动，外柔而内刚，如棉裹铁，为被动反击之用，故曰“实中”。

惊力运用，在于身体之梢端，其变化主动于腰，如蛇如龙，刚柔相济，而阴阳虚实互为根用，但查敌之千差万异，纵敌近我，旋绕而缠裹之，极其神速，故曰“化中”。

拳学通于易理，操拳用力，不出乾坤，乾者力之一，坤者力之二，而仍一者也。圆出于乾，方出于坤，而坤浑于乾，则方绕于圆。知其方而圆，遇敌变化不一，动分静合，阴阳交错，运转乾坤，其道得矣。

芗斋先生曰：“世之论拳者，有某拳生某拳，或某拳克某拳之说，似亦有理，但仍基于招法之讲求。若绳以拳理，当两手相接对击时，岂能有暇及此？若以目之所见，心再思之，然后出手制之，实不敢信其能也。况敌之来势，逐迭更变，安有以某拳生某拳、某拳克某拳之说，而能制胜者欤？此欺人、误人，谬误之甚者也。倘能习得争力，守中不失，不期然而然，莫知至而至，尚未敢说定能制人。如察来势再思应付，出手论招，操拳论套法者，真可谓之门外谈拳者也。”

运力之妙，百出尽致，随机应变，方拟去而忽来，乍欲行而又止，阴阳刚柔，形体无方，意则一定而不易。故操拳不可好奇，但取适意，意则无过，久用而不疲。初学应知吃力则力失中，不吃力则力自足，此乃用功所进之火候也。

芗斋先生曰：“全身力要混元。”混元力乃是争力，动静因而不同，不动时其力一贯，属之于静。动时大小关节无处不有上下、左右、前后，百般之二争力，属之于动。动静之力，又因其用之不同，而分为金、木、水、火、土五力，实则仍一争力耳，兹分述五力于后。

金力：浑身之筋骨坚硬，心如铁石。运用时，其力由虚中化为实中，有攻坚之能，其性属金，故曰“金力”。所谓皮肉如棉，筋骨如钢意也。

木力：四体百骸处处皆有，若树木之曲直形，其力实中有动，其性属木，故曰“木力”。

水力：身体之行动，如神龙行空，蛟蛇游水，行无定踪，灵活随转，犹如水之流动，其力虚中，其性属水，故曰“水力”。

火力：发手如炸弹之爆烈，忽动如火之烧身，猛烈异常，其力由虚中化为实中，而反归于虚中。动也甚速，其性属火，故曰“火力”。

土力：完满敦厚沉实，意若山岳之重，无处不生锋芒，其力化中，具有虚实之妙用，其性属土，故曰“土力”。

芗斋先生曰：“古谱有云：‘动如水流，静似水止，身若虯龙，气若长虹’。能得枢纽环中窍，自然动静互为根，而周身之气力，其中乎，其化乎，堪与天地一争，全身动用与天地应合，此力学之运用，加以精神之支配，对于拳理与实相，非得其三味者，未易知也。”

力之运用，阴阳虚实，开合刚柔，横竖等变化无穷。阴中藏阳，阳中含阴，阴阳有剥复之变。动为静地，静为动机。动静有感通之妙。虚为实用，实为虚体，虚实有真幻之巧。不开怎合，不合怎开，开合有噬嗑之理。刚须寓柔，柔能克刚，刚柔有姤夬之化。横不离竖，竖不离横，横竖有相辅之功。更有长出短击，高低抑扬。左柔右刚，或梢节刚而中节柔；亦有时刚时柔，半刚半柔；复有柔退刚进，刚左而柔右；遇虚则柔，而刚随其后；逢实则刚，而柔在其先；过刚易折，过柔不进；刚柔互用，随机应变，百出尽致，拟去忽来，欲行若止，虽形变而无方，意则一定而不易，运用之妙，不外归总于“重心不失，中线不断”为准。

天生万物，各尽其性，各有其能，习拳取象，参其变化，以合形体之妙用。而操练之时，应注意其动作神情，得其神则得其动静之势，得其势，则得其力，妙其用。若专摹其动作形式，已失其真，则形非其形，便失取象之意。语云：“假道炼形，真道炼神。”学者各自取法，运化之妙，不难得也（龙蹲，虎坐，鹰目，猿神，猫行，马奔，鸡腿，蛇身）。

人身与空气互运，身体力运左旋，空气则反而右旋。身体有争力，所向殊方，空气则随之亦生变化；空气动则生力，无形无象，与体力应合为一，此之谓体外生力。体外有力，回旋空际，盘绕如游丝，虚动如飞龙，实则腾空，去来无迹。习拳能体外生力，则势全意一，其力乃大。然能无中取势，空际用意，此不传之秘也。芗斋先生尝言：“操拳要和空气作争战，而使为一体。”其运力施意之妙，与游泳相似，善游者忘水，忘水者则神全，所以能泳也。

第十五章　对手功夫

习拳练习对打，以求实搏功夫，是拳功中一部分也。练习时应辨虚套与真艺之不同。谚云：“到厮打时，忘了拳法。”此语说尽虚套花法之病，足证美观不实用，实用不美观。而拳法应用，须随意应敌，临敌制胜。对敌发力，要不早不迟，恰合时机，势势相乘而变化无穷，微妙莫测，方可谓之得了因字、应字功夫。可知花法转身跳打，你来我往，不独无益，抑且学熟害人误人，以其死套不堪实用。盖以其非由此应字、因字而生之变化，乃不合时宜之动作也。

推究花法来源，想系因练习实用，而行对打所成之把戏也。对打一名为对手功夫，原系练习实搏。因先存有损伤之戒心，若心先失去实搏精神气力，即成了好看的花法勾当。观今之对手套数，可兹证明。由此看来，周旋华彩俨然戏局，拳术病在花法胜而正法昧，定无谬也。所以花法胜，而拳学对手功夫，教习之道迷，于今论拳尚虚套，而使真艺之难成，当以此为因也。

练习对手功夫，以备应用，须知其要点为“比较”二字。比较者，比较其真实功夫也。习时最好要如与真实相对搏厮打者为之，以免你强我弱，徒支虚架，演成花法，以图人前美观之现象，至于应敌本事丝毫无得，反增若干害处，实无益也。

芗斋先生尝言：“作拳时意中如身之前后左右，均有敌人来与搏打。”又曰：“坐行进退，要与空气（假设之敌）争地位；习之既久若真对敌，则动不可当矣。”又曰：“闲居坐睡嬉戏，亦在练习。若习以定时或场所，岂得谓之真练习哉？”

芗斋先生论拳极重“中”字，尝言要守中，用中，保中线，守中神，不失中气，不失中力，不失中神，注意当中一点，敌我相搏，彼此应留意，此力对于自身，则要守着当中一点，以防敌力侵入。对于敌方，则要向着当中一点以收摧败之功。初习对手功夫，最好用当中一点来说明敌人，或体认中字奥妙之所在。能得当中一点之妙用，然后出手对敌；不可假眼目之端详，一动即有夺其心志之神气，如此焉有失败之理。语云：“不招不架，只是一下。”乃此理之申明。要知一下，亦即万一之谓也。

人身鼻居中央，其两侧形长只有七八寸，交手时，拨转敌力，出此七八寸，即不及我身，此乃动之果。言其动，则俗语所云“妙在一寸间”之言耳。此语说尽操拳无须两手高舞。先哲有言曰：“不必远求尚美观，只在眼前寸间变。”又曰：“不论姿势好坏，只看进退虚实之大意。”意思是说动作不拘繁简，任意所之，得力为止，图好看者，未必有实用也。

习拳能学会打圈足矣，此说极精。习拳打圈，要知打大圈，不如打小圈。打小圈不如打不显形之小圈。打不显形之小圈，还不如全身齐动，全其神，全其气，全其力，此习拳求中用中之道也。

揉手为习称“找中线”之功夫，亦试习与人对敌之功夫也。切忌虚为招架，应着实推究。各求其空隙，遇有所乘，即行进击，不使失掉时机。作实功不可以胜负为丑为乐，当思何以胜之，何以败之，勉而久试艺自精、胆自大，自无怯敌之虑。若虚为招架，徒具你来我往之形势，乃于己无利之事，何须习焉？语云："对手功夫，不相等人打不得。"此语正防人有畏怯之念，或自欺欺人之病，而不能有所获益也。明乎此，然后手之转圈，足之进退，腰之运转，方有所因有所为而得其效。身、手、步，运用方法，可以毕得，何旁求乎哉？

芗斋先生尝言"挽转游身，如行空游水"是说明"活"字之功夫。使动静一体，因势生发，八面灵动，力匀交叉相乘。向左不离右，向右而起于左，右无不宜，左无不有，上下四隅皆然，照顾周到，无顾此失彼之虑，此争力之运用也。争力者，乃得其环中以应无穷之实质也。

动无直出直入，是说明运力由曲处求其劲挺之状，更由直处，以取拳曲之意。曲直相因，其变化不露形迹，而力尤须内含。形曲力直，亦是说明此理，应善自体认，争力不难求得也。

练习对手功夫，要注重实搏，前已言之。交手时彼此进退，互相攻击，当知人之头部或两肋、前胸、小腹、心窝等处，一受拳击，重者能截断营卫，毙性命于顷刻，轻者或致伤其内部。要知攻击要害为应敌决战之动作，练习时慎勿行此致伤于人，至为切要者也。

第十六章　应敌

应敌要诀，千言万语，不外乎"制人而不制于人"。对敌要审，如何为审是一注意要点。今人多言审敌，乃是审的，即目中有敌在前，应去讲求如何应付也，殊不知审的不过审中之一事。"审"字功夫，求于“审己”二字，可以尽矣。使吾人身、神、气、力，动静守中，手之举，足之动，腰之运转，无不守中，安固如不动之时，力之发出无不中，无往不利矣。审己功夫，做到妙处，出于意求自然能审矣。

芗斋先生曰：“拳能得八面意，自然灵妙。”此审字功夫之奥妙也，毋庸去讲“审的”。审的乃“审己”，乃守中之一部分功夫，只专“审的”则谬矣。拳家所言，目中有敌，始可出拳，意中有敌，方许动足者，此审的功夫也。然动有所因，自无妄为，仍“审己”也。

应敌要明“彼此”，顺人之势，借人之力。借力者乃拨转敌力，而利用之谓也，所谓一指拨千斤者是也。要敏速适应时机，又要似进实退，不可急进，以求应敌。先退后进，蓄势审敌，分析敌力，得其力得其隙，进以备退，不败之道也。对敌“运力应机”须在势、气、力，相因相生之际求之。后人发、先人至，不可早，尤忌迟，更不管来的是拳是掌，认定他全身，临“机”一下（其“机”要在敌方真实击出将着未着之间，或当应手而击，即恰当之火候），何须费力，以静等动，以逸待劳，微乎！微乎！然应“机”者知“机”，“机”者神之用，以意得之，以意应之，神之所为，任运而成，游于规矩准绳之中，而不为所窘，方谓之能变化运用，知机者，当神乎其技矣。

芗斋先生曰：“畏心存则侮。”敌前先自怯，怯敌者必败。所以习拳者平日练得精熟，临时手软身颤，举艺不起，此必缺勇气而无实功也。有实功而得其艺者，当临阵无畏也。

发手应敌，开声吐气，乱敌心意，以张我之气势，须合时机，不用力不变势，只此一声，而使敌心败胆寒。古人“声击”之说，即此之谓也。但未与敌接，故意来张我威，而开声叱气者，实出于畏怯，而先示人以弱，应知禁忌。岂可轻于开声自馁其气，以致败于人耶？

芗斋先生曰："应敌时要审要固，更须具有以下之神情和气势：头要撞人，手要打人，身要摧人，步要过人，足要踏人，神要逼人，气要袭人，得机发力，胜券定由我操，事所必然，岂可疑乎？所谓较技者不可思悟，思悟者寸步难行；进退动转有意莫带形，带形定不赢；气如龙虎而动无定势，应机发动，劲断意不断，意断神犹连，神全则身自安，如斯临敌，安有不胜之理哉？"复曰："应敌知机，方能发动制人，不必度来势之机会，自能揣敌人之短长，均在有意无意之间也。静以待动，动中处静，以退为进，以进为退，直出而侧入，斜进而竖击，柔去而惊抖，刚来而缠绕，力之外发，缩骨而出，缩即发也。发力时意欲透其骨，而入其髓，意存数尺外，敌身为我意所束，岂能逃哉？"应思斯语也。

或问两人较拳，甲于未学之时固胜于乙，既学之后，反为所败，何也？芗斋先生曰："此由于较拳时，不能应机运用也。"较拳时，不忍不可，不肯不可，不狠不可（气安稳，心要狠，手要准）。李广射虎，视虎则中，知其为石则羽不能入者，其神异也。胜负之际，顷刻而决，其间错综变化之由，不一而足。学理富而功力不敌不可；学理功力俱为富强，经验不足又不可；经验亦既富矣，其权变不能应机，而神气不全亦不可也。故艺之优劣，有时不能尽以胜负判断，所谓是非不能以成败论也。学者但求其是而已，未可以一时之胜负馁其志也。诚哉斯言也。

应敌最要之诀，则"守中用中"四字而已。总之要身心一致，手肘肩腕并一身关节，处处都应如起锋棱，头足闾骨，垂成直线，均有前后左右上下诸般之争力，三角之螺旋，自不难六道含灵共一光。敬能如斯，不但己“中”不失，即对方之“中”，不期然而然，为我所乘，一击即败。此周身筋骨气力精神均归一贯，得其环中枢纽，自能变化无穷，常生常化，无时不生，无时不化，千化万化，不使留隙与人，混元不可破，所谓己正不管他人斜也。

应敌出手，守着面前尺许之路线，左右互相扶助，动用合一，意动而击敌方起于一线，指欲透其骨入其髓，筋骨微为转动，则打法成，说来何须崩攀举勾。足履地上，无论地势高低平踏自然；气贯小腹，随跳蹬点，擎气负着脚趾尖。要知手足转动，源于腰之运转，腰转如轮，首尾顾到，重心保持皆在腰，自头至足要一气相贯。至于筋骨，用则筋如弹簧，骨如针，筋肉一缩，骨节生棱。针簧一动，气力外发，万棱伸出，所遇莫可当锋。

芗斋先生曰：“两手结合，迎面伸出，前伸后撤，左右封固，务须守着中线。两足钻进抽撤，保住重心，并无定位，踢踏如卷地风，纵横高低扬落进闪，随意变化，直奔敌人重心，莫为旁求。揣度情势，当进则进操其身，当退则退领其气，前后左右反转照顾，混元一争。语云：“手到步不到，打人不为妙；手到步亦到，打人如玩笑；手足齐到，乃全身合为应付也。”

遇敌时须要豪气放纵，心小胆大，静似木鸡（面善心恶），动若曳浪，举动藏神，处处有法，身动似龙蛇，手动速如风。平日练习，面前如临大敌（在三尺以外，七尺以内，如有劲敌当前）。但交手时，有人若无人，有怒虎惊啸之势、捕食之勇，横冲直撞，头顶趾抓，周身鼓荡，出手似锉，回手如钩，不得分开使用，运使浑然，纳于一圈，力不空发，意不空回。起手分举、抗、拧、抖、顺；落手分劈、搂、搬、扒、撑；沉托分拧，神在手前，力透敌背。力动缩亦即发，发亦即缩。动静合一，出之自然，起顿抑扬，犹如生龙活虎，吟啸声喊，谷应山摇，壮而无敌矣。

临敌发力，缩骨而出，如弓之反弦，鱼之发刺；其制胜要点，在于动静虚实，已发未发间，捉摸其火候，此随机施巧之时也。此中动静，全在筋骨气血之运用，其奥妙必资神遇，其机巧必须心悟，不可以目取，或以力求，学者三致意焉。

芗斋先生曰："应敌要诀，为身手齐到，所以进头、进手、须进身：内则提起精神，外则动作疾速；拳未动而力已蓄，打要远，力要绝（放字妙诀）。取胜尚须随意与运气，倘然不胜，必是心有怀疑矣。"

第十七章　琐论

（一）提倡拳学，反对练习拳套，申明拳理法。

（二）拳功妙用，原为整仪容，养气血，一心志。

（三）剑法拳功，异曲同工，不过练习时，须得混元力，方可再分节段，不外乎面积与构造之配备或应合。大概言之，只要梢节直刺，中节待转，根节及全身之力前摧而已。至其各种运用，则难于口述，有待于身示矣。

（四）今之学者、同道，去宗派门户之见，共研拳学之真理，拳学振，拳理明，实为国学之存续。吾人之任务，在于以诚接，勿倾轧，及不尚较技以争胜负。

国术新论（一）

齐执度致《科学的内功拳》著者函稿

齐执度

记者识：此稿对拳学理论，多所探讨。特征得齐君同意，刊登本报，以供学者共同之研究。复摘录齐君学拳笔记数则，并代质于同道。

口前拳友某君，过余斋，出示大著《科学的内功拳》一书，并告余曰：“此书纠正近世教拳者之错误，申明拳理，为学者辟一正轨，得此真可为拳学庆，并为有志者庆。”余整容受书，历三小时而读竟，感有可服者，可惊者，并有可疑而待质者，谨以爱道至诚，略陈固陋，一一质诸高明。

尊著反对“国术”二字之命名，申明限用国界之荒谬，见人之所未见，道人之所未道，宏文至论，此可服可惊者一也。

对于阴阳五行……一类解释，认为不适当，不满意，并且直陈知其然，而不知其所以然，又不肯自居于不知其所然者，自欺欺人之种种伎俩，并断以背道而驰，愈趋愈远。如此快论，唤醒若干迷者，此可服可惊者二也。

“胸部的紧张，肌肉的紧张……都是无意识，而且不应有的，因这种紧张而起的疲劳，就是不应有的疲劳，在运动时，无意识紧张部分，往往很多，不过一般人不容易觉到。”“孩提们胸部，是不紧张的，紧张是经历较多痛苦惊慌以后的状态，受着一点惊慌，内脏的筋肉便起了收缩……因此便……不能落在自然的位置了。”以上两段，畅论紧张之害，见地之高，令人惊服。不过“紧张”二字，系拳学运力中，最适合争力原理之作用，实乃意气力顺乎自然，一致由内达外，处处灌注之一种运使作用也。若功夫精到，能出之自然，对此运使作用，真有不知不觉之妙。臻此境界，正拳家所谓“一致紧张，动如婴孩”者是也。如此看来，“紧张”二字，未可轻于引用，今一再推究“胸部紧张和肌肉紧张，是无意识紧张”一语，似错认吃力，即是紧张，误矣误矣。吃力乃是常人或初学拳者易犯之病态，无论何处，一经吃力，神经末梢受到刺激，即时发生反应作用，神经总枢不但为之所伤，甚至因此阻气力之运使，不能自然畅达于周身，戕害生理，莫甚于此。学者为免入歧途，于此不可不慎（齐经堂族长习形意拳于刘文华，吃力于手足，竟废于精神失常，乃误解古人“一致紧张”之语而错认吃力，即为紧张所致也）。再者前言“孩提……是不紧张的……”余认为此语，适得其反。凡习拳主张意气力合一者，对于如何为紧，如何为张，更如何为紧张，经过体认功夫，自能洞悉其中奥理。紧张与吃力，实有不同，此待质者三也。

“内功拳是形意拳、太极拳、八卦拳、意拳的总称。”读此语，方知先生对上述各拳认识未深，不然何轻以意拳与他拳并列，复以“内功拳”三字为其总称。察世人知意拳之名，始自 1926 年为余业师王芗斋先生所倡导。拳以意名，乃示拳理之所在。其练习方法，重在站桩，并不讲求各种形式演变之套数，无论动静，皆以意领导，使意气力合一，以尽拳功争力之妙用。由此可知王师正拳名曰“意拳”，意在泯宗派内外之纷争，以存拳学之真义，此王师倡导意拳之主旨，不得不请同道加以注意者也。余曾学形意拳、太极拳、八卦拳，对此三拳，略有认识，其姿势妙用，以及其所病，各有不同。余自执贽王师后，均弃之不习，深知人身内外一体，意动一致，拳功拳理，只有是非，未可分以内外。今为发扬拳学计，似毋庸提出“内功拳”三字，以致仍存门户之见。想王师设见此书，又不知应如何致叹也。见有不同，此待质者四也。

“满体弛松的静止”一节内，有“在内功拳的演习之前总先有一度满体弛松的静止的准备姿势，这种准备姿势是很重要的，它的部位完全适合于力学的支点的定则”一段。但此段所述做法，及力学支点，颇似王师教授桩法之语，惜对于身体各处关节，与站桩法则，及其作用，未详言之。夫支点须与点力对教解说，方能得其奥理，尽其妙用。此书未提出点力之名，又未详述须要静止姿势之理由和支点内容之所以然，不由令人有闷葫芦不肯打破之感。支点和点力，均是解释争力作用之名词：支点是说明静时争力之作用，点力是说明敌我交手，两力相接时，争力之运用作用。习拳若有得于此，则意气力定能动静一致，古人所谓“得其环中”，不难领会矣。至“一度满体弛松”六字，是明显表示静动不同，此论似难赞同。盖习拳者意气力之运使，和争力之作用，不分动静，均属一致，此拳学不易之真理也。“一度”二字，是认定静时如是，动时不如是也，若动时不如是，当是不须如是，又何须有此弛松为也。读此“弛松”二字，因思王师尝以“使心放下使全身松开”一语，指示初学者，乃为免去初学者吃力努气之法，与此段所述“弛松”二字，绝不相同，非静时如是，动时不如是也。此待质者五也。

“在动作的时候，紧张状态，由胸部移到腹部”，主张胸宽腹实。夫胸宽腹实，此种情形，并非习拳者之常态，只于应敌发力时，一刹那间，运用上有此现象，即古人所谓应敌发力，两顶三尖，开声吐气之时也，非动即如是也。再者肩垂腋撑，心窝微收，胸虚气调，小腹松圆（此“松”字意在求其自然），乃练拳不易之规律。原文言动时紧张状态，由胸移腹，疑是将胸部所吃之力，所努之气，下压至腹。设若如此，必失之自然，岂不与运气丹田，和入力丹田之伟论，又相矛盾耶？此待质者六也。

“人的意识绝不能同时供对外对内两种作用，俗语‘心无二用’，是完全不错的，所以对外的意识，和对内的意识，是要轮流间断运用的。”人身各部分动作，同受一意之支配，所谓意无二致（心无二用）是也。人身是一整体，此处动彼处应，无论何处，所有动静，无不统之一意，而照顾周到。今言对内意识、对外意识轮流运用，似误解心无二用，未明内外一体，及争力作用，而实有体认心得之言也。此待质者七也。

“意识和动作的一致，就是形意合一。意识动作呼吸的一致，叫作气意力的合一。目光在古术里叫作神，所以向外用力的时候是要有神气意力的合一。”此段的要论，不过神气意力如何使之合一，未发详抉微，示学者以入手之法。今究“合一”之道，实在于一意之支配。其功则在于站桩，全身由一意之支配，而处处发生同时并具交互之争力，如是神气意力自然合一。此待质者八也。

“流传下来的种种姿势，一加研究，往往有极好的合于科学的理由，不过在这本书里，我还不能对于各种姿势，加以解释。”此段所言“种种姿势”一语，疑是指拳套而言。此论承认拳套种种姿势，各有极好科学理由，不过对于弛松静止的姿势，及所述力学支点之理论，似有未合。静的姿势是使意气力一致，自然生发之法，练习有得，无论如何动作，其意气力之合一，无不与静时相同；若因姿势变换，即认意气力之运使，亦随之而有差别，并各具极好之科学理由，复有分别加以解释之价值。如此看来，尊著所持理论，前后实难贯通。此待质者九也。

总观全书，注重静止姿势，讲求力学支点，及自然、适意、放心，与神气意力之合一，或申述坐立行止，一举一动，均可练习，并能养生疗疾。所有论述，多与王师教授初学，尝用贯语（一部分）相似，而书中复叙有意拳之名，因疑先生为王师之门徒；但客岁王师北游，并未道及，因又有非是之疑，设若不然，既述意拳之名，何不详及命名之意；继而复疑先生为海上从学王师之友，间接得闻王师之论，自为引申，以致前后所论拳理，未能一贯，而生矛盾，不然何相似之语，又如是之多也。此可疑而待质者十也。

以上所陈陋见，谬误恐多，诸祈校正，不胜感盼之至。再者研究拳学，彼此间应以诚相接，若分宗别派，互为倾轧，或较技争胜负，殊为可叹。今日拳学之不振，拳理之不明，究其症结，或即在此。故今之学者纠合同道，去宗派门户之见，共研拳学之真理，实为要务。至于文字著述，似应免用无关道要之虚文，以求便于研究，此又不知阁下以为如何也。专此顺颂文祺。

国术新论（二）

摘录拳学笔记六则

齐执度

一、拳义

近世拳术分宗别派，做法各异，名称亦殊，但总不外以拳为名，故拳之意义，实有研究之必要。就拳之字义为之解释者，或谓握手为拳，拳者屈也。又有指练习勇力能徒手敌人者为拳，此皆泛论，未得拳术之拳字真义者也。

王师芗斋解释“拳”义曰：“拳者乃拳拳服膺之谓拳，动静处中，能守能用，此即尽吾人气质本能之道，非纯工套数专论招法之所谓拳也。”动静处中能守能用者，言既得拳理静守动用，拳拳服膺永葆不失也。尽吾人气质本能之道者，即言拳理之所在也。非纯工套数招法者，辨歧途纳学者于正轨也。

王师又曰：“拳之为拳，实不在于身体运动之形式如何，而在于筋骨气力之作用，神精之指挥，以及心意之领导如何耳。”习拳专重形式，是本末错认，攻其末而忘其本，终无是处，非得其本者，不能言此践行致用之实学。故应机而发，因势而变，动无有误，其神妙莫测者，当非所谓专习套数招法者所能得也。

习拳若能明了习拳意义及作用之所在，当知拳术为发达吾人气质本能之日常功夫，无论行站坐卧，随时随地，均可用功。其学习步骤，可分三个阶段：第一阶段为基础功夫，第二阶段为试力，第三阶段为实用功夫。

二、基础功夫

人之力生于气血，自然发动，由内达外，故通畅气血，以锻炼筋肉，为习拳之基础。其方法为站桩。站时须将肩架安排妥当，再从静止之状态，去做整饬神经、调息呼吸、温养气血、锻炼筋肉之各项体认功夫，而使内外合一，以达弱者转强，拙者化灵之目的。

王师所授拳功桩法，名曰“混元桩”，分作三式，依次练习便初学也。

混元桩一

混元一为整饬立容。立容一名立势，立为拳功之基本肩架。立时垂手直立，两足跟并齐，两足尖外分，角度约六十，要安要稳，气静神怡，应有戴天履地，与天地参合为一之意。站时应注意下列各点。

头：头不宜倾斜，忌用力上顶，收颏挺颈，而欲其直。似顶非顶，好似绳提，要有领率全身之意。

足：两足放平，大趾外蹬，小趾裹扒，脚心涵虚，两膝微曲而上缩，使筋络舒展，不可吃力，足一吃力，立使不稳。

闾骨：闾骨要正要直，平肩正臂，收颏挺颈，心窝微收，使胸宽而腹松圆，自无扬头折腰，努胸挤背之病。

手：双手下垂，指欲插入地内，但须向上微提，使肘稍曲，以舒展筋络，并有外撑里裹之意，而平肩正臂，腋下筋松，虚灵守默，如能容球。

齿：齿轮上下衔接，不宜用力扣合。

舌：舌尖微卷，接触上腭，似顶非顶，要领悟具有接引之意。

鼻：鼻为气官，呼吸要细要匀，要无声，气不可提，尤不可沉，“匀静自然”四字，为其要诀，气能至肃，调息方恰得其妙。

目：两目视贵平直，能不为物引，心意自然不乱。

耳：耳听八方，要用神凝。

混元桩二

起以立势，立势站稳，使足向左右展开，曲膝蹲身，呈骑马式，两手高提，骨骼筋肉，平行舒展，使气血川流。此桩功用，在于通气增力，以及温养筋肉，训练神经，使各种细胞无不工作。横步展开时，两足距离，按人足长短计，以二足半为宜；两手高提，意在使筋肉伸展，两手顺左右肩之方向，向左右伸张，或向前伸，再行环抱，使形如抱鼓，或两手环垂，如携物者，均无不可。不论如何动作，亦不拘如何形势，均如在水中游泳。但其筋肉与骨骼，均系平行舒展。习拳如此做法，功夫一到，内生波浪，而力动情形，自能领悟。出手时五指离开，拳曲如爪如钩，虎口撑圆，而指尖微敛，掌心内吸而外吐，均出之自然，方得其妙。

混元桩三

学习以上二式后，应继习此式。起以立势，与第二式同。立势站稳，再行开步，左右两足，前后展开，曲膝蹲身，两手环抱横撑拧裹，向前伸开，使筋肉束裹骨骼，无节不屈，处处为钝形三角（钝形三角系九十度以上之角度，不可有九十度以内之锐角），全身无有平面部分，更无绝对力，曲折玲珑，混元一体，此式兼有上二式之功用，遇机施巧，应变无穷，便于实搏，精于打顾。步大不灵，为步法要诀。开步时前足进后足随，两足最大距离，约一尺二三，动作周旋，不过七八寸耳。两足若站于一直线之上，不易稳固，须向左右稍为展开，其宽度应以两肩之宽度为准，此种步法即古人所谓“半八步”者是也。出手时左右手向左右伸张，均不可过鼻，以保中线；高不过眉，下不过脐，前伸不过足尖，回撤不许靠腹，此乃最重要而不可违犯之规律也。如至神化之境，凡空虚断力有破绽之处，正是神妙不可思议之点，变化使然，规律可活用，不可死守，此为学之要道也。

三、养气

习拳者多言气功，立论分歧，莫衷一是。王师授拳，尝以“意气力”三字连用，或“气力”并称，极重“气”字。而所授养气之法至简，已详“混元桩立势”节内。今言“气”字，应先明人身动作，与呼吸运用之原理。气者乃指呼吸碳氧二气而言。习拳讲调息呼吸，不过运用呼吸所生之弹力，以尽拳功之妙用，非如世人练成大肚子，即是气功名手之谓也。

四、试力

站桩基础做到妙处，应习气力之运用，其初步为试力。试力为得力之由，力由试而知其所自发，更由知而得其所以用，故试力为习拳之最大关键。初试须使浑身气力均整，关节灵活，筋肉收敛，骨骼支撑，然后所有力量，自然应运外发，动时慢优于快，缓胜于急，更须意不使断，灵不使散，动一处牵全身，所谓动无不动，动犹不动也。习拳能达此地步，全身力一，自然动静守中，试力之功夫，方得到奥妙。气力均整，关节灵活，筋肉收敛，骨骼支撑，冠以“浑身”二字，系说明四种作用，同时并具于一身，互为关系，是一整个作用，不得分开，作拳时从此处体认，自能得到。动静属于一意之支配，须使全身任其自然，不可稍有滞处，最妙连“试力”二字，亦勿存于意中。徐徐运转肢体，动一处即做全体想，以意领导神经支配全身。动时大动不如小动，快动不如慢动，动愈微神愈全，如能做到不动时，方得生生不已之真动。心意照顾周到，气力一致，归于圆整，上下左右不忘不失。如此则全身力一，力一则力止于中，动静处中自无妄动矣。

力之为用，莫大于变化：阴阳虚实，开合顺逆，互为根用，顺生自然，滔滔不绝，用之不竭。变化虽有不同，其力则处一不变，而力之外发，手肘肩胯全身关节处，均起锋棱。起锋棱者，非外形屈伸之谓，周身关节，缩骨伸筋，气血鼓荡，面面有力出锋，生生不已，共争一中也。力出共争一中者，乃言相乘力也。其力名曰“争力”，又曰“混元力”，全身处处均交互具有上下左右前后四隅之相乘力。初步试习，应先求“二争力”，如手伸出，同时有前伸后撤，或上托下压，相乘之力，从一中心异向发出，相等相应。悟得“二争力”，再求身之各部分，同时均面面生力，无不相乘，互为应合，混元一致，共争一心气力贯通，全身无有空隙。习拳得此争力，方能神气意力真实合一，然后可谓之得中，可谓之得力矣。

五、存意

拳之意义，前已言之，兹再为申述。夫运用肢体，使筋骨伸缩，气血川流，以强健身体，则属之于气质方面；至筋骨因何运动，则属之于精神方面。身体之动用，由于一意之支配。意为心之所计虑，乃精神现象之总称。意之所向，神即随往，筋骨因之运动而发力，顺乎自然出露体外。由此可知吾人之运动，原之于意，而意之于身，有全体统一之性，知悉之，觉察之，应付之，虚实动静，互为根用，均一意为之。欲达此妙用，更要领会前述“争力之生发”和“一意之支配”二语。意气力运用于己身之外，尚须有其运用之空间，意气力之守中处一，舍此空间，则不能成其妙用。所以习拳有此身外之空间为之运使，方能尽其运化之妙。王师尝言：“练拳如在空气中游泳，意在身外守中，身内自然均整”。又言：“习拳存意，使意离开己身，不合于道理，止着己身反更有不妥。”即此之谓也。

习拳须具备精神与气质养练合一之要件，方能成其为拳。欲达此田地，须求之于存意。存意检身，制止身心吃力，稍觉吃力，便要挽回，一动便觉，一觉便转，久之自然，全体舒适，如无力之人，其气力方能畅达，应运外发，无往不利矣。

六、实用功夫

拳功做到全身得力，运用变化，始能随机发动。至于快慢虚实，与精神时机之运用，开合松紧、动静互用，以及力量和假借之分析等等，尚须实地研究。故习拳功夫，未可稍懈也。

习拳应注重“体认”二字，体认功夫，是以身验知，更由此以求其所不知。口授心省，非真学，亦非真知；须得自实行，方是实学实知。故习拳重体认功夫者，易空想为实相之实功也。且意气力之运化，非由体认功夫，实不足以自知自发自成也。

國術新論
齊執度致「科學的內功拳著者」函稿
國術新論
齊執度致「科學的內功拳著者」函稿（續）

國術新論

齊執度致「科學的內功拳著者」函稿（續）

渾元樁二

渾元樁二 起以立勢，立妥站穩，使足向左右展開，曲膝蹲身，或騎馬式，兩手高提，骨骼筋肉，平行舒展，使氣血川流，此樁功用，在於通氣增力，以及溫養筋肉，訓練神經，使各種細包無不工作。橫步展開時，兩足距離，於人足長短計，以二足半爲宜，兩手高提，意在使筋肉伸展，兩手順左右肩之方向，向左右伸張，或向前伸，再行環抱，使形如抱鼓，或雙手環垂，如攜物者，均無不可。不論如何動作，亦不拘如何形勢，均如水中游泳。但其筋肉與骨骼，均係平行舒展，習拳如此作去，工夫一到，內生波浪，而力勤情形，自能領悟。出手時五指離開，拳曲如爪如鈎，虎口撐圓，而指尖微斂，掌心內吸而外吐，均出之自然，方得其妙。

渾元樁三

學習以上二式後，應繼習此式，起以立勢，與第二式同，立勢站穩，再行開步，左右兩足，前後展開，曲膝蹲身，兩手環抱橫撐褲裏，向前伸開，使筋肉束裹骨骼，無節不曲，處處爲眉形三角，（眉形三角係九十度以上之角度，不可有九十度以內之銳角。）全身無有平面部分，更無絕對力，曲折玲瓏，渾元一體，此式兼有上二式之功用，遇機施巧，應變無窮，便於實搏，精於打顧。步大不靈，爲步法要訣，開步時前足進後足隨，兩足最大距離，約一尺二三，動作迴旋，不過七八寸耳，兩足若站於一直線之上，不易穩固，須向左右稍爲展開，其寬度應以兩肩之寬度爲準，此種步法即古人所謂半八步者是也。出手時左右手向左右伸張，均不許過鼻，以保中線，高不過眉，下不過臍，前伸不過足尖，回撤不許靠腹，此乃最重要而不可違犯之規律也。如至神化之境，凡宂虛斷力有破綻之處，正是神妙不可思議之點，變化使然，規律可活用，不可死守，此爲學之要道也。

一，養氣

習拳者多言氣功，立論分歧，莫衷一是，王師授拳，嘗以意氣力三字連用，或氣力併稱，極重氣與，而所授養氣之法至簡，已詳渾元樁立勢節內，今言氣字，應先明人身動作，字呼吹運用之原理，氣者乃指呼吸炭養二氣而言，習拳講調息呼吸，不過運用呼吸所生之彈力，以壯拳功之妙用，非如世人練成大肚子，即是氣功名手之謂也。（未完）

王世楠 孫承賢 趙西華 —，爲收集各項裁判員起見 — 市各足球隊組織之聯隊，— 與賽隊日期時間 — 安寶和 康澤 宋國鈞

來大局自成一面倒形勢，— 者，已有八十餘人，定明 — 來賓訓詞，（八）師長訓 — 科派員視察屬實，與所呈 — 決定，至四時許散會云。

國術新論

摘錄學拳筆記六則

一，拳義

近世拳術分宗別派，作法各異，名稱亦殊，但總不外以拳爲名，故拳之意義，實有研究之必要。就拳之字義爲之解釋者，或謂握手爲拳，拳者屈也。又有指練習勇力能徒手敵人者爲拳，此皆汎論，未得拳術之拳字眞義者也。

王師薌齋解釋拳義曰「拳者乃拳拳服膺之謂拳，動靜處中，能守能用，此即盡吾人氣質本能之道，非純工套數專論招法之所謂拳也。」動靜處中能守能用者，言既得拳理靜守動用，拳拳服膺永保不失也。盡吾人氣質本能之道者，即言拳理之所在也。非純工套數招法者，辨歧途納學者於正軌也。

王師又曰「拳之爲拳，實不在於身體運動之形式如何，而在於筋骨氣力之作用，神精之指揮，以及心意之領導如何耳」。習拳專重形式，是本末錯認，攻其末而忘其本，終無是處，非得其本者，不能言此踐形致用之實學。故應機而發，因勢而變，動無有誤，其神妙莫測者，當非所謂專習套數招法者所能得也。

習拳若能明瞭習拳意義，及作用之所在，當知

齊執度致「科學的內功拳著者」函稿（續）

拳術爲發達吾人氣質本能之日常工夫，無論行站坐臥，隨時隨地，均可用功，其學習步驟，可分三個階段，第一階段爲基礎工夫，第二階段爲試力，第三階段爲實用功夫。

一，基礎工夫

人之力生於氣血，自然發動，由內達外，故通暢氣血，以鍛鍊筋肉，爲習拳之基礎。其方法爲站樁。站時須將肩架安排妥當，再從靜止之狀態，去作鍛鍊神經，調息呼吸，溫養氣血，鍛鍊筋肉之各項體認工夫，而使內外合一，以達弱者轉強，拙者化靈之目的。

王師所授拳功樁法，名曰渾元樁，分作三式，依次練習便初學也。

渾元樁一

渾元一爲整筋立容，立容一名立勢，立爲拳功之基本，肩架，立時垂手直立，兩足根併齊，兩足尖外分，角度約六十，要安要穩，氣靜神怡，應有頂天履地，與天地參合爲一之意。站時應注意下列各點。

【頭】頭不宜傾斜，忌用力上頂，收頦挺頸，而欲其直。似頂非頂，好似繩提，要有領挈全身之意。

【足】兩足放平，大趾外蹬，小趾貫扒，腳心涵虛，兩膝微曲而上縮，使筋絡舒展，不可吃力，足一吃力，立便不穩。

【閭骨】閭骨要正要直，平肩正臂，收頦挺頸，心窩微收，使胸寬而腹鬆圓，自無揚頭折腰，努胸擠背之病。

【手】雙手下垂指欲其插入地內，但須向上微提，使肘稍曲，以舒展筋絡，並有外撑裡之意，而平肩正臂，腋下筋鬆，虛靈守默，如能容球。

【齒】齒輪上下啣接，不宜用力扣合。

【舌】舌尖微捲，接觸上齶，似頂非頂，要領悟具有接引之意。

【鼻】鼻爲氣官，呼吸要細要勻，要無聲，氣不可提，尤不可沈，勻靜自然四字，爲其要訣，氣能至肅，調息方治得其妙。

【目】兩目視貫平直，能不爲物引，心意自然不亂。

【耳】耳聽八方，要用神凝。（未完）

……是所至盼。

國術新論

齊執度致「科學的內功拳著者」函稿（續）

一，試力

站樁基礎作到妙處，應習氣力之運用，其初步爲試力，試力爲得力之由，力由試而知其所自發，更由知而得其所以用，故試力爲習拳之最大關鍵。初試須使渾身氣力均整，關節靈活，筋肉收斂，骨骼支撐，然後所有力量，自然應運外發，動時慢優於快，緩勝於急，更須意不使斷，靈不使散，動一處牽全身，所謂動無不動，動猶不動也。習拳能達此地步，全身力一，自然動靜守中，試力之工夫，方得到奧妙。

氣力均整，關節靈活，筋肉收斂，骨骼支撐，冠以渾身二字，係說明四種作用，同時並具於一身，互爲關係，是一整個作用，不得分開，作拳時從此處體認，自能得到，動靜屬於一意之支配，須使全身任其自然，不可稍有滯處，最妙連試力二字，亦勿存於意中，徐徐運轉肢體，動一處即做全體想，以意領導神經支配全身，動時大動不如小動，快動不如慢動，動愈微神愈全，如能作到不動時，方得生生不已之眞動，心意照顧周到，氣力一致，歸於圓整，上下左右不忘不失，如此則全身力一，力一則力止於中，動靜處中自無妄動矣。

力之爲用，莫大於變化，陰陽虛實，開合順逆，互爲根用，順生自然，滔滔不絕，用之不竭，變化雖有不同，其力則處一不變，而力之外發，手肘肩胯全身關節處，均起鋒棱，起鋒棱者，非外形屈伸之謂，周身關節，縮骨筋伸，氣血鼓盪，面面有力出鋒，生生不已，共爭一中也。力出共爭一中者，乃言相乘力也。其力名曰爭力，又曰渾元力，全身處處均交互具有上下左右前後四隅之相乘力。初步試習，應先求二爭力，如手伸出，同時有前伸後撤，或上托下壓，相乘之力，從一中心異向發出，相等相應，悟得二爭力，再求身之各部分，同時均面面生力，無不相乘，互爲應合，渾元一致，共爭一心氣力貫通，全身無有空隙，習拳得此爭力，方能神氣意力眞實合一，然後可謂之得中，可謂之得力矣。

一，存意

拳之鄉義，前已言之，茲再爲申述，夫運用肢體，使筋骨伸縮，氣血川流，以強健身體，則屬之於氣質方面，至筋骨因何運動，則屬之於精神方面，身體之動用，由於一意之支配，意爲心之所計慮，乃精神現象之總稱。意之所向，神即隨往，筋骨內之運動而發力，順乎自然出露體外，由此可知吾人之運動，原之於意，而意之於身，有全體統一之性，知悉之，覺察之，應付之，虛實動靜，互爲根用，均一意爲之，欲達此妙用，更要領會前述爭力之生發，和一意之支配二語，意氣力運用於己身之外，尚須有其運用之空間，意氣力之守中處一，舍此空間，則不能成其妙用，所以習拳有此身外之空間爲之運使，方能讖其運化之妙。王師嘗言「神拳如在空氣中游泳，意在身外守中，身內自然均整」。又言「習拳存意，使意離開己身，不合於道理，止著己身反更有不妥。」即此之謂也。

習拳須具備精神與氣質養練合一之要件，方能成其爲拳，欲達此田地，須求之於存意，存意檢身制止身心吃力，稍覺吃力，便要找回，一動便覺，一覺便轉，久之自然，全體舒適，如無力之人，其氣力方能暢達，應運外發，無往不利矣。

一，實用工夫

拳功作到全身得力，運用變化，始能隨機發動，至於快慢虛實，與精神時機之運用，開合鬆緊，動靜互用，以及力量和假借之分析等等，尚須實地研究，故習拳未可稍懈也。

習拳應注重體認二字，體認工夫，是以身驗知，更由此以求其所不知，口授心省，非眞學，亦非眞知，須得自實行，方爲實學實知，故習拳重體認工夫者，易空想爲實相之實功也。且意氣力之運化，非由體認工夫，實不足以自知自發自成也。（完）

記者與黑白兩隊籃球賽跳球時之情形

文，數學，（算數代數初等幾何、三角……）

師範學院

正延聘中。茲將日來該院……

……造具名冊呈報，以便審核

站桩功概述

王玉芳

意拳（又名大成拳）养生桩（即站桩功），是一种体育保健运动，又是一种医学治疗方法。从这个意义上说，它不是靠药物、手术或针灸等外界因素来达到健身治病的效果，而是通过调节大脑神经，促进体内血液循环和新陈代谢，充分发挥个人的内在因素，预防或战胜疾病。它具有简、便、验、廉的特点，在多年的临床实践中，取得了显著的疗效。

意拳养生桩，起源于我国古代的养生导引法，是我国劳动人民在长期与疾病的斗争中积累的经验结晶。作为一种保健、医疗方法，有着悠久的历史。

早在春秋战国时期，《庄子·刻意》就说："吹呴呼吸，吐故纳新，熊经鸟伸，为寿而已矣。此道引之士，养形之人，彭祖寿考者之所好也。"《黄帝内经》则将"导引"作为一种医疗方法记载下来，认为它"提挈天地，把握阴阳，呼吸精气，独立守神，肌肉若一，故能寿蔽天地"。可见这时已形成以"导引"来治病、健身、长寿的专门之学。他们把呼吸运动称为"吹呴呼吸""吐故纳新"，而将躯体运动归结为模仿动物的形象和姿态（熊经、鸟伸），这已经孕育着以后的站桩功（保健、治病、长寿）。

秦汉之际，刘安的《淮南子·精神训》已将导引发展到熊经、鸟伸、凫浴、猿跃、鸱视和虎顾等六种术式。崔寔的政论也提到“熊经、鸟伸”和“吐故纳新”在强身延年方面的作用。汉魏之际著名的医学家华佗继承前代有关导引的理论和实践，归纳定名为“五禽戏”，即虎戏、鹿戏、熊戏、猿戏、鸟戏，比较全面地概括了导引法的特点，对后来的医疗保健都起了推动作用。他叙述探讨了导引的理论：“动摇则谷气得消，血脉流通，病不得生，譬如户枢，终不朽也。”“为导引之事，熊经鸱顾，引挽腰体，动诸关节，以求难老。”具有朴素的唯物辩证法的色彩。1973 年西汉马王堆三号古墓出土了一份西汉初年的“导引图”，从帛画上不同形态的 44 个人物形体上看，汉代的导引疗法已和后来的站桩功有着不少共同之处。当然，这种方法除用于保健和治疗外，也被一些神学家和方士利用，给它披上神学的外衣，作玄学的解释。针对这种倾向，东汉学者王充在肯定导引的实际价值的同时，对于道家长生不死的荒谬作了批判。另据文献记载说，曹操很重视导引，曾和养生家皇甫隆做过专门探讨。

魏晋隋唐以后，有关导引的专著很多，名目日渐繁多，像葛洪的《抱朴子》一书中就记有龙导、虎引、熊经、龟咽、燕飞、蛇曲、鸟伸、天俯、地仰、猿踞、兔惊等名目。隋朝医官巢元方等人编定的《诸病源候论》也辑录了养生方导引法等专著的大量文字，对医疗各种疾病所应用的近 300 种导引术式，做了详细说明。导引在漫长的流传过程中，逐渐生出不同的保健治疗流派，意拳养生桩，即为其中之一。近代意拳养生桩奉岳飞为其祖师，虽无文献依据，不敢肯定，但大体能反映它的形成时代。

千百年来，站桩功多流传于武术界，普遍被作为习拳的基本功来看待，某种程度上掩盖了它在医疗、保健、长寿中的显著作用。加之它是口授身传，流传不广，到清代所传之人寥寥无几。目前有据可循的是清戴龙帮传李洛能，李传河北深县郭云深。郭老收徒不多，因家父王芗斋与郭老是同乡亲戚，又是师徒，关系至深，亲如父子，故郭老将站桩功绝技及其中奥妙口授身传于他。

先父王芗斋1886年10月27日生于河北深县，1963年7月12日病故于天津，享年78岁。他在接受了郭云深老师的秘传后刻苦努力，以毕生精力致力于站桩功的理论研究和保健医疗实践，钻研古籍，寻师访友，在养生一道中吸取各家之长，改革创新，数十年如一日苦心经营，最后总结而成站桩二十四式，形成意拳养生桩（即站桩功）的完整体系。他先后任北京中医研究院、保定中医研究院的“站桩功疗法”顾问，为新中国的保健医疗事业作出了有益的贡献。

我自幼随先父王芗斋习拳，专攻站桩功，在近40年的保健、医疗实践中积累了一些经验。1960年经国家体委鉴定后，曾先后在海军医院、华侨委员会、保定中医研究院及北京市体委各站桩功辅导站教授站桩功。多年来接受站桩功治疗的病人受益者不计其数，甚至用此功治疗一些医药无效的疑难病症，也取得了神奇效果，因而此功受到党和国家的重视、人民群众的欢迎。自1963年以来，《健康报》《体育报》及国家体委内部刊物，先后专题刊登和报道了站桩功的疗法要点及作用。至于国际上，对站桩功的研究和实践，近年来亦有很大发展，日人泽井健一，30年前曾随先父王芗斋习拳，回国后不仅将站桩功传授给日本人，而且传授给外国人，取得了显著成效。1976年，他在日本出版了《实战中国拳法——太气拳》，将站桩功作为拳的基本功训练来论述介绍。美国近年来研究的“生物回授”疗法，主持人即是从日本学习站桩功的。德国在所谓“心理训练”中亦夹杂运用了气功及站桩功，取得了保健及医疗效果。

总之，意拳养生桩是祖国医学和体育运动两方面的一份珍贵遗产。研究和总结意拳养生桩（站桩功）的保健、医疗经验，推陈出新，古为今用，以发扬我国医学、卫生和体育运动的传统，在今天有着极为重要的意义。

我相信意拳养生桩（站桩功）的推广和研究一定会为人类的健康，为祖国的现代化建设作出应有的贡献。

站桩导论

王玉芳

在崇尚科学、追求自然健康的今天，站桩疗法以其具有的科学实用、安全有效、简单方便的特点为人们所重新认识，并愈来愈受到人们的喜爱，它必将成为21世纪人类锻炼的方法。人人都有慢性病，世上任何良医好药，神通广大的气功师，至高无上的救世主，统统都不如病人自己觉悟，发奋图强，主动维护自己的健康。

早在两千多年以前，已经明白无误地被中华医祖黄帝清楚地记载在人类最伟大的医学圣典《内经》之上的“提挈天地，把握阴阳，呼吸精气，独立守神，肌肉若一”，就是站桩。它是祖国医学与拳学相结合的一种最好的医疗体育运动，应用自然的力量和自然生存环境（如空气、水、阳光、天然植物等自然资源），以及无创伤性的拳学疗法达到健康强身的目的；以微功耗的科学锻炼方法，最大限度地开发自身的无限潜能。

意拳是河北深县先父王芗斋（1885—1963）创始的，先父自幼随形意拳巨擘郭云深老先生习形意拳。先父天资聪慧，勤奋好学，数年之后，即深得郭老拳学心法。郭老临终常言：“我生平所授门徒众多，但能传我衣钵者，只有芗斋一个而已。”先父为了在拳道上精益求精，再访良师益友，几十余载遍游大江南北、名山大川，在此期间，所遇武林高手极多，深知各家拳法均有高深独到之处，从中获益匪浅。为恢复形意拳的本来面目，他在上海创立“意拳”，深得武术界的赞许，后又潜心钻研养生站桩，将前人不传之秘写进自己的著作里。站桩是拳法的基础，是通晓拳学最高境界的桥梁。

一、向大自然学习

大自然是天地间最伟大的生命导师，它博大雄伟、无私无畏，自然辩证。大自然是无字的天书、智慧的海洋、生命的源泉。人类应该以自然为师、亲近自然、回归自然、研究自然、效法自然。我们应该把自己的思想、情感和行为深深地扎根于大自然的肥田沃土之中，接受大自然的启示，并参与实践，我们定会从中受益。万事万物都在顺其自然地变化着，人有悲欢离合，月有阴晴圆缺，事有成败得失，故不可因胜利而骄，为失败而躁，逢顺境而忘形，遇逆境而彷徨，自我找来种种烦恼使持桩不能放松入静，心浮气躁，意念无法集中。因持桩时以意念诱导为核心，以自然舒适得力为原则，是一种“动静处中”“身心合一”“内外一体”的高级神经运动。

二、妙在本能，有感皆应

中国人为什么能自立于世界民族之林，其一是因为我们有同西方人不一样的科学思维方法。

西方科学，它分门别类，独立发展，各自深入，突出个性；它注重分析，讲究实证，严格质量，逻辑细密；它化整为零，微观分析，科学研究无穷地小（结构论）。

东方科学，它融客观世界和主观世界，社会科学、自然科学和人文科学于一体。“运用合而不一理论指导拳学实践，它是感觉世界与客观世界的互动学说（属性论）”。

“合而不一”它不同于“一分为二”和“合二为一”，它是万事万物和拳学实践的真实概括，它是我中华民族成长发展、万代辉煌的瑰宝，也是我中华儿女修身养性的立身之本。

感觉世界是永远变动着的一系列的光、色、形、声、嗅、味和触。它是我们每天生存的世界，我们成长在这个世界中，我们从这种不断变化的环境中能区分出各种各样的信息，并能适当地处理它。人的这种本领是惊人的，并有无限放大的潜能。

如微雕艺术家，他能在豆粒上刻上一首诗。反观他的创作过程，刀尖总是挡住他的视线，刻的时候是用触觉良能完成的，看的时候用的是视觉。这种微动是触觉的放大，并具有无限的潜力。

又如高明的中医师在用望、闻、问、切的方法诊断患者病情时，总是将手指把在患者的诊脉点上。经过长期的医疗实践，手指皮肤下面的传感器能清晰地感到患者整体的脉象和气血运行的变化。这又是触觉良能的放大作用。

再如小的时候父亲教我写毛笔字，他说，中国的书画是最讲究格调和风格的，所用的笔是软毛的，它最能表达作者的思想属性。即使最精美的照片也无法代替绘画，美术字写得再好也无法与毛笔字相提并论。原因何在？因为前者不具有作者朝气蓬勃的精神和独特的风格，它不能再现人的属性。如果写字时你能感觉到毛笔尖与纸的摩擦力度，那时才算入门了。“细雨润无声”，让我们在站桩时努力站出一个有灵性的空间吧。

三、形曲力圆，虚灵挺拔

一切良能之发展需由站桩开始，习时须首先将全身间架调整为“形曲力圆，虚灵挺拔”状态。要内清虚，而外脱化，松和自然；头直、目正、身端、顶竖、神庄、力均、气息平静、意念放大、发挺腰松、周身关节似有微屈之意；扫除万虑，默对长空，内念不外游，外缘不内侵，以神光朗明顶巅，虚灵独存；浑身毛发有长伸直竖之势，周身内外，舒适挺拔，自身觉如云端宝树，上下有磁力线相吸，其悠扬相依之神情，犹如空气浴。然此时自身肌肉细胞，正处于动荡不已之中，周身毛孔，无不有穿堂风往还之感。然骨骼毛发，都要支撑遒放，争敛互为，动愈而神愈足，有如勃勃生长的大树。大动不如小动，小动不如生生不已之动，以体认全身之意力圆合，其意力能否与宇宙发生呼应，假借之力能否与空气发生摩擦以与地心产生争力。良能渐发，非一日之功，操之有恒，自有不可思议之妙。然切记心身皆不可用力，否则稍有注血便失松合，不松则气滞而力板，意停而神断，全体皆非。总之，呼吸一反常态，或横膈膜一紧，便是做错了，愿学者万勿忽视。持桩需经历三种境界，体认有得，方为功夫。

最后用清末大学者王国维先生当谓：凡成事者，皆须经历三种境界，一曰，“衣带渐宽终不悔，为伊消得人憔悴”；二曰，“昨夜西风凋碧树，独上高楼，望尽天涯路”；三曰，“众里寻他千百度，蓦然回首，那人却在灯火阑珊处。”

2001 年夏于北京